本书由教育部人文社会科学研究项目
"中国邮票设计艺术发展史研究"（20YJA760062）资助出版

中国邮票设计艺术发展研究

齐洪洲 著

人民出版社

责任编辑：侯俊智
责任校对：秦　婵
封面设计：王春峥
排　　版：圈圈点点

图书在版编目（CIP）数据

中国邮票设计艺术发展研究 / 齐洪洲 著 . —北京：
　人民出版社，2024.8
ISBN 978-7-01-026208-6

I．①中… II．①齐… III．①邮票 – 设计 – 研究 – 中
　国　IV．①G262.2
中国国家版本馆 CIP 数据核字（2024）第 057304 号

中国邮票设计艺术发展研究
ZHONGGUO YOUPIAO SHEJI YISHU FAZHAN YANJIU

齐洪洲　著

人民出版社 出版发行
（100706　北京市东城区隆福寺街 99 号）

中煤（北京）印务有限公司印刷　新华书店经销

2024 年 8 月第 1 版　2024 年 8 月北京第 1 次印刷
开本：710 毫米 ×1000 毫米　1/16　印张：17.5
字数：230 千字

ISBN 978-7-01-026208-6　定价：70.00 元

邮购地址 100706　北京市东城区隆福寺街 99 号
人民东方图书销售中心　电话(010)65250042　65289539

目　录

导　　论

一、中国邮票设计艺术研究的价值与意义

保加利亚无产阶级革命家季米特洛夫曾精辟地把邮票比作"国家的名片"。也就是说,邮票的方寸之间反映着一个民族、一个国家、一个时代的物质创造和精神风貌,并以其独特的艺术形式成为人类历史文化的一种载体。邮票被引进中国,至今已有将近一百四十年的历史发展过程,这一发展过程在一定程度上折射出中华民族的艰苦奋斗历程。

清政府效仿英国,于 1878 年发行了中国第一套邮票——大龙邮票。之后的数十年,无论是在海关试办邮政时期还是国家邮政时期,清代的邮政大权实际掌握在外国人手中,清政府发行的邮票也反映出近代中国遭受外国殖民者奴役的屈辱历史。

1911 年辛亥革命以后,中国处于军阀混战、外敌入侵的历史局面。在民国时期的邮票上显现出对于国家主权的斗争、频繁的"文字加盖"以及出现的各种"限地区使用"邮票,特别是在国民党统治末期,经济陷入崩溃、币制屡次变更、物价飞涨,邮票面值也上涨千百倍甚至万倍,这些都是当时社会现实在邮票中的充分反映。同一时期,中国人民在中国共产党的领导下,为争取国家主权的独立与完整,与帝国主义和国民党反动统治进行了长期不懈的斗

争。在民主革命和民族解放斗争中,作为人民政权重要组成部分的人民邮政,其邮票的设计、印制到发行是由分散到相对集中,并逐步建立起统一领导的、完整的邮政体系,并发行了数目众多的邮票,这些邮票都已成为珍贵的革命历史文物。

1949 年中华人民共和国成立,中华民族从此掀开了走向繁荣富强的历史新篇章。邮票的设计、印制和发行工作作为新中国邮政事业的一个重要组成部分,也步入了一个崭新的历史阶段。新中国成立七十多年来,先后历经新中国成立初期、"文化大革命"时期、改革开放时期,这期间发行了大量邮票。总体来说,这些题材广泛、内容丰富的邮票在设计、印刷等方面取得了长足的进步,不仅反映出社会主义建设的伟大成果、中华民族优秀的文化遗产、伟大祖国的壮丽山河与珍贵的动植物资源,也反映出新中国在社会主义道路上所遭受的创伤和曲折过程。

小小的邮票就像一条历史长河的缩影,从不同的侧面映衬出中华民族前进的步伐,而构成这缩影的最小单元便是每一枚邮票所呈现出的图像。邮票图像所展示的主要内容正是由众多设计者所设计的众多艺术形式所构成。可以说,从清政府于 1878 年发行的中国第一套邮票开始,中国的邮票设计便正式登上了历史的舞台。那么,在这一百四十多年间,先后历经三种不同的国家政权和社会制度,中国邮票设计艺术的发展历史是什么?

对于这个问题的回答是困难的,因为国内目前专门针对中国邮票设计艺术发展的研究相对薄弱,也不全面。中国邮票设计艺术的发展分为几个历史时期?每个时期具有何种艺术特色?中国最初的邮票设计是否具有独创性?有哪些艺术门类对中国的邮票设计产生过影响?中国的邮票设计又对哪些艺术门类有过影响?中国邮票设计有没有别具一格的艺术风格?在中国邮票设计艺术的发展过程中受到哪些主要因素的影响?至今这些问题并未有较为全面而准确的回答,而对这些问题的解答也是必要的,因为作为国家名片的邮票,其设计是一个极为重要的组成部分和关键的环节之一。因此,明晰中国邮票设计艺术的发展历史具有重要价值和作用。

首先,中国邮票设计艺术所取得的成就阐明了它的历史地位和价值。研究中国邮票的设计艺术,可以丰富中国设计艺术史的历史文化内涵。收集、整理中国邮票设计的相关史料文献,梳理其历史发展过程,可以从邮票设计领域的视角下揭示中国近现代设计的文明历程,完善中国邮票设计艺术历史文脉。

其次,邮票图像是在设计者的审美思想影响下设计出来的,每一枚邮票的内容、图案与边饰的设计都充分显示出不同时代的艺术精神表征。从中国邮票设计艺术入手,揭示其民族性、时代性特征,分析其所处的各个时期邮票设计所体现出的共性和个性,明晰其发展脉络,对完善中国邮票设计的文化内涵具有重要价值和意义。

最后,梳理中国邮票设计艺术历史的过程也是反思中国邮票设计艺术的发展过程。从最初向西方邮票设计的学习和借鉴到独具一格的民族风格,在中国邮票设计艺术的发展过程中,曾取得过辉煌的成就,但也经历过违背邮票设计艺术规律的曲折阶段。考察、梳理、总结中国邮票设计艺术,有利于促进仍在不断向前发展的邮票设计与现代科技、时代新元素更好地结合,对寻求中国邮票设计艺术的不断进步皆有重要的现实意义。

中国邮票既经历了帝国主义同封建主义相结合的半殖民地半封建社会的历史阶段,也经历了中国人民对帝国主义侵略和封建主义压迫的英勇反抗、寻求解放的历史阶段,还历经了社会主义革命和社会主义建设所取得伟大成就的历史阶段。在这复杂多变的风雨历程中,中国邮票的设计艺术产生了丰富的艺术样态和文化形式。因此,对中国邮票设计艺术的发展进行全面研究显得非常必要。通过收集中国邮票的文献资料,呈现其各个发展阶段下的历史语境与技艺场景,研究其表象呈现的设计风貌,归纳总结其设计发展历史、发展脉络与流变轨迹,必将具有重要的学术价值。

二、国内外关于中国邮票研究的文献综述

邮票是一个国家或地区邮政主管部门发行的用于贴在邮件上表明预付邮资的凭证,是近代邮政形成和发展的产物。从 1840 年 5 月 1 日英国发行世界第一枚邮票——黑便士邮票以来,经过一百八十多年的发展演变,邮票已不仅仅是一种预付邮资的凭证,它还演化出其他一些功能。在邮票市场,它是一种特殊的商品。在特定条件下,它还是珍贵的历史文物或史料。设计内容丰富、印刷日益精美的邮票不仅具有传播知识和宣传教育的作用,还具有艺术欣赏和收藏价值。在邮票所具备众多功能的前提下,学术界对邮票的研究成果也颇为丰富。因此,对中国邮票设计艺术的研究必须基于中国邮票研究现状的大背景所提供的参照系中展开,由此易于准确发现中国邮票设计艺术的研究现状。

学术界对中国邮票的研究大致分为三个阶段。

(一)20 世纪 20 年代至 40 年代。这是对中国邮票研究的第一次高峰时期。研究活动主要是集邮家对邮票自身属性的研究,研究对象以清代、民国邮票为主,研究内容涉及社会背景、发行时间,邮票的图案、版式、齿孔、刷色、纸张等。

莘如撰写的《邮票考略》于 1915 年 7 月开始以连载的形式在《中华小说界》月刊上发表,文章逐套逐枚介绍了中国及其他国家、地区邮票的面值、刷色等情况,是民国初期最高水平的邮著。以连载的形式刊登在刊物上的作品还有周今觉著的《邮话》、周今觉著的《华邮图鉴》、袁寒云著的《说邮》、陈复详著的《中国商埠邮票史》、王聘彦著的《邮学辞典草案》、邵洵美著的《中国邮票讲话》。其中,《中国商埠邮票史》是中国第一部关于商埠邮票史的研究专著,《邮学辞典草案》是中国第一部集邮辞典。

以专册出版形式的作品有:陈复详、卢赋梅著《中国邮票汇编》(1926 年,苏州卢义思邮票公司),朱世杰著《中国邮票图谱》(1926 年,上海集古社),张

景盂著《集邮须知》(1927 年,苏州五洲邮票社),朱耀宗著《中国集邮图谱》(1929 年,上海集古社),王汉强著《中国集邮图集》(1934 年,上海文华图书公司),陈志川著《国邮简目》(1942 年,上海国粹邮票公司),宋和鸣著《集邮散纪》(1942 年,江苏泰兴艺鸣邮票社),黎震寰著《中国邮票图鉴全集》(1943 年,天津出版),党恩来著《国邮要目》(1943 年,重庆业余出版社),马任全主编《国邮手册》(1944 年,上海国粹邮票公司),马润叟、马任全著《国邮图鉴》(1947 年,上海出版社)。这些作品主要是由集邮家编撰的邮票目录、图鉴之类的书籍,具有较强的参考性和实用性。

此外,这一时期众多邮刊不断涌现,其中学术水平较高的邮刊有《邮学月刊》《邮讯》《邮典》《甲戌邮刊》《邮票画刊》《集邮杂志》《近代邮刊》《国粹邮刊》《邮话》《邮侣》《邮花杂志》《万邮简报》《蓉锦邮胐》《西南邮刊》《黎明邮刊》《现代国邮专刊》《万寿》《北平邮刊》《中华邮学杂志》等,这些品种丰富的邮刊为邮票学术方面的探讨提供了一定的空间,对于中国邮票学术研究的提高起到了一定的作用。

(二)20 世纪 50 年代至"文革"前夕。这一时期的研究者大多从旧社会过来,对邮票的研究仍是传统方法的延续,无论从出版图书的数量还是期刊的种类均有所缩减,但也取得了一定的成果。

这一时期与邮票相关的图书较少,具体有:黎震寰、杨耀增编著《新中国邮票手册》(1950 年,天津邮学月刊社),该书系统地介绍了解放区邮票。黎震寰著《中国人民邮票图鉴》(1952 年,宇宙邮票社),该书采用中英文对照的方式,重点介绍了各解放区发行的邮票。周小童著《怎样集邮》(1955 年,上海儿童读物出版社),是新中国第一部集邮图书。马然著《新中国的邮票》(1956 年,人民邮电出版社)、孟宪义著《新的集邮活动》(1956 年,人民邮电出版社),这两本书对当时新中国的集邮活动起到积极的推动作用。此外,人民邮电出版社于 1957 年 10 月出版了中国第一部《中华人民共和国邮票目录》,1960 年 3 月出版了《中国人民革命战争时期的邮票》,该书较为详细地介绍了第二次国内革命战争时期、抗日战争时期和第三次国内革命战争时期各个革命根据地和解放区发行的邮票,在当时具有一定的权威性。刘广实主编《中国集邮书刊简目》(1964年,贵阳市南明区文化集邮小组出版),是中国第一部集邮文献目录,具有重要的史料价值。

这一时期的邮刊种类也较少。除由旧社会跨进新社会继续出版的《近代邮刊》《邮侣》外,还有《天津邮学月刊》《集邮月刊》《东方邮刊》《京联邮讯》等邮刊,这些邮刊大多在1950年至1951年创刊、停刊,除报道、介绍新中国新发行的邮票外,几乎都将解放区邮票的考证作为重点研究对象。1955年1月28日,《集邮》杂志创刊,是这一时期由官方主办的唯一集邮刊物,具有一定的权威性,在宣传新中国邮票,介绍解放区邮票、集邮常识,报道集邮动态以及发表集邮研究文章方面起到了积极的作用。

(三)20世纪90年代至今。这是中国邮票研究的第二次高峰时期。这一时期的研究成果愈加丰富,研究范围逐渐扩大,研究方法日益多样。对中国邮票的研究者多为深谙邮票收藏、辨别之道的集邮大家以及收集整理了许多与邮票相关的史料、治学严谨的史学专家,还有一些是基础扎实的艺术理论研究者,他们对中国邮票艺术进行了较为深入细致的研究。这些学者从不同的角度研究出许多具有较高价值的成果,其内容可分为五类。

第一类是从邮票的功能属性出发所进行的综合性介绍。

从邮票的传播功能出发,重在讲述邮票图案所反映的内容或与图案有关的人与事。较有价值的作品有赵锡安、雪湘明编著《新中国邮票百科——艺术·文学类》(2000年,华夏出版社),胡萍、赵颐馨编著《新中国邮票百科——民俗·民族类》(2000年,华夏出版社),赵锡安、朱永振编著《新中国邮票百科——名胜·建筑类》(2000年,华夏出版社)。这三本书以邮票题材为类别,从每个题材下的具体子类别出发,较为详细地介绍了邮票图案所反映的内容。杨海涛著《中国邮票》(2002年,辽宁画报出版社)对中国各个时期的邮票做了简要介绍,同时也对中国邮票的收藏与鉴赏、投资与鉴别做了简要论述。刘肇宁著《中国珍异邮票》(2002年,百花文艺出版社),该书以传播、普及集邮知识为主,重点介绍了中国不同历史时期中的"珍邮"。马家骏编著《中华民国纪念邮票》(2013年,山西人民出版社),对民国时期发行的每套邮票的发行日期、历史背景、发行过程及与该套邮票有关的人物和内容做了较为详细的介绍。宋晓文著《方寸美术六十年》(2012年,福建人民出版社),书中延续新中国邮票六十年进程的主体线索,结合作者收集的第一手资料,讲述所精心选择的每一套邮票中与美术有关的人与事。

从邮票的欣赏功能出发,重在使读者了解邮票艺术的特征和鉴赏要领;对提高读者的艺术修养,增强读者的邮票鉴赏能力和审美水平有一定的帮助,但仅限于主体欣赏层面,在广度和深度上并未上升到美学理论高度。代表作品有吴绪彬、吴凯编著《中国文艺邮票欣赏》(1986年,知识出版社),青水著《红楼梦——金陵十二钗邮票赏析》(1986年,辽宁大学出版社),张运达著《中国体育邮票欣赏》(1989年,知识出版社),林衡夫编著《邮票的收集与鉴赏》(1993年,人民邮电出版社),宋晓文编著《中国邮票鉴赏》(1994年,福建美术出版社),黄祥辉、杨天文编著《新中国邮票鉴赏》(1995年,人民邮电出版社),项立刚、唐凌著《邮票艺术欣赏》(1997年,山西教育出版社),文光、宣林编著《中国邮票珍品欣赏》(1998年,四川大学出版社),吕维邦著《邮票赏评》(2001年,黄山书社),李克东著《邮票欣赏指南》(2003年,中国文联出版社),潘明权著《道教邮票欣赏》(2006年,宗教文化出版社)。

从邮票的商品属性出发,对中国邮票的投资、当前收藏市场的行情、辨别等角度做较为全面的介绍。代表作品有石安佑编写《邮票知识与集邮》(1986年,湖南文艺出版社),石安佑、王玉萍编著《邮票邮品与集邮知识》(1990年,湖南文艺出版社),黄祥辉编著《新中国邮票的收藏与研究》(1992年,知识出版社),闻白、胡岭编著《邮票交易指南》(1992年,成都科技大学出版社),朱勇坤著《邮票投资技巧》(1994年,上海人民出版社),彭振武著《邮票投资技巧》(1997年,陕西旅游出版社),杨才玉主编《邮票收藏》(1999年,西北大学出版社),吴荣先、吴铁英著《邮票知识与投资实务》(1999年,广东旅游出版社),吴乃根编著《中国邮票辨伪指南》(2000年,南方日报出版社),朱勇坤编著《邮票投资收藏手册》(2002年,上海科学技术出版社),赵利民主编《中国邮票收藏与鉴赏全书》(2006年,天津古籍出版社),耿守忠、杨治梅著《错体变体邮票鉴定》(2013年,印刷工业出版社)。

第二类是对中国邮票断代史、地方邮票史、集邮史的研究。代表作品有:中华全国集邮联合会编《中国解放区邮票史》(1995年,安徽教育出版社)(苏区卷、华北卷、东北卷、中南卷、西南卷、华东卷),该套巨著依据大量的珍贵史料文献,第一次系统、全面地记录和总结了中国各界关于解放区邮票史研究的新成果,具有重要的文献史料价值。中华人民共和国信息产业部、《中国邮票史》编审委员会编《中国邮票史》(商务印书馆),该书一共九卷,反映了从1878年至1991年各个时期的邮票和邮资片、封、简的相关史实,全面、详细地介绍了各个时期邮票的发行体制、管理机构、法律法规等方面的情况,是迄今为止国内唯一一部有关邮票的大型专业通史著作,具有较高的学术价值和史料价值。朱高峰主编《大龙邮票纪念专集》(1988年,中国集邮出版社),书中有选择地收录了海内外学者近百年来对于大龙邮票的研究成果。常增书著《清代、民国快信邮票研究》(1993年,人民邮电出版社),作者依据大量的邮政历史文献对快信业务的开办历程和快信邮票的邮政功能进行了论证。刘肇宁著《中国邮票史话》(1981年,上海文化出版社),以介绍新中国邮票为主,简要叙述大龙邮票发行以后中国邮政的发展演变和珍贵邮票。沙沙著《文革邮票史话》(1993年,内蒙古人民出版社),该书以"文革"时期发行的邮票为线索,逐套逐枚讲述了邮票图案所反映的人与事。刘原、叶于顺、阿旺丹增编著《中国西藏邮政邮票史》(2009年,西藏人民出版社),书中以大量的史料揭示出西藏邮驿、邮政及邮票的产生和发展的史实与细节。中华全国集邮联合会编《中国集邮史》(1999年,北京出版社),全书建立在中国近现代史乃至当代史的大背景中考察论述了中国集邮活动的历史,不仅使集邮活动赋予历史文化内涵,并且具有重要的文献史料价值。在此之后,一些地方集邮史研究成果也相继问世:海南省集邮协会编《海南集邮史》(2008 年,海南出版社)、浙江省集邮协会编《浙江集邮史》(2012 年,浙江大学出版社)、山东省集邮协会编《山东集邮史》(2014 年,黄河出版社)。

第三类是对中国邮票美学的研究。代表作品有:温福林著《集邮美学》(1995 年,长春出版社),该书是中国第一部集邮美学专著,重点论述了集邮的美学韵味以及创作邮集的美学标准,是对集邮美学的内容、章法、构建体系等方面的有益尝试。苏连第、李慧娟著《中国邮票之美》(2001 年,天津人民美术出版社),全书以中国邮票艺术发展源流为核心,以美学鉴赏为引线,剖析中国邮票内在的艺术效能,是对中国邮票美学的一种新的探讨和研究。克东著《方寸探美》(2002 年,花山文艺出版社),书中对邮票中造型艺术的鉴赏要领进行论述,对国内近十位邮票设计家的艺术道路和设计风格的阐释是该书最值得称道的地方。

第四类是邮票图集。此类图集资料最为丰富,图片清晰程度不一。其中图片质量较高的代表作品有《中国邮票全集》《中国邮票大图典·清代卷》《中国邮票大图典·中华民国卷》《中国邮票大图典·解放区卷》《中国邮票博物馆藏品集·清代卷》《中国邮票博物馆藏品集·中华民国卷》《中国邮票博物馆藏品集·革命战争时期卷》《中国邮票博物馆藏品集·中华人民共和国卷》《中国邮票设计家图稿精选》等。

第五类是邮刊、邮报。这一时期的集邮期刊和报纸的种类有了极大增长,形成面向全国公开发行的集邮期刊及地方性集邮期刊乃至各地方集邮协会内部发行的集邮报刊等多元局面。其中社会影响较大的有《集邮》《上海集邮》《中国集邮》《集邮研究》《集邮博览》《天津集邮》《湖南集邮》《江苏集邮》《集邮报》《中国集邮报》等,这些邮刊大多是融知识性和学术性为一体的集邮刊物,一些有关中国邮票的研究成果也散见于这些刊物中。

相比之下,针对中国邮票设计艺术的研究与如此丰硕的中国邮票研究成果要少得多,目前还未有专门著述的成果问世。依据发表性可分为两类:第一为论文成果,即以论文的形式出现;第二为散见于著作中的论述。

以邮票设计为研究对象的有硕士论文 12 篇:《论中国生肖邮票设计中的民俗性》(王红梅,苏州大学,2006 年)、《方寸间的艺术——生肖邮票设计研究》(胡术,重庆大学,2009 年)、《论中国生肖邮票的设计》(刘海洲,南京艺术学院,2011 年)、《方寸之间——中日生肖邮票设计特征异同性分析》(吕春丽,郑州轻工业学院,2013 年)、《方寸之美——十二生肖邮票设计探究》(郭杨,山东工艺美术学院,2013 年)、《方寸之中的文化——中国生肖邮票的文化属性与设计应用研究》(何琳,首都师范大学,2014 年)、《现代奥运会邮票设计研究》(黄金霞,苏州大学,2005 年)、《世界博览会邮票设计探究》(陈茜,南京艺术学院,2012 年)、《新中国儿童选题邮票设计研究》(董文慧,河北科技大学,2013 年)、《邮票设计的视觉传达研究》(王皓,吉林大学,2010 年)、《中国邮票中的装饰语言》(伭圣,哈尔滨师范大学,2011 年)、《邮票设计中文化内涵与审美价值的新探索》(王婷,天津理工大学,2013 年)。

另有期刊论文 4 篇:丁蕾《新经济环境:邮票设计的新内涵》(《文艺争鸣》2010 年第 18 期),呼吁处于多媒体传播时代下邮票设计的形态创新。吴迪《中国当代邮票设计的禅定与创新》(《美与时代》2013 年第 2 期),文中阐述当下邮票设计应紧跟时代,注重文化、艺术内涵,并对中国未来邮票设计的全新体验式形态进行探索。张丽媛《十二生肖邮票美术设计特色及其未来走向分析》(《大舞台》2013 年第 4 期)。苏晓娟《我国十二生肖邮票设计浅析》(《黄河之声》2012 年第 7 期)。

从论文的发表时间上来看,早在 2005 年便出现了《现代奥运会邮票设计研究》论文,其余大多数是近五年来的论文,说明对于邮票设计的研究早在十年前就开始步入人文社会学科的研究视野,近几年则有不断增长之势。从这些论文的内容来看,研究范围以新中国发行的邮票为主,研究重点以专题研究为主,其中对生肖邮票设计的研究为最多。这些论文具有一定的专业性和学术性,有益于提高集邮者的鉴赏能力以及巩固和发展邮票设计的理论基础,但由于内容和范围的限制,无法对中国的邮票设计艺术进行全面系统的研究,也无法清晰展现中国邮票设计艺术的发展脉络与流变轨迹。

关于邮票设计的论述还散见于各著述中:孙传哲写的《情系方寸——我的邮票设计道路》(1994,人民邮电出版社),是中国首位邮票专业设计师撰写的回忆录,忠实地记录了作者一生的邮票设计道路以及对邮票设计的探索和理解,展现了作者40余年邮票设计生涯的成功与挫折以及对邮票设计艺术无怨无悔的执着追求,为邮票设计艺术的研究提供了宝贵的第一手资料。殷会利在其著作《动物邮票设计札记》(2000年,河北教育出版社)中以自己近年来设计的多套动物邮票为线索,整理出作者设计这些动物邮票的速写图稿,再结合作者自身的设计感想,展示出动物邮票的设计过程。温少宁在《陈全胜与中国邮票》(2010年,山东美术出版社)一书中,通过对画家陈全胜的邮票创作经历的论述,从一个侧面展现出邮票创作过程的不易与艰辛。

综上所述,目前学术界对中国邮票的发行、考证、集邮、欣赏等方面的研究则较为充分,有《中国解放区邮票史》《中国邮票史》《中国集邮史》《集邮美学》等系统性的研究成果。与中国邮票丰富的研究成果相比,对中国邮票设计艺术发展的研究成果则较少,反映出学术界对中国邮票设计艺术发展的研究与关注相对薄弱,多集中于某一专题视域,而从艺术学、图像学、社会学、心理学等角度进行研究和论述的成果鲜见,有关中国邮票设计艺术的历史分期、风格特征、发展脉络、流变轨迹等问题仍很模糊。因此,对中国邮票设计艺术发展的研究目前仍处于起步阶段,仍存在许多问题待加强和深化。

国外的研究成果主要是对于中国早期邮票、邮政史方面的研究,对中国邮票设计艺术的研究目前无专门著述。代表作品有中华邮票会1935年出版的 *Juan Mancarini, Descripfive Catalogueof Chinese Porstage Stamps with Appendices*,该书记述了中国早期发行的邮票种类、数量、发行时间、变异等情况,有一定的史料价值。Dugan, Fletcher, Lain, *Shanghai Postal System*——

Postage Stamps and Postal History（American Philatelic Society press, 1981），重点叙述了上海及各商埠的邮票、邮政历史，是关于中国商埠邮票的研究专著。日本集邮家水原明窗著 *The Magnificent Collection of Chinese Stamps*，是一部关于早期华邮研究的系列论著，由日本邮趣出版社于 1978 年至 1993 年陆续出版。该书以作者收藏的中国邮票为基础，论述了中国海关邮政史、中国人民革命战争时期的邮票、东北近代邮政史、山东邮政史、满洲百年邮政史等，对中国邮票史、邮政史的研究具有一定的史料价值和文献价值。

三、邮票的"设计艺术"和"技艺场景"

（一）邮票的"设计艺术"

当人类从旧石器时代打制出第一件石器时，设计便诞生了。然而，对于今天来说，设计仍然是一个古老与年轻并存的概念。古老是因为人类早在远古时期便出现了造物的设计活动，年轻是因为作为学科概念的设计历史还非常短暂。那么，什么是设计？

英文中的"Design"是"设计"的对译词。英国《韦伯斯特大辞典》将"Design"分别作为动词和名词两部分进行解释。作为动词有以下含义：(1)在头脑中想象和计划；(2)谋划；(3)创造独特的功能；(4)为达到预期目标而创造、规划、计算；(5)用商标、符号等表示；(6)对物体和景物的描绘、素描；(7)设计及计划零件的形状和配置等。作为名词则表示：(1)针对某一目的在头脑中形成的计划；(2)对将要进行的工作预先根据其特征制作的模型；(3)文学、戏剧构成要素所组成的概略轮廓；(4)音乐作品的构成和基本骨架；(5)音乐作品、机械及其他人造物各要素的有机组合；(6)艺术创作中的线、局部、外形、细部等在视觉上的相互关系；(7)样式、纹饰；等等。《牛津大辞典》同样将"Design"的词义分为动词和名词两部分进行解释，作为名词的语义首先是指计划的含义，即思维中形成意图并准备实现的计划乃至设计，其次是指艺术中的计划,尤其是指绘画制作准备中的草图之类。作为动词的"Design":(1)是意味着指示;(2)是建立计划、进行构想、规划;(3)是指绘制草图、制作效果等。

"设计"在汉语中由汉字"设"和"计"组成。"设"作为动词,在汉语中有安排、陈列、建立、构筑、假使等含义;"计"则是动词和名词兼用,在汉语中有计划、策划、筹划、审核、计算等意思。著名设计理论家张道一先生主编的《工业设计全书》对"设计"一词有着非常透彻、清晰的诠释:(1)设计是围绕某一目的而展开的计划方案或设计方案,是思维、创造的动态的过程,其结果最终以某种符号(语言、文字、图样及模型等)表达出来。(2)设计是一个含义非常广泛的词,使用该词时,一般应加适当的前置词来加以限定,来表达一个完整而准确的意思。如环境艺术设计、公共艺术设计、服装艺术设计、电脑网页设计、道路与桥梁设计、计算机程序设计等。(3)设计具有动词和名词的双重词性。比如,"这个设计很有新意","你去设计一张海报",前面的"设计"是名词,后面的"设计"是动词。

何谓设计艺术? 从字面而言,它是由"设计"和"艺术"两个词构成,其中心词是"设计",它的限制词和修饰词是"艺术"。设计艺术是融技术与艺术为一体的创造性活动,既不是纯粹的艺术也非一般的工程设计。因此,"设计艺术"在进行"艺术的"设计的同时还要根据一定的生产技术条件以及制作技艺的可行性对其进行创造性活动。

质言之,所谓设计艺术,就是将艺术的形式结合社会、政治、经济、文化、科技等诸多方面因素,再现于和人们生活紧密相关的设计当中,使之在具有使用功能的同时还具有审美功能。

邮票属于有价证券,是由一个国家或地区的邮政主管部门发行供寄递邮件贴用的邮资凭证,兼具使用功能与审美功能,是本研究中"设计艺术"的研究对象,具体是指邮票图像的设计艺术,不仅包括通过设计、印制和发行环节而面向于众的最终邮票图像;也包括因种种原因而未印制或发行,但在某些方面仍然能体现出设计者与众不同的创造性的邮票设计图稿。可以说邮票设计是图像承载量最大的一个艺术门类,图像内容包罗万象,被冠以"微型百科全书"的称谓。邮票的图像通常是由主体图案、边饰、面值与铭记这几部分所构成。除邮票外,小型张和小本票是邮票的衍生形式,其主体依然是建立在邮票图像的基础之上。

(二)邮票的"技艺场景"

邮票属于平面设计的范畴,每一枚邮票都是平面设计的作品。"所谓平面设计作品,基本都是特指印刷批量生产的作品,平面设计因此也就是针对印刷的设计……是把平面上的几个基本元素,包括图形、字体、文字、插图、色彩、标志等以符合视觉传达目的的方式组合起来,使之成为批量生产的印刷品,达到准确的视觉传达功能目的,同时给观众以设计需要达到的视觉心理满足。"[1] 由此可见,邮票设计涉及技术与艺术两个方面。

在人类漫长的手工业发展阶段,技术与艺术并没有明显的界限,技术就是艺术,艺术也就是技术,二者通称为"技艺"。在西方的古代和中世纪时期,有关技术与艺术的概念是互通的。如古希腊的"techne"(特克奈)一词,指的是人们凭借专门的知识、经验、能力进行的造物活动,包括手工艺、音乐、雕塑、绘画、作诗等技能,既包含今天的"技术",也涵盖今天的"艺术"。艺术(art)与技艺在古代欧洲是同义词,当时的艺术实际上等同于技术。中国古代也有此情形,孔子从《礼》《乐》《诗》《书》《易》《春秋》来谈"六艺",这六个方面既包括艺术,又包括技术。汉字的"技"也泛指人所具备的技巧、才能。可以看出,在手工业阶段,技术与艺术还没有从技艺、工艺、知识、才能中分化出具有严格意义的规定性概念。

近代科学的发展促进了以机械化大生产为特征的西方产业革命的爆发,

---

① 王受之:《世界平面设计史》,中国青年出版社 2002 年版,第 10 页。

使设计在从手工艺设计步入工业设计的同时,也加速了技术与艺术的分化,技术与艺术逐渐成为两个独立的概念。当机器成为主要的生产工具后,技术便与机械化生产手段紧密地联系在一起,而之前手工业阶段的技术与艺术相互结合的技艺则逐渐转移到意识形态的领域。科技人员从事技术性工作,而画家、音乐家、诗人、文学家则专门从事艺术。此后,技术与艺术分别按照各自的规律发展,技术以实用价值的身份存在,具有严密、精确的规格性;而艺术则以审美价值的身份存在,是对社会现实生活的形象再现或情感的主观表现,具有个性和自由性。

　　19世纪末随着自动化和电子技术的发展以及现代科学技术的兴起,使人们的观念和思维由单一的、孤立的逐渐向多元的、联系的、综合的方式过渡。20世纪20年代,现代设计的大本营包豪斯就明确提出"技术与艺术"相统一的新观念,这一新观念既不是手工业时代中技术与艺术的混称,也不是分化下的技术与艺术,而是一种以技术与艺术相互融合为特征,涵盖、融汇了为取得艺术形式的技术,反映出工业社会技术与艺术重新统一的必然性。

　　作为工业社会的产物,邮票首先要经设计,然后通过印刷得以实现产品,最后通过发行使人们对其认识和评价。换言之,邮票所展示出的主题内容正是经由邮票设计形式所诞生的,而邮票的设计、印刷也正是使邮票能够面向大众的两个前提条件。设计是印刷的前提,印刷又决定设计的面貌,二者之间相辅相成,循序而进,缺一不可。新中国首位专业邮票设计师孙传哲认为:"邮票设计家有两支笔:一支是设计家亲手掌握的画笔,另一支是邮票印刷机。"[①]对于邮票设计来说,设计和印刷是紧密结合在一起的。时至今日,电脑已成为设计的主要工具,取代了部分邮票设计者手中的画笔,从而扩大了技术的内涵。由此可见,研究邮票设计艺术不能脱离技术本身,"艺"由设计者创造,设计者的表现方式决定着邮票图像的艺术特征,而印制水平则决定着

---

① 孙传哲:《情系方寸——我的邮票设计道路》,人民邮电出版社1994年版,第98页。

邮票的精美程度乃至艺术风格,二者构成"技艺场景",不同场景的转换反映出不同的设计风貌,邮票设计艺术的发展正是由各个时期的历史语境、技艺场景、设计风貌三方面所构成。其中,历史语境是邮票设计艺术发展的内在动力,技艺场景是其发展的直接力量,设计风貌是其发展的外在表现,共同演绎出邮票设计艺术的发展脉络。

四、本书的研究视角、"分期"说明和主要内容

(一)本书的研究视角

1. 设计学是本文的基点视角

设计不仅是人类的一项物质活动,更是人类的一项精神活动。邮票是人类设计活动的产物,随着时代的变迁、文化的交流、技术和材料的进步而不断向前发展,满足了人们的通信需要,彰显了时代的文化特征。因此,在设计学视角下研究中国邮票所历经各阶段的设计风貌、艺术特征,归纳总结中国邮票设计艺术的发展脉络和流变轨迹是本文的主要内容。

2. 历史学视角是本文展开研究的一个切入点

全文沿着中国近现代历史脉络梳理中国邮票设计艺术发展历程,为后续研究的开展奠定清晰的历史线索。只有从历史这根主线上考察中国各时期的邮票设计艺术,才能从宏观的角度寻觅中国邮票设计艺术的发展脉络,为各历史时期中的中国邮票的设计风貌、艺术风格、审美内涵等内容的研究奠定坚实基础。

3. 文化人类学视角是本文展开研究的另一个切入点

中国邮票设计艺术是在国际大环境中不断发展的,既有设计艺术的共同规律,也有本国的特色表现,既有地域性,也有民族性。将中国邮票设计艺术纳入文化人类学视角,以期准确定位中国邮票设计艺术的设计身份与发展生境。

在具体研究过程中以史为骨架,本书以论为血肉,采用了以下研究方法:运用文化人类学中的文献收集、田野考察等方法,整理有关中国邮票的现成史料,梳理中国邮票设计艺术的发展历史;运用历史分析的方法,简要描述中国邮票设计艺术发展过程中各时期的历史语境,还原各时期的"技艺场景",归纳、总结、分析各时期的设计风貌;运用设计学中的图像对比分析、图像解析、符号分析等方法,对邮票图像的视觉语言进行分析和阐释,挖掘中国邮票设计艺术所蕴含的审美文化和设计思想,归纳总结中国邮票设计艺术的发展脉络与流变轨迹。

(二)本书的"分期"说明

著名艺术史家夏皮罗认为"同样的客体能够按照不同的方式来分类,因此可能就会有许多不同的时期分类法。正是这个问题和理论上的不同观点,伴随其普遍性的秩序和其特殊的历史分界,决定了对一种分类方式的选择"。本书通过分组和分界对中国邮票设计艺术的发展史进行分期,目的是想要更清楚地显现和说明中国邮票设计艺术在不同发展阶段的相似性和差异,并且让我们看到一条发展的线索。

中国邮票设计艺术的发展从历史顺序上分为三个时期——晚清时期、民国时期、中华人民共和国时期。

1. 邮票对中国来说乃西方舶来之物,从一开始便打上了强烈的西方印记。从1878年7月清政府发行大龙邮票开始,中国邮票设计艺术便正式登上历史舞台。清代邮票设计在照搬、模仿西方邮票图式布局的同时,又体现出清代特有的艺术特色,这也是清代邮票的整体设计风貌在半殖民地半封建社会状态下的必然呈现。

2. 民国时期是中国邮票设计艺术发展的一个特殊时期,由于国民党统治区与中国共产党创立的解放区并行存在,因此中国邮票设计艺术在此阶段便形成两条发展脉络。国民党统治区的邮票设计承接晚清,借鉴美国模式。中国共产党所创立的解放区的邮票设计自力更生,在借鉴的基础上有所创新。因这一时期处于民国时期,为做到主次分明,本书将这一时期的邮票设计艺术分为两条线索,主线是国民党统治区的邮票,辅线是解放区邮票。

3. 中华人民共和国的邮票设计艺术的发展从大的方面又分为三个阶段,即中华人民共和国成立初期、"文化大革命"时期以及"文化大革命"结束后的两年、党的十一届三中全会的召开至今。

(1)中华人民共和国成立初期的邮票设计在设计观念、表现方式、印制水平方面都得到了较大发展,特别是对民族风格的探索取得了可喜的成绩,开始呈现出中国邮票设计的独特面貌。

(2)"文化大革命"期间中国的邮票事业遭到严重破坏,尽管邮票画面具有强烈的视觉效应,但其设计总体上呈现出模式化、简单化倾向,邮票图像成为政权政治的宣传画本,即便是在"文化大革命"结束后的两年,邮票设计仍未完全摆脱"左"的束缚,处于徘徊中前进的局面。

(3)1978年12月党的十一届三中全会的召开使中国进入了一个崭新的历史发展时期,在良好的政治、经济、文化环境下,中国邮票事业出现了前所未有的繁荣发展的新局面。从1979年至1991年,中国发行了首轮十二生肖特种邮票并获得了极大成功。一批年富力强,具有较高文化艺术修养的中年邮票设计师及社会知名画家的艺术风格日臻成熟,他们在邮票设计中大胆创新,艺术手段多样,一时间精品频出,标志着中国邮票设计繁荣时期的到来。

(4)从1992年起,邮电部决定将邮票铭记改为"中国邮政",对邮票的志号也做了调整。从此,中国邮票开始进入"编年邮票"时期直至今日。随着数字化时代的到来,计算机设计平台逐步成为设计的主流工具,打破了之前一直以传统绘画工具为主要手段的设计方式,邮票设计不仅有传统的绘画方式,也有利用计算机进行设计的方式,表现形式不仅有中西方各种传统绘画形式,更有现代设计手法乃至高科技因素的加入,中国邮票设计艺术在繁荣发展中呈现多元化局面。

综上所述,本书将中国邮票设计艺术发展分为移植期(1878 年 7 月—1911 年 12 月)、借鉴期(1912 年 1 月—1949 年 9 月)、探索期(1949 年 10 月—1966 年 4 月)、曲折期(1966 年 5 月—1978 年 12 月)、繁荣期(1979 年 1 月—1991 年 12 月)、多元发展期(1992 年 1 月至今)。

(三)本书的内容简介

本书共七部分,第一章至第六章为本书主体。

第一章研究清代中国邮票的设计。这段时期处于晚清时期,是中国邮票设计的发端。本章结合文献资料和图像对比分析,对清代邮票的设计艺术做了系统研究。通过阐释清邮设计发展的历史语境、梳理清邮设计中经常出现的"九宫图式"的源流线索、总结清邮设计整体风貌、剖析清邮设计"图像无人"及影响清邮设计风貌的主要因素,得出由于"学西"观念和"中体西用"思想的相互作用下,使得清代邮票设计在照搬、模仿西方邮票设计格局的同时,又体现出清代特有的艺术特色,是处于半殖民地半封建社会状态下的必然呈现。

第二章主要研究民国时期中国邮票设计的艺术特征。以国民党统治区中华邮政发行的邮票为主要研究对象,分析了邮票设计发展的历史语境、整体设计风貌、影响邮票设计风貌的主要因素等内容并对解放区的邮票设计进行概述。国民党统治区与解放区的邮票虽然在时间上都处于民国时间段,但由于领导政权、宣传目的、技术基础等差异,形成了完全不同的艺术特征:国民党统治区在借鉴美国邮票模式的基础上,设计形式庄重、印制精美,邮票图像具有强烈的古典气息;解放区邮政是在条件极为艰苦的战争环境下开创的,邮票的构图形式有所借鉴,设计体现出诚挚、朴质、奔放、有力的版画艺术特征。

第三、四、五、六章主要研究新中国邮票设计的艺术特征。时代的变迁、政治的变化、技术的转变等因素使邮票在新中国各个时期呈现出不同的艺术特征。第三章以新中国成立初期的邮票为研究对象,建立在历史语境、技艺场景、设计风貌研究的基础上,认为邮票设计者们对民族风格的努力探索是这一时期所取得的最为主要的成就,也为中国邮票设计所体现出的民族风格奠定了基础。第四章以"文化大革命"及"文化大革命"结束后两年徘徊时期里的邮票为研究对象,剖析这一时期邮票设计反反复复的曲折过程。第五章以改革开放初期发行的邮票为研究对象,通过对邮票设计的时代背景、艺术形式、首轮十二生肖系列邮票的设计特色、印制工艺等方面的分析,认为中国邮票设计艺术步入繁荣发展时期,特别是将民族风格在邮票设计中的表现获得极大成功。第六章以 20 世纪 90 年代以来发行的邮票为研究对象,对数字化时代背景下邮票设计艺术产生的新变化、第二和第三轮十二生肖系列邮票的设计特色、影响的主要因素等方面进行深入分析研究,归纳总结出中国邮票设计艺术的发展脉络和流变轨迹。

由于历史原因,港澳台地区的邮政自成体系,三地区的邮票各具特点,种类繁多,成为中国邮票的另一体系。为达到体系分明、线索清晰的目的,港澳台地区发行的邮票不在本书研究范围内。

基于以上研究,本书形成以下创新点:

1. 对中国邮票设计艺术的发展进行分期,先后历经移植期、借鉴期、探索期、曲折期、繁荣期、多元发展期;

2. 对清代邮票设计中的"九宫图式"所做的源流探析;

3. 民族风格是中国邮票艺术的设计身份;

4. 中国邮票设计艺术在数字化时代背景下呈现多元化发展面貌;

5. 明晰中国邮票设计艺术发展脉络与流变轨迹。

第一章　移植期
（1878年7月—1911年12月）

　　19世纪中国的通信系统呈现出错综复杂的景象,清代邮政正是在这错综复杂的历史语境中创办起来并于1878年发行了中国第一套邮票——大龙邮票,标志着中国的邮票设计正式登上历史舞台。由于历史的客观原因,也由于没落王朝面对西方强大的科学技术的无力,清代邮政在海关试办邮政时期和国家邮政时期的邮政大权实际掌握在洋人手中。本章在清代邮政发展的历史语境下探究清代邮票的设计风貌以及风貌的表象呈现中所隐藏的深层因素。

第一节　历史语境

一、舶来与肇始

　　1840年,英国最先完成产业革命,工业的迅猛发展促进了商业的快速发展,也使人们相互邮寄信件的需求日益增长。当时,欧洲大多数国家都采取由收信人来支付邮寄信件费用的方式,而寄信人是不付费的。邮寄信件的费用主要是依据路程的远近确定,每当遇到收信人拒收信件或不愿意支付邮费的情况,便会给邮局的投递工作带来麻烦。为此,英国人罗兰·希尔(Powland Hill)从1835年开始研究英国的邮政改革问题。罗兰·希尔(1795—1879),英国人。1795年12月3日生于英国,早年从事教育工作。1847年被任命为英国邮政总局局长秘书。1854年被任命为英国邮政总局局长高级秘书。因对英国邮政事业的重大贡献,1860年被封为爵士。1864年被牛津大学授予"民法学荣誉博士学位"。1879年被授予伦敦名誉市民称号。由于罗兰·希尔对改革和发展邮政事业做出的重大贡献,被誉为"近代邮政之父"。

他结合当时邮政工作中所存在的实际问题,经过详细的调查研究,于1837年出版了《论邮政改革:其重要性和实践》(*Post Office Reform:Its Importance and Practice*)一书。书中列举出当时英国邮政所存在的弊病,并提出一系列改革方案:实行统一的收费标准,凡在英国范围内的信件,只要重量不超过半盎司(英两)的,不论远近,都收取1便士的邮费;由寄信人预付邮资,用一种标签代表邮费,这种标签由寄信人到邮局购买贴在信件上,作为已付邮费的凭证。罗兰·希尔的改革方案,简称"1便士邮资法",而其所称的"标签",便是日后英国发行的邮票。罗兰·希尔的改革方案得到了英国政府的赞赏与采纳,1839年8月英国议会通过了"1便士邮资法",并经英国女王批准实行。1840年5月1日开始发售世界第一枚邮票——黑便士邮票(见本章图1-3-2)。寄件人使用邮票作为缴纳邮费的凭证,极大地简化了之前烦琐的收费手续,不仅是邮政系统在营业管理上最简便、最科学的一种方法创新,也是世界邮政史上的一项重要改革。此后三十年间,欧美各国纷纷效仿,相继发行邮票。从19世纪70年代初开始,亚洲各国也开始效仿,1878年清政府发行了中国第一套大龙邮票(表1-1)。从此,"邮票"这一对中国来说的西方舶来品拉开了历史序幕,中国邮票的设计艺术也开始正式登上历史舞台。

表 1-1　1840—1878 年世界各国发行本国首套邮票一览表

发行年代	国别	发行年代	国别
1840	英国	1856	芬兰、墨西哥
1843	巴西	1857	俄国
1847	美国	1858	罗马尼亚、阿根廷
1849	法国、比利时	1861	希腊
1850	西班牙、奥地利、瑞士	1862	意大利
1851	丹麦、加拿大	1871	日本、阿富汗、匈牙利
1855	瑞典、挪威、新西兰	1878	中国、巴拿马

二、通信机构多样

19 世纪中国的通信系统处于十分混乱的局面,清代的邮票设计便是在这种纷繁复杂的历史语境中诞生和发展的。19 世纪中叶中国的通信系统由邮驿系统、民信局、客邮和商埠邮政组成。

邮驿系统在中国历史悠久。中国的通信活动,始建于殷商时期。据专家考证,"从殷墟出土的甲骨文中,有了关于传报边境军情的通信记载"。[①]从隋唐以后,邮驿从以前邮传的军事功能逐步转向服务于国家内部行政管理的作用。经过宋元明三朝的发展,邮驿正式兼有通信、官员迎送和运输小件货物的职能,并以律令的形式加以制度化。清代的邮驿系统在继承明代遗产的同时又在清初顺治年间做了重大的改革,改革理顺了驿站的管理体制,基本保证了驿站的日常开支,奠定了驿站良好发展的基础直至清朝中叶。邮驿系统弊端的显现始于清朝中叶,鸦片战争使得中国社会面临转型的痛苦历程,在与蒸汽机为动力的运输工具的竞赛中,驿站的速度和效率显然处于下风,使得古老的邮驿系统面临从未遇到的危机,在社会现实面前,其没落与解体不可避免。

---

① 刘广生主编:《中国古代邮驿史》,人民邮电出版社 1986 年版,第 6 页。

民信局具有商业性质,崛起于 18 世纪中叶,与古老的邮驿系统日渐衰落的情景相反,到 19 世纪中叶步入了长达半个多世纪的繁荣时期。民信局经营的业务范围很广,主要有信件收寄、包裹运送、汇兑及现金运送和报纸发行四大类。"十九世纪是民信业发展的最盛时期,全国民信局大小共有几千家……民信局是私人经营的商业组织,有独立经营的,也有合伙经营的……当时,轮船就是最快的运输工具,信件通过轮船信局寄递,好像如今的航空信一样受人欢迎。"[①]民信局在经历了半个多世纪的繁荣发展时期后,由于分散、不统一的自身缺点以及其他机构的压迫,到清末民初,民信局逐渐衰败。

客邮是西方殖民势力东扩的产物,是当时中国人对外国在华邮局的俗称,指那些不请自到的"客人",以后便沿用下来。西方列强早在鸦片战争前就开始在中国沿海设置通信机构,其目的是了解信息、刺探情报、倾销商品。起初,仅在趸船上悬挂信箱以备通信,不久后即在中国沿海城市设置邮局。1834 年,英国开外国侵略者在华开办邮政的先例,在广州设立了第一个"英国邮局"。1842 年 3 月 5 日,英国在强行占据的香港岛上开办"香港英国邮局",并以此为基地迅速在其他通商口岸开办邮局,法国、德国、美国、日本、俄国也竞相效仿。西方列强以中国没有邮政机构为由,使"客邮"的数量不断扩大,设置地区则由通商口岸逐步推向内地及边远地区。"这些'客邮'机构,设在中国领土,却行使本国的邮政章程,按照各自邮资标准,贴用西方流通的邮票办理'客邮'业务。它们除收寄本国侨民信件、包裹外,还收寄中国人发往国外的信件、包裹,乃至收寄中国国内各地的互寄信件……到辛亥革命推翻清王朝,'客邮'一直存在,直至 1922 年 2 月 1 日的太平洋会议上,因中国政府的力争,才通过了撤销在华'客邮'的议案。"[②]

帝国主义列强在中国强行开办"客邮"的同时,还以解决外国人在华从事贸易的居住问题为由,在各通商口岸设立租界。这些租界是独立于中国主权

---

① 刘广生主编:《中国古代邮驿史》,人民邮电出版社 1986 年版,第 388 页。

② 龚书铎:《中国通史》第 11 卷,上海人民出版社 2013 年版,第 529、531 页。

之外,拥有独立的行政权、司法权、治安权以及税收权。"在这些租界以及后来在其他商埠成立的邮政机构,有的叫书信馆,有的称邮政局,英文名称一般均为 Local Post Office,即'地方邮局'之意。"① 它们还以租界工部局的名义在中国境内开办"书信馆"。1863 年上海租界工部局组织的"上海工部局书信馆"是最早出现的"书信馆"。"十九世纪九十年代,汉口、厦门、福州、重庆、南京、烟台、九江、镇江、芜湖、宜昌、威海卫等地,相继出现了各种各样的'书信馆'。"② 这些书信馆的主要目的不是通信,而是印制、发行、推销各种邮票,借以大发横财。

可以看出,19 世纪中叶中国的通信状况错综复杂。古老的邮驿系统已经越来越不适应时代的发展要求,但仍艰难地维持运行;民间信局虽然发展迅猛,但因分散、不统一的自身缺点而无力完成全国性的通信网络;盘踞在各通商口岸的客邮和商埠邮政由于其现代性而更加适应时代要求,但却损害着中国邮政的主权和利益;就是在这种形势下,中国清代国家邮政开始初现端倪。

(一)海关试办邮政时期

海关试办邮政时期(1878—1896)是清代国家邮政的第一个时期,是在海关主持各项邮务活动的基础上发展起来的,而中国的海关试办邮政,正是在赫德的策划、领导和推动下得以发展的。赫德(Sir Robert Hart,1835—1911),英国人。1853 年毕业于贝尔法斯特女王大学。1859 年进入中国海关任职。1861 年代理总税务司。1863 年正式担任总税务司。此后把持中国海关四十多年,并对中国近代政治、经济、军事、文化、外交等方面产生过重要影响。

赫德得到李鸿章的允许,从 1878 年起,指派德璀琳以天津为中心,在天津、上海、北京、烟台、牛庄海关开始试办邮政。德璀琳(1842—1913),德国

---

① 《中国邮票史》第 1 卷,商务印书馆 1999 年版,第 63 页。
② 《中国近代邮电史》,人民邮电出版社 1984 年版,第 18 页。

人,1864年进入中国海关,逐步迁至税务司职。1877年后任天津海关税务司,是海关邮政开办前后的所有重要工作的实际主持者。

1878年7月29日,"天津海关书信馆向其他海关书信馆分发中国的第一套邮票——大龙邮票,海关试办邮政实行预付邮资制。天津海关书信馆成立后,在北京、上海、烟台和牛庄(今营口市)四个地区的海关分设书信馆,试行海关邮政制度。邮政服务的特点是其公众性,不论官方抑或是私人,只要预付邮资,即在邮件上贴足邮票,即可得到邮递服务。因此,试办邮政之第一技术步骤,就是发行邮票,实行预付邮资制,改变传统的以收件人付费为主的偿付邮政服务的制度。为此,本年上半年,负海关邮政总责的德璀琳令上海海关造册处火速赶印面值为10分银、5分银和3分银的邮票,以应急需。本月24日,上海将赶印出的邮票(原所定10分银、5分银、3分银,印时改为5分银、3分银、1分银)送到天津海关书信馆。本日,天津海关书信馆向其他海关书信馆分发此中国的第一套邮票——大龙邮票,并下令强制实行预付邮资的邮件贴邮票制序"。①

从1866年海关总税务司介入北京和上海之间的传递外国邮件工作起,到1896年大清邮政成立的这段历史称为"海关邮政时期",在这段时期里,海关控制着以清政府名义进行新式邮政的各项业务,诸如邮务机构的建立、邮路的规划和开通、邮政资费的确定,直至邮票的发行,等等。"尽管海关邮政在当时实施范围不广,影响和作用也都有限,但它却是中国最早的官办邮政,是国家邮政的前身。海关和邮政本属近代国家不同的行业……中国近代官办邮政从海关的一个机构发展为国家邮政,这在世界邮政发展史上是罕见的。"② 清政府兴办近代邮政本是明智之举,既顺应历史潮流又能改善落后的通信系统,但从一开始清政府就把开办权交给海关,并让外国人介入,结果导

---

① 中国革命博物馆编:《近代中国报道 1839—1919 插图本》,首都师范大学出版社 2000 年版,第 292 页。

② 《中国邮票史》第 1 卷,商务印书馆 1999 年版,第 84 页。

致了洋人操控中国邮政大权的局面。

海关试办邮政时期设计发行的中国第一套邮票揭开了中国近代邮政史新的篇章,也拉开了中国邮票设计的序幕。在海关试办邮政时期共发行了 3 套邮票,即中国第一套邮票——大龙邮票、小龙邮票,以及中国第一套纪念邮票——万寿邮票。

(二)国家邮政时期

国家邮政时期(1897—1911)是清代邮政的第二个时期。由海关试办的新式邮政在成立初期颇具活力,19 世纪 80 年代以后,已经在中国北方和长江流域的部分通商口岸建立了许多机构。但是,由于体制的不完善以及经费、人员等多方面原因,海关试办的邮政并未快速有效地取代当时中国其他各类通信组织。

一心想把持中国邮政大权的赫德在海关试办邮政期间便积极活动,而在中国海关税务总局供职的葛显礼成为赫德夺取中国邮政大权的得力助手。葛显礼提出申办国家邮政的理由是:"中国听任外国设置'客邮',有失大国体面;中国若能自办邮政,通知香港英国当局,英国在华'客邮'便可自动撤退;英国一旦撤邮,其他国家的邮政就会自行关闭;如果中国办邮政,必须委托各国都信服的部门创办,而各国最信服的部门只有海关。海关本身也具有办邮政的两大优势:一是海关人员通晓各国语言,便于开展业务;二是可以利用海关现有的一班人马和设备,不需另筹经费。"[1]葛显礼的这些意见呈报至清政府,得到了清廷一部分掌权派官员的支持。于是,清政府便征求赫德的意见并得到由海关正式开办邮政的肯定态度。赫德为了不触动封建官僚的利益,竭力声明不必裁撤邮驿系统,并且提出开办国家邮政必备的两个条件:"第一是'责任由国家负担起来',即清廷'必须颁发谕旨,批准办理邮政';第二是'政

---

[1]　修晓波:《邮政史话》,社会科学文献出版社 2000 年版,第 26、27 页。

府维持邮政而批准发给的款项', '应当事先由政府保证,不管收入多少,一定按期提供经费,以备开支'。"①清廷的一些要员如李鸿章、张之洞等也对开办国家邮政表示支持,于是总理各国事务衙门奏请皇帝批准依据赫德所拟的章程,光绪皇帝于1896年3月20日(光绪二十二年二月七日),在奏折上朱批"依仪"二字,"大清邮政"从此正式成立并委任赫德为总邮政司。

大清邮政自成立之日起,就面临着竞争的挑战。当时,"全国通信机构处于十分混乱的局面,有外国在华设立的'客邮'、古老的邮驿和官办的文报局,还有经营情况不错的民信局等,真是五花八门。这些通信机构都自成系统,对国家邮政的发展以及巩固赫德在大清邮政中的统治地位十分不利"。②对此,大清邮政分别采取不同的经营策略,通过长时间的竞争较量,逐渐走向统一经营。

尽管清王朝成立了国家邮政,在其开办后的十余年中,实质仍由海关兼办,其相关制度主要仿效英国,重要职务基本上被洋人把持,其他帝国主义列强也逐渐染指国家邮政。"在当时的历史条件下,正是依靠海关提供的组织框架和必要的资源,国家邮政才得以在与列强'客邮'和本土民间信局的竞争中,在既无专项经费又缺专业人才的情况下,维持生存并逐步发展壮大。"③

清代国家邮政期间设计发行了加盖改值邮票、蟠龙邮票、宣统纪念邮票等,创造了第一批欠资票、第一种快信票等中国邮票历史上的许多"第一"。

---

① 《中国邮票史》第2卷,商务印书馆2004年版,第5页。
② 修晓波:《邮政史话》,社会科学文献出版社2000年版,第28页。
③ 《中国邮票史》第2卷,商务印书馆2004年版,第2页。

第二节 技艺场景

一、设计人员单一

清代邮票中的许多图案象征着吉祥、福禄和寿贵，集中体现在万寿邮票的设计元素中。万寿邮票不仅是中国邮政历史上的第一套纪念邮票，也是中国第一套多图邮票，其设计者是时任海关造册处的邮票绘图员——费拉尔，也是清代唯一有史料记载的设计者。

费拉尔（1860—1904），德国籍。费拉尔不仅懂英语、法语，也通晓中文，他涉猎阴阳八卦以及篆文书法并对中国传统文化极感兴趣。1892 年费拉尔进入海关造册处工作，由于费拉尔学识渊博又擅长绘画，所以得到当时造册处上司的赏识，委托他来承担邮票设计以及邮票监制的工作。为了迎接慈禧太后的六十寿辰，清廷上下早就开始了"万寿庆典"的一系列准备工作。如"1891 年 3 月 25 日准奏挪垫海防经费修复颐和园……1894 年 2 月 6 日（春节）加恩文武大臣等……中日甲午海战爆发后，慈禧太后下旨停止颐和园受贺的典礼，11 月 7 日生日那天在宫中受贺"。[1] 随着海关邮政业务的不断发展，原来邮票面值的弊端已日渐暴露，"特别是一些挂号信件和寄往国外的信件……仅有一分银、三分银、五分银三种面值的邮票显然在使用时过于烦琐，同时也不经济"，[2] 所以海关邮政业务的发展也要求发行面值较高的邮票。作为那个年代政治生活的一件大事——慈禧太后六十寿辰，正好为万寿邮票的印制提供了一个很好的题目和极佳的机会。这一任务自然落到较为熟悉中国文化又擅长绘画的费拉尔身上，他在一个月时间内设计出 9 件极具中国韵味的设计图稿并最终如期印制发行（图 1-1）。

---

① 郭廷以编著：《近代中国史事日志》，中华书局 1987 年版，第 842、859、891 页。
② 《中国邮票史》第 1 卷，商务印书馆 1999 年版，第 228 页。

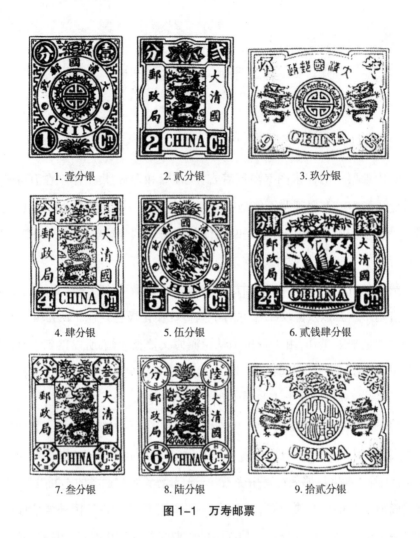

1. 壹分银   2. 贰分银   3. 玖分银

4. 肆分银   5. 伍分银   6. 贰钱肆分银

7. 叁分银   8. 陆分银   9. 拾贰分银

图1-1　万寿邮票

　　这套邮票一共9枚,除象征皇权的龙之外,上面还绘制着以"福""禄""寿"为中心寓意的各种吉祥图案。其中"一分银和九分银邮票的中间是五蝠的传统图案围绕古体'寿'字,有'五福捧寿'之意;五分银邮票的中心图案是中国传统的'鱼跃龙门';二钱四分银邮票的中心图像画有帆船寓意'一帆风顺';分布于九枚邮票中的植物图案有以牡丹象征富贵,绣球花、灵芝花象征吉祥,而蟠桃、万年青则寓意多福、长寿;三分银和六分银邮票的面值以八卦图来做装饰,有驱妖镇邪之效应";[①] 整套邮票中的图案设计充分做到"言必有意、意必吉祥",可见洋设计师费拉尔对中国传统文化的熟知。费拉尔在海关造册处任职期间,产量颇丰,"除大龙、小龙邮票迄今尚未查到确切的设计人外,慈禧寿辰、蟠龙邮票、邮资明信片以及 1896 年启用的小龙、慈禧寿辰、红印花加盖改值票,基本上都出于海关造册处职员、德国人费拉尔之手"。[②] 由于费拉尔熟知邮市行情,又与当时国外的邮商和集邮家颇有交往,他利用设计和监制邮票的职务之便,弄出许多错异变体,如在印制万寿邮票时,故意将九分银印版倒置一枚。"1897 年 7 月 23 日,费氏因在承办、代印镇江商埠邮票中监守自盗东窗事发,银铛入狱",[③] 因此也被海关开除。以后费拉尔寄居上海直至 1904 年病故。留有被后人称为《费拉尔手稿》的文件,具体地记载了万寿和蟠龙两套邮票的设计和印制的过程,也为这一节的研究提供了重要史料。

二、印制借法西方

清代邮票的印制分为本土印制和国外印制两种方式。在海关试办邮政时期发行的中国第一套邮票——大龙邮票、小龙邮票,以及中国第一套纪念邮票——万寿邮票是由上海海关造册处印制。国家邮政时期发行的邮票则是委托国外公司印制,除日本版蟠龙邮票在日本完成印刷外,其余都是英国伦敦的华德路公司负责印制。清代邮票的印制从表面看有本土印制与国外印制之分,实际上在海关试办邮政时期中国邮政的大权完全由洋人操控,即使是在国家邮政时期开办后的 10 余年中,其相关制度主要仿效英国,重要职务基本上被洋人把持,实质仍由海关兼办。因此,清代邮票的印制实际上是借法西方,本质上还不算是清政府的业绩,也说明清政府并未实现真正意义

---

① ［德］费拉尔:《费拉尔手稿》,中国人民邮电出版社 1991 年版,第 11、12 页。

② ［德］费拉尔:《费拉尔手稿》,中国人民邮电出版社 1991 年版,第 2 页。

③ 《中国邮票史》第 1 卷,商务印书馆 1999 年版,第 233 页。

上的邮票印制。

1903 年(清光绪二十九年),清政府决定批准建立印刷局后,度支部即派人前往欧美各国调查印刷局的建筑规模,办理购置机器以及聘请技师等事宜。通过考察,认为美国钞票公司的规模宏大且技艺精良,尤其是钢凹版印刷技术驰名世界,清政府因此决定完全仿照美国国立印刷局的规模和式样建立"度支部印刷局",最初的地址选在北京清河仓库,因交通不便,后又改址于右安门内的白纸坊,所以"度支部印刷局"又称为白纸坊印刷局或印刷局。由美国米拉奔公司设计、日商华胜公司承建的"度支部印刷局"于 1908 年 6 月 1 日正式开工,其机器设备均由美国老旗昌洋行承揽。1909 年至 1911 年,印刷局从美国以重金聘请著名的雕刻师海趣,手工雕刻师格兰特等 5 人,同时又从美国引进了"万能雕刻机"的全套设备和试印机、打样机等。印刷局的第一批产品是由海趣设计并雕刻的大清银行兑换券(后因清政府被推翻而未能发行),海趣是美国著名的雕刻家和画家,任印刷局雕刻钢版主任一职,主管设计、雕刻和制版工作,格兰特担任海趣的助手,二人的合同任期为 6 年。印刷局在聘请外国技师的同时,也在国内招募了一些具有一定专业基础或文化程度的学徒,分别向美国技师学习钢凹版雕刻、过版、印刷等技术,后来大多成为印刷局的第一批技术骨干。

印刷局是中国第一个具有近代设备的官办印钞厂,也为民国时期国民政府的邮票印制奠定了良好基础。

第三节　设计风貌

一、九宫图式

哲学家康德最早提出"图式"这一概念,认为任何一种思想、范畴或信息只有在与个人已有的知识或经验发生关系时才具有意义。一般而言,图式指个人不断积累的知识和经验的结构,并利用图式去认识和解释客观世界。人们对新事物的理解,需要将新事物与已知的概念以及过去的经历联系起来,对新事物的解释取决于头脑中已经存在的图式,输入的信息必须与这些图式相吻合。就设计而言,图式是指设计者在特定的空间中运用审美原则安排和处理形象、符号并形成较为固定的构图形式。综观清代邮票的构图形式,以九宫格为基础的图式在清代邮票设计中被普遍采用,中国发行的第一套邮票——大龙邮票便是采用"九宫"的构图形式。本节将从两条线索来对这一设计图式进行探源,第一条线索是中国古老的邮驿系统在历史上留下相关的邮政平面图像是否对清代邮票的九宫图式产生过影响,第二条线索是从早于中国邮票发行历史的西方国家发行的邮票中去寻找这一图式的设计源流。

（一）中国邮驿系统中的图像

中国的九宫文化历史悠久,赵国华教授认为五千多年前的"半坡文化"中就已有最原始的九宫图示。[①]《黄帝内经·灵枢经·九宫八风篇》中也有九宫图的记载。"中国上古宇宙图案或空间图式是五行八卦九宫,形成于包括相土、卜地、测日景、辨方正位、察识天象等空间定位活动。古人的空间定位,首先是确定自身之所在,以之为中央,再确定四方(四维)和四隅。……这一空间定位方式于无意中深刻影响了中国的建筑空间观念,从'九州八极'之天下,九夫之井田,纵横九里、旁三门、内有九经九纬道路的洛邑王城,到九室、五室之明堂,均可看到九宫图案的身影。西汉长安南郊的明堂辟雍遗址、西晋墓中常见的青瓷魂瓶上十字对称院落。均是九宫图案观念之体现。"[②]

然而对中国建筑平面形制产生过深刻影响的九宫图式似乎并未对平面设计的图式产生过影响。在中国古老的邮驿历史的长河中,产生过不少与邮政相关的平面图像史料,笔者收集整理其中具有代表性的有元代的"急递

---

①　赵国华:《生殖崇拜文化论》,中国社会科学出版社 1990 年版,第 142、143、144 页。

②　萧默:《中国建筑艺术史》上册,文物出版社 1999 年版,第 297 页。

铺令牌"和"驿站乘马铜牌"、明代的"驿符"、清代"民间信局"的封戳、太平天国的"云马圆戳"(图1-2)。这些实物的形制有长形和圆形两种,其中太平天国"云马圆戳"的设计别具一格,其中心图像通常是奔马或有翅飞马,外圈是连续回纹边饰,内圈刻蝙蝠云;内外圈的上端刻发文将领如"保天安发"等字。"云马圆戳"体现出设计者丰富的想象力,具有强烈的装饰性和形式感。将这些史料的图像与大龙邮票的图式进行比对,我们发现它们在图式布局上并无任何相似之处。笔者通过查阅历史上留存的具有邮政图像的资料,发现"九宫"的形式布局从未在大龙邮票发行前出现在中国的平面史料图像中,这也说明清邮的图式并未受到中国传统文化中"九宫"图式的影响。

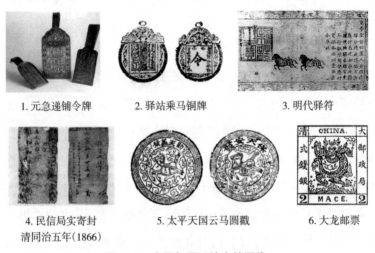

1. 元急递铺令牌　　2. 驿站乘马铜牌　　3. 明代驿符

4. 民信局实寄封
清同治五年(1866)　　5. 太平天国云马圆戳　　6. 大龙邮票

图1-2　中国邮驿系统中的图像

(二)来源于西方邮票布局的清邮图式

早在大龙邮票发行之前,帝国主义列强在中国商埠口岸强行开办"客邮"并在租界内开办书信馆印制、发行各种商埠邮票。1865年上海工部局书信馆发行的商埠邮票"上海大龙"(又称工部大龙),是中国境内最早的专印邮票(图1-3-3),其发行原因是在英国订印的邮票迟迟未到而暂时使用的。1866

年3月5日上海工部局书信馆发行了由英国伦敦尼生及派克公司印制的"上海小龙"邮票(图1-3-4)，以后又陆续发行了新版"上海小龙"(图1-3-6)。其他各书信馆发现发行邮票是一个牟利的机会，也相继开始迫不及待地印制并发行邮票。

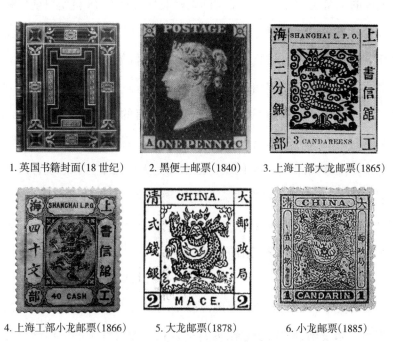

1. 英国书籍封面(18世纪)   2. 黑便士邮票(1840)   3. 上海工部大龙邮票(1865)

4. 上海工部小龙邮票(1866)   5. 大龙邮票(1878)   6. 小龙邮票(1885)

图1-3 大龙邮票图式源流图

首先，龙的形象并非最早出现在大龙邮票中，在此之前商埠邮票中的上海工部大龙(1865)和上海小龙(1866)邮票的主体图案都是龙。上海工部大龙的线条刻画较为拙劣，远没有刻画出中国龙的威严形象。上海小龙的龙头虽刻画较为细致，但龙头与龙身的比例失调，造成头重脚轻的视觉效果；而大龙邮票(1878)中龙的线条苍劲有力、整体比例和谐，与前两者的形象差异较为明显，但它们的较早出现应该对海关大龙邮票的设计发生过影响。

其次，这些商埠邮票的图式基本都是采用"上海大龙"的九宫布局或其变体的形式,这种图式的布局特点是将一矩形平面用四条直线分成九个部分,其中的四角为正方形。这一图式布局特点再往前可追溯到世界上第一枚邮票——黑便士①邮票,这枚邮票的图案采用维多利亚女王侧面头像,图式仍是"九宫"布局。在笔者目前收集的资料中显示,这种"九宫"图式最早出现在18世纪英国的书籍装帧设计中。英国的书籍装帧设计在18世纪以前仍落后于欧洲其他国家,到了18世纪,佩恩(Roger Payne,1738—1797)的出现使英国的书籍装帧业出现了转机。出生于温莎森林的佩恩十几岁时来到伦敦跟随一位书商学艺,1766年与弟弟托马斯(Thomas Payne)和威尔(Dayid Wler)合作开办了自己的书籍装帧所,从此以后有许多富有的藏书家们请他装订书籍。佩恩因不善经营而经常与合作者发生争执,虽生意不断却常常入不敷出,晚年时更是穷困潦倒,但他一生的手订之书却是无价之宝。佩恩设计的书不仅结实耐久,也是首位将"九宫"图式运用于平面设计中的设计师。"佩恩的装帧使典雅华贵与耐久结实相结合,开辟了一代新风。法国、意大利的装帧师们也纷纷回头,转而向从来落后的英格兰学习。"②

从图1-3中可以明确看出六幅作品的图式布局完全相同,区别之处在于主体图案和文字内容的不同。至此,我们对于大龙邮票所用的九宫图式的源流梳理出一条清晰、明确的线索:九宫图式在平面设计中的应用最早出现于18世纪英国设计师佩恩的书籍装帧的封面设计中,后来按时间顺序又先后出现于黑便士邮票、上海大龙、上海小龙、大龙邮票、小龙邮票的图式布局中。研究表明中国发行的第一套邮票的构图形式并未受到中国传统"九宫图"的影响,而是完全照搬西方邮票的图式构成。

除九宫图式外,清邮中还有一部分邮票的图式是在九宫图式的基础上变

---

① 1840年英国发行的世界第一枚邮票。因面值为1便士,用黑色油墨印制,故称黑便士。1840年5月1日发售,5月6日正式使用。

② 吴东:《中国美术·设计分类全集:设计基础卷视觉传送设计图书整体设计基础》,辽宁美术出版社2013年版,第358页。

化而成,可以认为这些图式是九宫图式的变体,从这些图式中可以清晰看出九宫图式的基本结构,它们或是将四个角的正方形用正圆形、八边形等取代,或是将图像的边缘线产生变化,从而形成了比九宫图式更为丰富的层次(表1-2)。伴随着清代邮票的发行,图式也在逐步变化,如在国家邮政时期发行的蟠龙邮票中已经基本脱离九宫格的模式。1909 年 9 月 8 日发行的宣统纪念邮票的图式构成发生实质性的变化,采用镜框式的构图形式,完全看不到九宫图式的影响,也预示着新的时代即将到来。

表 1-2　清邮图式变化一览表

年代	邮票名称	
1878	大龙邮票 （九宫图式）	
1894	万寿邮票 （九宫变体）	
1897	蟠龙邮票	
1909	宣统纪念 邮票	

二、象征设计手法

中国发行的第一套邮票——大龙邮票的图式是照搬西方较早发行的商埠邮票的构图形式。据史料记载,"中国第一套邮票最初设计稿的图案有'龙''宝塔''背驮万年青的象'三种(图 1-4),面值分别为钱(MACE)、分

(CANDARIN)和厘(CASH),铭记的中文为'大清邮政局',英文为'CHINA'。有关这组设计图稿的作者(大龙邮票的设计者)问题,我们几乎一无所知"。[1]其中龙的图案后来被正式采用,说明了这一图案在中国具有深刻的文化象征含义。

　　龙是我们祖先崇拜的图腾,在中华传统文化中具有极其重要的地位。在有关的神话传说中,龙与中华民族有着特殊的关系,如传说龙曾帮助黄帝征战,黄帝最终乘龙升天而去;龙是祈雨辟邪的神灵,曾帮助大禹治服水患。因为龙被赋予超凡的神力,于是历史上一些突出的人物都被说成是龙的后代。秦汉时期,国家强盛、疆域广大,需要统治者有更大的权威,因此,龙逐渐为统治阶级所利用,帝王成为龙的化身而龙也成为帝王专用并诠释统治者统治地位合法性的工具,自称"真龙天子"的皇帝是奉上天旨意统治人民。宋以后,统治阶级又以律法的形式规定皇帝对龙的垄断权,禁止民间随意制造。在明清两代,是专制皇权鼎盛的时期,特别是我国封建体制最严苛的朝代——清代,对龙纹的使用相当严格,"民间严禁使用五爪龙纹,三爪和四爪龙纹虽然可以使用,但主要以供器为主"。[2]

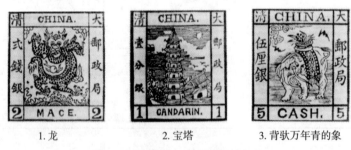

1. 龙　　　　　　2. 宝塔　　　　3. 背驮万年青的象

图1-4　中国第一套邮票设计初稿

　　清朝末期"龙"正式成为中国官方形象而现身国际。中国的国门在19世纪60年代被高举着各国国旗的西方列强的坚船利炮打开,清政府在外交过

---

① 《中国邮票史》第1卷,商务印书馆1999年版,第160、161、162、163页。
② 张笑恒:《神秘的龙文化》上册,西苑出版社2009年版,第158页。

程中意识到代表政府的官方旗帜的重要性,于1862年2月派中国海关税务司李泰国向英国皇家海军上校阿思本购买8艘舰船,组成"英中联合海军舰队"。"为了使这个舰队有别于其他国家的船只,李泰国和阿思本设计了一面旗代表大清国——长方形,绿地,黄色对角线交叉,中心嵌黄龙图案。与此同时,清廷的总理衙门也向慈禧提交了很多备选方案,其中一面与李泰国设计的相仿。慈禧认准了'龙'是君主的化身,金黄色又是皇家独享的颜色,既然'朕即国家',那么用黄龙来代表大清,顺理成章。于是,1862年10月17日,经清廷批准,三角形的黄龙旗,成为中国官船的旗号。1868年春天,清政府派出的第一个外交使团打着黄龙旗走向西方。从此,作为古老中国的象征、作为中华民族的标志,龙,开始引起西方人的广泛注意。1881年,洋务大臣李鸿章奏请把三角旗改为纵高三尺、横长四尺的长方形旗帜。1888年10月3日,慈禧太后批准了《北洋海军章程》,规定大清国国旗为长方形黄龙旗。自此,清政府的国旗最终确定。"[①](图1-5)可以看出,龙在清代不仅是皇权的象征,在晚清更是升华为国家象征的符号,邮票素有"国家名片"的称谓,因此龙出现在中国第一套邮票的画面上绝非偶然,而是历史时代下决策者的必然选择。

在清代发行的邮票中,龙的图案被广泛运用,除了大龙邮票,还有小龙邮票、万寿邮票、蟠龙邮票、快信邮票以及明信片的设计中均有龙的图案,这些图案分别以团龙、行龙、蟠龙和双龙的形态呈现,象征着大清帝国和皇权。

1. 三角形黄龙旗 　　　　　　　　　2. 长方形黄龙旗

图1-5 黄龙旗

---

① 庞进:《龙之魅:中华龙文化50讲》,百花文艺出版社2012年版,第56、57页。

三、直——曲装饰风格

由于清代邮票最初的构图形式是照搬西方的邮票设计图式,所以呈现出以直线进行版面分割,这种方式在费拉尔设计的万寿邮票中依然突出显现,但曲线形态在万寿邮票的"九分银"和"十二分银"中已有所暗示,不过仍是建立在直线基础上的局部表现。从直线向曲线装饰风格的彻底转变集中体现在国家邮政时期费拉尔设计的蟠龙邮票上(图1-6)。蟠龙邮票共有两个版别,分别是发行于1897年10月1日的日本版蟠龙邮票(在日本印制)和发行于1898年1月的伦敦版蟠龙邮票(英国伦敦华德路公司印制)。两个版别邮票的图案基本相似,并没有明显差异。万寿邮票与蟠龙邮票的设计同出自费拉尔一人之手,但设计风格却有明显变化,可以说万寿邮票是装饰风格转变过渡时期的表现。在蟠龙邮票中,已经看不到九宫图式以及直线装饰的延续,整体构图形式和装饰语言具有优美的曲线装饰风格。蟠龙邮票一套三枚,主图分别采用龙、鲤鱼、大雁图案,"三种主图是由赫德提出图案主题的构思,费拉尔完成设计图稿,最后经光绪皇帝和总理衙门审批确定的"。[①]赫德的一生几乎都是在中国度过,在对主体图案的选择上表现出其对中国传统文化的熟知,其中龙的图案意义在前面已经详述,那么,鲤鱼和大雁的确定又有何意义?其实,鱼雁和书信在中国传统文化中有着悠久的历史,古代在纸张发明之前,多用长约一尺的白色丝绢写信,所以书信又有"尺素书"之称。"为在传递过程中不致损毁,古人常把书信放在两片平整的竹木简中,简多刻成鲤鱼形以代替信封,既可避免信的内容显露,也表示吉祥之意,更便于传递。"[②]因此,"鱼"在中国古代便成为书信的代称。用"雁"表示书信,则与大雁秋去春还的生物本能属性有关。"鸿雁是候鸟,往返有期,故人们想象雁能传递音

---

① 《中国邮票史》第2卷,商务印书馆2004年版,第174页。
② 殷伟等编著:《中国鱼文化》,文物出版社2009年版,第137页。

讯,因而书信又被称作'飞鸿''鸿书'等,而古称信使为'鱼雁',也叫'鸿鳞'。"[1]

图 1-6　蟠龙邮票

　　蟠龙邮票最大的艺术特色就是曲线装饰风格的充分显现,邮票画面中充满了丰富的具有强烈装饰性的曲线纹样,与邮票外形和边框的直线形成鲜明的对比。在邮票的构图形式中已经看不到先前所广泛采用的九宫图式的身影,而是采用各种曲线划分板块结构,通过线型的粗细变化将丰富的装饰元素加以区分,使邮票的画面效果显得满而不乱、主次分明。三枚邮票各不相同,变化明显,但由于曲线的装饰手法贯穿其中而加强了整体感,丰富、流动的曲线使得这套邮票给人以优美、富丽、精致之感。从费拉尔的手绘图稿中也可以看出费拉尔细致、精湛的绘图能力(图 1-7)。值得注意的是,这幅图稿也是中国邮政邮票博物馆所存最早的中国邮票设计图稿。

图 1-7　费拉尔手绘图稿

---

　　[1]　殷伟等编著:《中国鱼文化》,文物出版社 2009 年版,第 138 页。

18世纪的欧洲是洛可可设计风格盛行的年代,洛可可"这个名称最早出现于19世纪初,是一些新古典主义艺术家们用来形容18世纪中期流行于欧洲各国的装饰样式"。[①]洛可可风格的装饰题材具有自然主义倾向,常用弧线和S形线,基本特点是华丽精巧、纤柔娇媚、纷繁琐细、甜腻温柔。19世纪中期至末期的欧洲,自伦敦举办第一届世界工业博览会开始,便从英国引发了一场在建筑和工业产品造型方面的"工艺美术运动",其本质影响导致了遍布欧洲的"新艺术运动"。虽然这两派艺术运动的名称不同,宗旨也不同,但它们在艺术设计所表现的艺术效果基本相同,皆采用曲线纹样的形式作为主要装饰主题,如"莫里斯的艺术设计,在否定机械化样式的前提下,运用了自然界有机物的形象,如花草等纹样,因此呈现出富有生机和运动感、变化丰富的曲线纹样。它们和曾经风靡欧洲的具有强烈装饰感的巴洛克和洛可可的曲线风格有着千丝万缕的联系"。[②]这种风格很快影响到建筑形式、室内装饰、园林艺术、书籍装帧等领域,其影响遍及整个欧洲并导致了20世纪初期遍布欧洲大地的"新艺术运动"。尽管新艺术运动的宗旨是否定传统样式,似乎与工艺美术运动的怀旧情结背道而驰,"但它同样在自然中寻求其形式主题,所表现的亦是具有强烈装饰性的丰富的曲线纹样。因此,与其说它是在提倡新的艺术样式,不如说它是洛可可装饰趣味在工业化和机械化时代的一种旧梦重温"。[③]由此也可以看出,尽管在18—19世纪的欧洲先后爆发了两次大规模的设计运动,但以曲线为主的装饰设计手法始终贯穿其中。

"18世纪是清王朝的全盛时期(康熙、雍正、乾隆),其国力、财力都达到了顶峰,这就为清代工艺美术的发展创造了有利条件,清代宫廷风格的装饰艺术也在这一时期表现得最为突出。巧合的是,西方的洛可可风格装饰艺术也

---

① 张夫也:《外国工艺美术史》,山东教育出版社2002年版,第249页。
② 张乃仁等著译:《外国服装艺术史》,人民美术出版社1992年版,第258页。
③ 张乃仁等著译:《外国服装艺术史》,人民美术出版社1992年版,第259页。

在 18 世纪盛行一时,并表现出与中国清宫装饰风格诸多的相似性。"① 其中对曲线的运用则是诸多相似性的基础。曲线在清朝宫廷装饰中占据主要的地位,清朝宫廷的装饰注重材质上的珍贵,工艺上追求精雕细琢,竭尽装饰之能事,往往利用结构的复杂变化、局部的精微表现,给人以既华丽精巧的视觉效果,又显现出繁缛堆砌的装饰风格,而优美的曲线正好具有营造这种装饰氛围的内涵品质。

四、清邮"图像无人"

世界第一套邮票——黑便士的图像采用维多利亚女王头像的全侧面形式,这一表现方式由来已久,早在西方文明的发源期——古希腊时期的壁画及器物上的人物表现就已采用此方式。另外,黑便士的图案画面采用具有权威性的英国女王维多利亚肖像,这就充分利用邮票这一信息传播的载体,使女王形象更容易被当时的人们所熟知。当然,采用女王全侧面头像的目的是利用"西洋光影写真法作轮廓及解剖关系描绘的同时,还企图使人物形象在大小只有方寸的票幅上做到特征鲜明,形态逼真……英国等世界初期邮票上所印作侧面观的人物头像的轮廓清晰,兼施明暗,又多是作为国家最高阶层权力代表者的帝王头像"。②

然而,清代发行的邮票中始终没有人物图像的出现,无论是庆祝慈禧太后寿辰的万寿邮票,还是纪念皇帝登基的宣统元年纪念邮票中,既不见慈禧,也不见溥仪,即便在照搬西方邮票九宫图式的大龙邮票中也是采用龙的形象。首先,从清代宫廷历代帝王的肖像画的描绘方式来看,都是左右对称、端庄肃坐的正面形象或正襟危坐的半侧面形象,采用全侧面的绘画表现方式在清代帝王的肖像画中并未出现过。其次,受中国传统绘画方式影响,统治者对西方的肖像画法并不完全接受。传教士利玛窦在明朝万历年间就曾

---

① 倪建林:《中西设计艺术比较》,重庆大学出版社 2007 年版,第 175 页。
② 苏连第等:《中国邮票之美》,天津人民美术出版社 2001 年版,第 10 页。

在宫廷展示西方的肖像画法,至清代,更多的传教士来到中国,"惹而氏第三(George Ⅲ)遣迈卡耐(Maeartney)齐绘画数幅来聘中国。满洲诸朝臣见其阴影之强也,又惊异之。因谓若此肖像之原形,其半面之暗黑,真与此肖像相似,则其鼻侧之黑部分,诚为一大丑点。甚有人疑其暗黑乃由不意染污,非故意绘之若此者"。[①]曾为慈禧太后画过肖像油画的荷兰画家——胡博·华士在信中向亲友抱怨"慈禧提出来很多'要求'——面部不能出现阴影……鼻子不着任何阴影……总之,不要阴影、不要阴影、不要阴影"。[②]以上例子可以看出,尽管清朝统治者对西洋画法颇感兴趣,但习惯于以线造型、白描勾勒的统治者难以全面接受西洋的光影画法,特别是为了塑造体积之感所必然形成的阴影暗部,当时的邮票印制主要以雕刻凸版为主,头像的真实感是由线条的密集排列所营造出的体积氛围而感知的,暗部阴影的存在是在所难免的,这也是统治者所不能容忍和接受的,所以清代的邮票上没有出现过任何人物图像,而是被具有国家政权象征意义的龙和其他吉祥图案所取代。

五、影响设计风貌的深层因素

(一)"学西"观念

清政府在第一、二次鸦片战争中均以失败告终,这一结果犹如晴天霹雳,惊醒了许多有识之士的同时也加速了他们的启蒙意识,中国不得不正视西方的长处并试图"学西"。1843年,魏源在《海国图志》中认为,军事技术的落后和武器装备的太差是战争失败的根本原因,于是在书中提出了"师夷长技"的观点,其目的是"以制夷",由此开启了近代中国向西方学习、寻找国家出路的先河。第二次鸦片战争后,为了挽救清政府统治的危机,部分官员如奕䜣、曾国藩、李鸿章等洋务派成员,主张学习西方的科学技术、引进先进的武器装备

① [英]白谢尔:《中国美术》下册,戴岳译,商务印书馆1924年版,第196、197页。
② 张秀枫主编:《历史深处的悲凉》,二十一世纪出版社2013年版,第140页。

以增强抵御外侮的能力。他们继承了魏源"师夷长技以制夷"的思想,提出"自强""求富"的口号,在优先发展国家军事工业的同时也发展了一些民用工业,向西方派遣留学生,创办了一批新式学堂并且翻译了一批西方的书籍。总之,从19世纪中叶开始,对外交涉的一切事务都是建立在"学西"观念的基础之上而开展的,邮政当然也不例外。

太平天国时期的洪仁玕在《资政新篇》一书中对邮政的性质和实施作出描述:"兴车马之利,以利便轻捷为妙。倘有能造如外邦火轮车、一日夜能行七八千里者,准自专其利。限满他人仿做。若彼愿公于世,亦禀准尊行……二十里立一书信馆,愿为者请饷而设,以为四方耳目之便,不致上下梗塞,军民不通也。信资计文书轻重,每二十里该钱若干而收。其书要在某处交递者,车上车下各先束成一捆,至即互相交讫,不能停车俄倾。因用火用气用风之力太猛也,虽三四千里之遥,亦可朝发夕至,纵有小寇窃发,岂能漏网乎……兴邮亭以通朝廷文书,书信馆以通各色家信,新闻馆以报时事常变,物低价昂,只须实写,勿着一字浮文。倘有沉没书札银信及伪造新闻者,轻则罚,重则罪。邮亭由国而立,余准富民纳饷,禀明而设。"[1]可以看出洪仁玕受到西方思想影响并对西方通信技术和运输工具的推崇,《资政新篇》是他给洪秀全提供的施政建议,但最终并未实施。

从19世纪60年代开始,一些人员陆续在清政府的派遣下,出国进行观摩考察,这些在西洋观光的游历者回国以后写下的所见所闻中就有一些是关于邮局和邮票的记录。在这些记录中,有的谈不上有什么社会影响,有的思想保守的官员似乎并不赞成中国仿效,但有一位中国官员李圭却有着不同的感受,他对西方新式邮政制度有着透彻的理解,如对邮筒、邮票和邮戳的记录:"筒以铁为之,高尺许,方广六寸,谨锁其盖,盖开一缝。危论官民书简欲寄者,随时随地置筒内,每半时局内专人往取一次,即行分递,而皆以此局

---

① 叶恭绰:《太平天国官书十种》,华文书局1969年版,第283、284、287页。

为主脑。凡信一封,重五铢以内者:送本省各城乡,取资一分;外省无论远近,取资五分。若重逾五铢,须加信资,有一定规制。其信资乃由局用机器印刷小票,方广七分许,使官民购买贴封面。收信后,局内登号簿,票上加盖图书,以杜复用原票之弊。图书刊年、月、日、地名,倘递送迟误,可报局请查究。"①更为重要的是,李圭所写不仅仅是对游历的描述,而且明确提出了"学西"观念,建立国家邮政的主张:"夫邮驿为政治大端,历来讲求损益,代不胜数。独泰西于百年来,竟合公私而一之。其一切经制,有欲采而施诸中国,以为裕国便民计。或以为未可,而不知是诚可为也。盖其事,本是省费而未尝省人,故夫役仍有所倚赖也。然则费省,恐多人仰事俯蓄有不足。曰:有民间信资以补之也。夫公文一角,人马并行,需费当若干? 私信一函,由邮局汇寄,路仅百余里,费必数十文。是上下靡费,不亦太甚乎? 使合而一之,可无是病,则裕国便民,已在其中。故以为未可,盖非宜也。"李圭所著《环游地球新录》一书在当时产生了一定的社会影响,"康有为 22 岁时读过此书,深为书中介绍的新事物折服"。②郑观应在 19 世纪 70 年代的《论邮政》以及 19 世纪 80 年代所写的《邮政上》《邮政下》中对邮政改革提出更为系统的看法,认为"惟必须与泰西诸国联合一气,乃为紧要关键",③"夫制无分今古,法无论中西,苟有益于民,有利于国者,行之可也……是亦夺回利权之一大转机也"。④清廷在甲午战争的再次惨败又一次引发了救亡图存的思潮,康有为在"公车上书"中称开办新式邮政"与铁路相辅而行,消息易通,见闻易广,进而坐收千余万之款,退可省三百万之驿,上之利国,下之便民"。⑤与此同时,广西提察使胡燏棻在"创邮政以删驿递"的奏折中称"急宜参考西制,从速举办,庶每岁可省驿站三百万

---

① 李圭:《环游地球新录》,湖南人民出版社 1980 年版,第 65、66 页。
② 《中国邮票史》第 1 卷,商务印书馆 1999 年版,第 80 页。
③ 夏东元:《郑观应集》上册,上海人民出版社 1982 年版,第 98 页。
④ 郑观应:《盛世危言》,中州古籍出版社 1998 年版,第 351、355 页。
⑤ 汤志钧:《康有为政论集》上册,中华书局 1981 年版,第 126 页。

之耗费，而收邮部数百万之盈余"。① 以上史料均反映出清政府在创办新式邮政过程中的"学西"观。虽然清政府向西方学习并创办了新式邮政，但在海关兼办邮政时期和国家邮政时期的邮政大权实际仍由外国人所操控，中央政权始终未能完整有效地掌握国家邮权，在这样的背景下，就像清代新式邮政的许多制度基本是照搬或模仿西方邮政一样，清代的邮票设计必然也打下西方邮票设计的烙印。

（二）"中体西用"思想

清政府在向西方学习的过程中也并非全盘西化。早期改良思想家冯桂芬在其 1861 年所著的《校邠庐抗议》一书的"采西学议"中，提出"如以中国之伦常名教为原本，辅以诸国富强之术，不更之善者哉"②的观点。薛福成在其《筹洋刍议》中说："今诚取西人器数之学，以卫吾尧、舜、禹、汤、文、武、周、孔之道，俾西人不敢藐视中华。吾知尧、舜、禹、汤、文、武、周、孔复生，未始不有事乎此，而其道亦必渐被乎八荒，是乃所谓用夏变夷者也。"③郑观应在其《盛世危言》中说："中学其本也，西学其末也。"④尽管这些观点表述不一，但其实质都是"中体西用"思想的体现。这一思想被后来的洋务派所接受并贯穿洋务运动之始终。其实这一思想并非空穴来风，毫无根基。中国古代所创造的伟大成就而形成的"华夏中心论"的世界观"使士大夫们以'天朝上邦'之国自居，对待外来文化的态度也是在'中上西下'的前提下加以接受，而后将之'中国化'"，⑤在对西方美术和设计的态度上可见一斑。清代宫廷画家邹一桂曾评论西画说："西洋善勾股法，故其绘画于阴阳远近，不差锱黍。所画人物屋树，皆有日影。其所用颜色与笔，与中华绝异。布景由阔而狭，以三角量之。

---

① 刘锦藻：《清朝续文献通考》第 377 卷，商务印书馆 1947 年版，第 11226 页。
② 冯桂芬：《校邠庐抗议》，上海书店出版社 2002 年版，第 57 页。
③ 丁凤麟等：《薛福成选集》，上海人民出版社 1987 年版，第 556 页。
④ 郑观应：《盛世危言》，中州古籍出版社 1998 年版，第 76 页。
⑤ 薛娟：《中国近现代设计艺术史论》，中国水利水电出版社 2009 年版，第 48 页。

画宫室于墙壁,令人几欲走进。学者能参用一二,亦具醒法,但笔法全无,虽工亦匠,故不入画品。"① 英国学者白谢尔(S.W.Bushell)在其所著《中国美术》一书中对以郎世宁和王致诚为代表的西方画家改行中国画有简略描述:"十八世纪时,阿梯惹(P.P.Attiret)及卡梯立翁(Castiglione)二教士(指郎世宁和王致诚)在中朝为画工。二人竭其心思才力,欲令中国人知欧洲绘画之风范骨法,及其阴影诸指趣。帝初闻而异之,乃令其绘帝后王公朝臣之容,及宫殿中陈饰之四季花等。绘成者共有二百余件之多,久之,觉其画体与中国者大异,乃渐厌之。盖二人所绘之画,其肉色之渲染,浓淡之配合,及阴影之暗射,皆足以刺激中国人之眼帘,使起不快之感。由是帝乃强二人师中国画匠,以习中国画家古来相传之法式……是余抛弃其平生所学,而另为新体,以曲阿皇上之意旨矣。然吾等所绘之画,皆出自皇帝之命。当其初,吾辈亦当依吾国画体,本正确之理法,而绘之矣。乃呈阅时不如其意,辄命退还修改。至其修改之当否,非吾等所敢言,惟有屈从其意旨而已。"② 郎世宁的"新体绘画"正是这种改造过程的真实体现。

　　从前面的研究可以看出,清代邮票尽管是由外国人设计的,但却呈现出中国传统的艺术特色,主要原因是清代邮票仅仅在图式上对西方邮票的仿照,而在图像的选择上都采用体现中国传统文化意义的图案。如蟠龙邮票的设计者费拉尔曾说:"设计稿都很合适,中国人会完全欣赏和通过的。仙鹤(原文仍为'野天鹅'一词——译者)和鲤鱼用来比喻书信联络。根据广泛的古代传说,代表朋友从远方捎来书信。"③ 对于这套邮票的设计,赫德也曾给予评价:"费拉尔先生设计得相当出色,得到了皇帝和衙门的批准和赞赏。"④ 后来,当这套邮票在英国印制的过程中,华德路公司以防伪为由,执意要对原图

① 《读书》编辑部:《〈读书〉文化艺术评论精粹》,生活·读书·新知三联书店2012年版,第24、25页。

② [英]白谢尔:《中国美术》下册,戴岳译,商务印书馆1924年版,第196页。

③ [德]费拉尔:《费拉尔手稿》,中国人民邮电出版社1991年版,第38页。

④ [德]费拉尔:《费拉尔手稿》,中国人民邮电出版社1991年版,第34页。

案设计加以修改,赫德在交涉的过程中坚持按照原稿印制并多次强调"边缘的花饰在中国人心目中是有某种重要意义的"。[①]尽管这些邮票都是外国人选题并设计的(目前学界仅能确认费拉尔一人),但他们应该深知当时的思想背景,否则将与清廷统治阶级的"中体西用"思想相左,同时也无法得到中国人的理解。

正是由于"学西"观念和"中体西用"思想的相互作用下,使得清代邮票设计在照搬、模仿西方邮票图式布局的同时,又体现出清代特有的艺术特色,这也是清代邮票的整体设计风貌在半殖民地半封建社会状态下的必然呈现。

小　结

邮票对中国来说乃西方舶来之物,从一开始便打上了强烈的西方印记。清代的邮票设计直接挪用西方邮票中的"九宫图式"或在"九宫图式"的基础上进行变化,图像内容以中国传统图案、吉祥纹样为主,具有繁复的装饰风格。在"学西"观念和"中体西用"思想的相互作用下,使得清代邮票设计在照搬、模仿西方邮票图式布局的同时,又体现出清代特有的艺术特色,具有典型的移植特征,这也是清代邮票的整体设计风貌在半殖民地半封建社会状态下的必然呈现。

---

① 中国第二历史档案馆、中国社会科学院近代史研究所:《中国海关密档——赫德、金登干函电汇编》第 6 册,中华书局 1995 年版,第 733 页。

第二章　借鉴期
（1912 年 1 月—1949 年 9 月）

清政府的封建统治在经历了"洋务运动""戊戌变法"等一系列的量变后，终于被辛亥革命敲响了丧钟而产生了质变。1912 年 1 月 1 日,孙中山在南京就任临时大总统并成立中华民国临时政府,邮政由临时政府下设的交通部管理。自此,在交通部领导下的邮政总局负责管理全国的邮票发行,直到中华人民共和国成立前夕。在此期间,随着中国共产党所开辟和建立的革命根据地以及人民革命事业的发展壮大,解放区邮政事业也相应地从无到有、从小到大,不断发展起来。本章以民国时期为限,以国民政府所发行的邮票为主要研究对象,分析、总结这一时期邮票设计发展的历史语境、技艺场景以及整体设计风貌并阐述解放区的邮票设计艺术。

第一节　历史语境

中华民国在中华民族悠久的历史长河中作为一个历史阶段,虽然只历经了三十八年,但却是中国社会在政治体制、经济结构、文化形态等方面都发生了急剧转变的时期,也为这一时期邮票的设计和发展提供了社会环境。

一、扬弃与推进

民国时期中国社会的政治体制、经济结构、文化形态等都发生了巨大的变化。

史学界一般把中华民国分为两个时期，即北洋政府时期（1911—1927）和国民政府时期（1927—1949）。1912 年 1 月 1 日孙中山在南京正式就职，标志着中华民国临时政府成立。后来袁世凯因各种原因取得中华民国临时大总统一职并于 1912 年 3 月 10 日在北京就职，开始了民国史上北洋政府的统治时期。北洋政府实质上是资产阶级民主制度与封建专制政体的混合体，在北洋政府统治的这段时期，资本主义列强的入侵与干涉、封建残余思想的顽固抵抗、资产阶级民主思想的日益强大等各种因素形成了这一时期的中国社会制度混乱、军阀割据、政局动荡。中国的现代工商业在北洋政府时期虽得到了一定程度的发展，但以农业经济为主体的国民经济仍然缓慢发展，西方列强不仅垄断着中国大多数行业，而且控制着中国的经济命脉。社会经济结构因政治体制的变革而必然转变，中国封建社会的自然经济因西方列强的殖民入侵而逐渐解体，呈现出"落后的封建主义生产方式与资本主义现代化生产方式并存，形成为落后国家独特的二元经济结构"。[①]在这种二元经济结构中，尽管呈现出畸形发展的形态，即帝国主义工业资本占据着统治地位，而民族资本主义工业始终没能成为主要部分，但以工业和商业贸易为主的近代资本主义经济却得到了发展。1927 年，北伐战争的胜利标志着国民政府时期的开始，结束了南北政府对峙、军阀割据的局面，实现了暂时的统一。中国社会的经济在国民政府"十年建设"时期里较北洋政府时期有较大发展，"二三十年代，中国社会经济出现了短暂的'繁荣'局面。以工业文明为特征的现代化转型和经济的繁荣"。[②]但好景不长，持续八年的抗日战争，特别是国民党发动

---

① 张一民：《论中国的新型工业化与城市化》，财经大学出版社 2004 年版，第 54 页。
② 郑立君：《场景与图像——20 世纪的中国招贴艺术》，重庆大学出版社 2007 年版，第 79 页。

的内战全面爆发,在三大战役后,国统区的经济陷入物价飞涨、币制一改再改的状态,其根源是"蒋、宋、孔、陈四大家族所经营、控制的官僚资本,垄断了国民经济的主要部分,成为国民政府的经济基础,对社会经济的发展产生了严重的遏制、破坏作用,并最终促使国民政府走向覆灭"。[①]

巨大的社会变革、复杂的政治因素、经济环境和重要的文化活动都成为民国时期邮票设计的表现主题,与清代邮票所围绕的封建王权设计主题相比,可谓是扬弃中有所推进。

二、民国时期的中华邮政

民国邮票的发行历经南京临时政府、北洋军阀政府和国民党政府三个历史时期,是由中华民国中央邮政部门统一印发,邮票铭记为"中华民国邮政",简称"中华邮政"。"入民国后,国内祸乱不息,邮政进行之障碍随时可以发生,但赖于二十余年来基础之良好,中国邮政事业之发展,日进不已,较别种交通事业特为进步,并不因环境之恶劣而有所停顿。"[②] 中华民国临时政府于 1912 年在南京成立并于同年 4 月迁往北京,新的交通部以及归交通部管理的邮政总局由当时临时政府下设的交通部与北京邮传部重组成立。自此直到中华人民共和国成立前夕,由交通部领导的邮政总局负责全国的邮政事务,在此期间中国邮政的铭记为中华邮政。中华邮政在大清邮政开办的基础上继续发展并取得了一系列成绩:"1913 年 1 月民国政府正式宣布'裁驿归邮',使政府公文传递全部归到邮政;1914 年 3 月 1 日,中国正式加入万国邮政联盟,实现了中国近代邮政与世界邮政的平等交往,中华邮政发行的邮票可以在世界上通行;1922 年 2 月 1 日,太平洋会议通过撤销在中国'客邮'的议案,至 1922 年 12 月,英、法、美等国在华邮局全部关闭(日本在南满,英国在西藏的邮局除外);1928 年 6 月,北洋政府垮台,北京邮政总局裁撤,全国邮权实现统一;1934 年,国民政府以信

---

① 李江主编:《中国财税史》,西南财经大学出版社 2013 年版,第 161 页。
② 白寿彝:《中国交通史》,商务印书馆 1993 年版,第 261 页。

函是国家专营业务为根据,勒令各地民信局一律停办。"[1] 可以看出,在中华邮政的发展过程中具有明显的自主权并逐步摆脱了帝国主义的控制,也为民国时期邮票的设计工作及设计风格奠定了基础。

另外,中国近代工业在民国时期的发展扩大了地区间的联系并促进了城镇化的进程。"1900 年,中国城市人口总共才 600 万人左右,20 年以后的 1920 年,城市人口增加到 2000 多万。1922 年,中国已有 10 万人口以上的城市 50 个,2.5 万—10 万人口的城市 276 个。1922 年以后城市人口继续增加。"[2] 城市人口的快速增长不仅加速了人民的通信需求,也使得邮票与百姓的日常生活之间的关系愈来愈紧密,这是当时中国交通运输业发展与变革的必然结果,特别是"二三十年代民国交通运输业的发展建设,从总体上较大幅度地提高了本领域现代化水平"。[3] 以近代中国的铁路交通为例,"国民政府 1927 年至 1937 年 11 年修筑铁路的成就超过了前清和北洋政府时期"。[4] 其他诸如轮船、汽车等交通工具都得到了发展,1928 年航空邮运也开始营运,这些现代化的交通工具在极大促进邮政业务的同时,也彻底改变了邮政面貌,并成为极具时代表现性的邮票设计主题。

第二节　技艺场景

一、设计人员多样

(一)孙中山主持并设计邮票

中华民国成立后,南京临时政府决定发行新国家铭记的邮票并将此事提

---

① 《中国邮票史》第 3 卷,商务印书馆 2004 年版,前言第 3 页。
② 许纪霖等主编:《中国现代化史》第 1 卷,生活·读书·新知三联书店 1995 年版,第 335 页。
③ 刘秀生主编:《中国经济现代化发展史》,中国商业出版社 2000 年版,第 125 页。
④ 刘秀生主编:《中国经济现代化发展史》,中国商业出版社 2000 年版,第 122 页。

上政府的议事日程。1912年2月初,由孙中山主持的内阁会议决定设计并印制新邮票。当年会议上进行邮票设计的讨论过程记录在孙中山手书的一页笔记中(图2-1)。"这页笔记的正面上部横写的四行内容是:法文'Republique Chinoise'(中华民国)、'中华民国元年''特别用总统像''光复纪念''平常用飞船'等文字,均为孙中山手书……正面左下方贴有三枚外国邮票供作参考:左边一枚是俄国红色3分票;中间是德国在中国青岛'租借地'发行的绿色2分'胶州邮票';右边是比利时绿色5分票。"[①]这次会议决定设计、印制两套新邮票,一套是印有"孙中山像"的纪念邮票,一套是印有"飞艇(飞机)"图样的普通邮票(图2-2),商务印书馆依据会议要求设计并印制样票。由于孙中山的手书笔记年代较久,笔记中的三枚外国邮票图像模糊不清,通过国外发行的邮票图册,运用图像比对的方法,确认这三枚外国邮票分别发行于1909年、1900年以及1894年(图2-3),清楚地还原了当时供作设计参考的外国邮票。从样票和参考的三枚外国邮票的图案设计可以看出,样票的构图与装饰元素更多地参照了德国在中国青岛租借地发行的胶州邮票。作为一国元首的孙中山先生躬身设计邮票,在中国邮票设计史中仅此一例,然而令人惋惜的是这两套邮票由于种种原因最终未能发行。

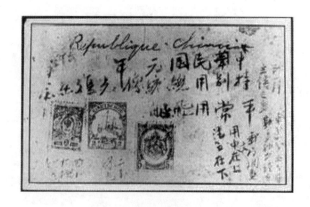

图2-1 孙中山会议笔记

① 《中国邮票史》第3卷,商务印书馆2004年版,第25页。

1. 飞机图普通邮票印样　　　2. 孙中山像纪念邮票印样

图 2-2　拟印邮票

1. 俄国红色 3 分票　　2. 德国胶州邮票　　3. 比利时绿色 5 分票

图 2-3　参考的国外邮票

（二）美国设计师

罗兰素·海趣和威廉·格兰是北平财政部印刷局花巨资从美国聘任的高级雕刻技师。罗兰素·海趣（1856—1914）是美国著名的纸币雕刻家，于1908 年来到财政部印刷局工作直到 1914 年因病去世。他青年时期曾在美国华盛顿特区的雕刻与印制局接受培训并于 1874—1887 年在那里工作。1888—1889 年，海趣在美国芝加哥的西部纸币公司担任雕刻师，同年又来到纽约的国际纸币公司工作直至 1908 年。在国际纸币公司长达 20 年的工作时间里，海趣的雕刻作品日益成熟、个人风格逐步形成。

威廉·格兰（1886—1954）生于纽约，其先祖源自苏格兰，从小家境贫寒，少年时期曾在铜业工会创办的补习学校学习艺术，奠定了一定的绘画基础。

毕业后又拜访名师专攻雕版技艺,由于家境贫寒,使得格兰非常勤奋,苦学成功后,终于被美国钞票公司录用并给予重任。在来到北平财政部印刷局之前,格兰已在美国钞票公司钢版部担任主任一职多年,由于得到海趣的赏识,便一同结伴来到中国,参与财政部印刷局的建厂工作。从 1908—1928 年,格兰在北平财政部印刷局工作长达 20 年之久,退休后又重回美国,1954 年在美国新罕布什尔州去世。

从 1912 年开始直到 1928 年,除在英国伦敦印制的部分邮票以外,所有在财政部印刷局印制的邮票,其设计者都是海趣和格兰二人,由于 1914 年海趣因病去世,所以大部分是格兰设计的。

(三)专职绘图员

民国后期影响邮票设计的一个重要事件便是专职绘图员一职的设立,体现出国民政府对邮票设计工作的重视。"在 1947 年 6 月邮政总局供应处给局长的报告中,可以看出当时的外国邮票工艺及颜色已很精致、上乘,甚至有新颖美观的各种成套邮票,我国与之相比落后不少……因此,供应处呈文设立专职设计人员:'查国外印刷邮票都聘美术家常年专事设计研究绘制,故成绩优良,请钧局准予由职处聘用著名画家专事设计绘制各种邮票图案,于需要印制前即着其按题绘制各种图案以备呈送'。"[1] 后来的录用者便是为新中国的邮票设计做出过杰出贡献的孙传哲。孙传哲回忆说:"上海《申报》上刊出一则'交通部邮政总局驻沪邮政供应处拟聘请一名邮票设计美术人员'的启示。我同另外 82 名应聘者同时看中了这一位置。那 82 人中有几位是当时在上海滩颇具知名度的画家。招聘考试的内容为每人当场画一幅孙中山像。我在考场上花了 6 个小时的时间,精心地绘出一张身着西装的孙中山正面像。画上的孙中山神采飞扬,主考官十分欣赏,认为不但形象逼真,而且做

---

① 《中国邮票史》第 4 卷,商务印书馆 2004 年版,第 300 页。

到了神似。这幅画送至南京交通部邮政总局,也得到了有关官员的首肯,他们感到身穿西服的孙中山形象风格独特。于是,我在 82 名考生中独占鳌头,成为一名专业邮票设计人员。"①

孙传哲在中华邮政时期一共设计了 7 套邮票。在这 7 套邮票中,不仅有中华邮政发行的唯一一套风景邮票——"北平风景图银元基数"邮票,还有在设计中一改之前的陈旧面孔,力求创新的几套邮票。如在"孙中山像金圆普通邮票"(图 2-4-1)的设计中,孙传哲便进行了大胆的创新,取消了以前孙中山像邮票中所采用的柱式布局以及头顶正上方有一颗国民党党徽的图案模式,画面中仅有孙中山像(采用设计人员考试时所画)以及铭记、面值,使得图像更为醒目地呈现于票幅中。其对"资助防涝"附捐邮票(图 2-4-2)的设计可谓是寓意深刻,画面并未出现贫穷、痛苦的人民形象,而是采用万里长城的图案象征中华民族之崛起的信念。

1. 孙中山像金圆普通邮票　　2. "资助防涝"附捐邮票　　3. "国际联邮会七十五周年纪念"邮票

图 2-4　孙传哲设计的邮票

另外,该邮票的边饰设计采用中国传统图案中的如意纹样,也在之前的邮票设计中从未出现,在丰富、美化票面装饰效果的同时又寓意人民对于美好生活的向往。在"国际联邮会七十五周年纪念"邮票中(图 2-4-3),地球的形象采用"线"的表现方式,口衔信件的信鸽形象采用留白的表现方式,颇具现

---

① 孙传哲:《情系方寸——我的邮票设计道路》,人民邮电出版社 1994 年版,第 7 页。

代图形设计的艺术特色,与民国时期的其他邮票设计形式形成较为鲜明的对比。尽管专业绘图员的设立给民国后期的邮票设计注入了新的活力,邮票的设计面貌也有所创新,但其存在时间极为短暂,随着国民党的失败而彻底画上句号。

(四)其他设计人员

除以上邮票设计人员外,邮政总局还有因邮票的意义重大或对现有设计方案不满意而采取社会征集或特邀美术家的方式进行邮票设计。其中公开征集的有"蒋介石60寿辰""邮政50周年""中华民国宪法"和"平等新约"四套纪念邮票。以1945年发行的"平等新约"纪念邮票为例,由于邮政总局认为这套邮票具有重要的纪念意义,所以决定面向社会公开征集图案:"兹为纪念取消不平等条约起见,拟发行邮票一套。定位'自由平等纪念邮票',特将征求图案办法开列如后:甲、邮票种类:五角,一元,二元,五元,十元及念圆六种。乙、图案:应以蒋总裁肖像为主体,配以纪念取消不平等条约意义或自由平等意义之图案,以白色图画纸精细绘制,邮资数目应用国文大写字码及兼用阿拉伯数目字分别表示,外国文字一概不用。图案只需一种,每种邮资数目,可按配合尺寸另纸缮写。丙、尺寸:高二公分七公厘,横三公分八公厘(图案应横列),唯需另绘放大六倍之图样一份,并另纸将大意说明。丁、给奖:经采用者给酬金国币二千元,并赠该项邮票五套;未经采用者第二三名各给酬金国币二百元,并赠该项邮票三套。第四五名各赠该项邮票三套。戊、限期:限三十二年三月十五日以前寄达重庆邮政总局,图案无论采用与否均不发还。"[1]登报后共收到设计稿120多件,经过评选,最后确定的设计图案是获得一等奖的邮政总局会计金有觉和二等奖的国立中央大学建筑系孙恩华二人的"参合之作"(图2-5-1)。从邮票的画面上可以看出,以蒋介石为首的国民

---

① 《邮政总局征求邮票图案》,《邮话》1943年3月15日。

政府于 1943 年与英、美共同签订《平等新约》的图案设计准确地表达出设计的要求。

由于邮政总局对先前邮票中的图案设计均不满意,1944 年发行的"赈济难民"附捐邮票便是特邀国立中央大学的吕斯百先生设计图案(图 2-5-2)。吕斯百师从徐悲鸿先生,当时声名已享誉美术界,吕斯百收到设计邀请后描绘出扶老携幼的一家六口背井离乡的逃亡情景,画家以高超的写实主义绘画技法将难民颠沛流离的情景表现得淋漓尽致、令人叹服,民国时期参与邮票设计的油画家仅此一例。

1."平等新约"纪念邮票　　　　　　　　2."赈济难民"附捐邮票

图 2-5　征集与特邀的邮票图案

二、印制工艺精良

1912 年 1 月中华民国建立,度支部印刷局便更名为财政部印刷局。1914 年 3 月,随着主厂房及办公大楼的竣工以及各种设备的安装完毕,当时中国第一个具有世界先进水平的专业印钞厂全部建成投产。经政府当局批准,财政部印刷局除承印钞票外,还负责承印邮票、税票等各种有价证券。

民国时期的邮票印制水平因借鉴美国邮票的模式较清代有了显著提高。财政部印刷局制定了邮票印制流程工序:图样设计→雕刻原版→印制样稿→过版制版→印刷检验→划票→量票→打孔→检验→分撕→包装,这种科学的生产工序流程给邮票印制工作提供了有力保障。财政部印刷局是当时中国最先进的印刷厂家,邮票印制主要利用钢板、铜板雕刻以及过版机等设备,其钢版印刷技术为国内独有,其他印刷设备及配套设施均很全面。"其中用于印制邮票的凹版印刷设备有:雕刻机3台,用于镌刻凹凸版;过版机6台,用于拼制凹版的原版及印版;大电机14台用于印刷邮票。该厂的印刷能力很强,以一台机器每日开工八小时计算,钢板印制邮票,电机每日可印3500张,每张200枚,合计70万枚;手工机每日可印285张,每张200枚,合计5.7万枚。"①由于设备先进,印制精良,财政部印刷局的营业日趋发达。但从20世纪20年代末开始,由于设备老化,生产能力日益下滑,同时格兰的离厂又影响了技术力量,再加上管理不善,致使该厂无力承担全部邮票的印制任务。面对财政部印刷局经营每况愈下的局面,邮政当局不得不委托国外公司印制部分邮票。抗日战争期间财政部印刷局被日伪掠夺并为其印制钞票、邮票。1945年11月中国政府接收财政部印刷局并将其更名为"中央印制厂北平厂",由于工厂设备遭到很大破坏,政府也无力扶持,工厂基本处于瘫痪状态,直至1949年新中国的成立,工厂才重获新生。

民国时期邮票的印刷以雕刻凹版(简称雕刻版)为主,具有制版工艺复杂、印刷难度较大、防伪性较强的特点,也是钞票、税票等有价证券最为理想的印刷方式。雕刻版的制版加工过程复杂,雕刻者必须具有一定绘画功底和艺术修养并要经过专门训练的人方能胜任,雕刻者在钢板上用刻刀雕刻出与邮票相同尺寸的图案,由于是以手工雕刻而成的原版,所以印制的邮票画面具有强烈的版画效果。

由美国雕刻师海趣、格兰设计并雕刻制版,财政部印刷局自行印制的中华民国"光复""共和"两套纪念邮票于1912年正式发行,也是中国印制的第一套雕刻版邮票,改变了我国完全依赖英国印制邮票的历史。1914年2月海趣因病去世,其他美国技师也因合同期满而先后回国,财政部印刷局的美

---

① 《中国邮票史》第3卷,商务印书馆2004年版,第102、103页。

国专家仅剩格兰一人。他一面设计邮票,一面传授新人,学徒们也努力学习雕刻、制版技艺,成为中国第一代钢版雕刻的技术人员并先后在国际上获奖。如"1915年,民国政府农商部,举办了一次国货展览会,财政部印刷局的部分产品在会上获奖……同年,财印局选出部分产品参加国际巴拿马物品赛会,该局的钢凹版制品,获巴拿马奖状"。[1]

财政部印刷局在23年的承印历史中,首次发行的"光复"和"共和"纪念邮票便是采用雕刻版的印制方式,其后又与邮政总局签订《承印"帆船"邮票》的印制合同,直至1937年抗日战争爆发前夕。这期间,除外国承印的部分邮票外,中国邮票基本上由该厂印制,其代表作品"帆船"邮票的雕刻技艺较为先进,印制工艺也较为精良,堪称精品,即便以今天的眼光和标准来品评,也属上乘之作。

第三节 设计风貌

一、文字加盖

民国时期有许多邮票都是在之前印制好的邮票票面上进行文字加盖而再次发行,尽管在不同的历史时期都出现过文字加盖的邮票,但民国时期文字加盖邮票的数量及种类繁多,形成较为独特的设计面貌。

(一)铭记变更

当新的国体出现的时候,往往通过发行新的邮票以象征新政权的成立,但新邮票从设计、制版、印刷到发行的过程需要较长的时间,在这一段过渡期内,通常在旧邮票上加盖新的铭记以解决邮政的通信需要。

---

[1] 北京工业志编委会:《北京工业志——印刷志》,中国科学技术出版社2001年版,第239页。

中华民国成立之初,邮票铭记的文字加盖过程可谓一波三折。武昌起义后,湖北军政府因新邮票一时措办不及,只能要求将清代未销售的邮票加盖中华民国戳记,但时任邮政总局总办的法国人帛黎①却下令在票面上加盖"临时中立"四字(图 2-6-1),理由是"目前中国国内政局动荡,为避免事端"。

1. 横式加盖   2. 十字加盖   3. 竖式加盖

图 2-6 文字加盖

发售这种加盖"临时中立"字样的邮票受到南京临时政府的反对,要求立刻停止发行并要求加盖"中华民国"字样,然而帛黎又以"节省费用"为由,在原先呈横列"临时中立"字样的邮票上又再次竖列加盖"中华民国"四字(图2-6-2)。这种十字交叉的文字加盖形式又遭到南京临时政府的强烈反对,原因有两点:首先,这种加盖形式严重侵犯了中国主权。孙中山闻讯后立即致电指出"邮政总办帛黎,前于邮票上盖印'临时中立'字样。经外交、交通两部令其抹去此四字,加印'中华民国'字样于上。惟伊现在仍不将'临时中立'四字抹去,遂成'中华民国临时中立'八字,实属有碍国体。闻已颁发数省,应请即令帛黎转电各处,必须无'临时中立'字样,方许发行"(图 2-7-1)。在孙中山的严正抗议下,才出现单独竖列加盖"中华民国"字样的邮票(图 2-6-3)。南京临时政府交通部当年在《临时政府公报》第 51 号(图 2-7-2)就此事发表评论:"邮政现在名为中国自办,实则种种实权,仍在北京邮政总局法人帛黎

---

① 帛黎(1850—1919),法国人,长期掌管我国邮政大权。1869 年来华,1874 年进入中国海关,1901 年起担任邮政总办,1911 年邮政脱离海关后,在邮传部担任邮政总局总办,操纵中国邮政的实权。

手中。帛黎遇事把持,久为国人所共恨。即如此次起义,南北未统一之时,帛黎竟敢将前清邮票私印'临时中立'四字交局发行。后本部司员向南京、上海各邮局洋员一再阻止,始寝不发。彼之藐视主权,意图侵越,野心勃勃,已可略见一斑。不料清帝逊位后,帛黎复电各省邮局,仍令发行,尤为轻蔑民国之铁证。"其次,这种十字交叉的版面形式造成视觉流程的混乱而产生误读或歧义。其他两种文字加盖只能形成由右至左和由上至下的视觉流程,而这种十字交叉的形式会产生"中华民国→临时中立""临时中立→中华民国""中华→临时中立→民国""临时→中华→中立→民国"等多种视觉流程,缺少视觉流程的强制性而形成文字信息的紊乱。因此,这种十字交叉的加盖形式在内容和形式两方面都出现了严重问题,可谓民国时期的怪票。

1.《临时政府公报》第 44 号　　2.《临时政府公报》第 51 号

图 2-7　《临时政府公报》刊登的电报与评论

(二)其他种类"文字加盖"形式

除因铭记变更的文字加盖外还有许多其他文字加盖形式,加盖的文字有"暂作""限新省贴用""公文贴用""附收赈捐""限四川贴用""限滇省贴用""限吉黑贴用""限台湾贴用"等。所采用字体除个别楷体外大多为宋体,颜色为红、黑两种,排列方式为横式和竖式两种。加盖位置通常在票幅中心,若是以人物为主的图像,则避开面部,说明邮政部门在进行文字加盖前是经过设计上的考虑而尽量避免过分破坏原版面的整体性。

在种类众多的"文字加盖"邮票中,出现一种颇具现代设计感的文字加盖形式。"1912年'裁驿归邮'后,邮局开始设专人办理政府公文传递,所交寄的公文不贴邮票,所需费用由政府拨给。后来发现这种做法漏洞很大,加之政府不按时拨款,致使邮局亏空加大。为了改革这种弊端,新疆邮务管理局决定,在'限新省贴用'邮票上打出'公文贴用'字样的孔眼,专备全省官署交寄公文时贴用。"① 如在"限新省贴用"邮票上继续加盖"公文贴用"四字,势必会造成层次和视觉上的混乱,这在之前加盖"中华民国·临时中立"邮票中就已出现,而采用文字打孔的加盖形式便较完美地解决了这一问题。首先在视觉感受上层次分明。视觉感受的第一层面是邮票原有的图像和文字,加盖的"限新省贴用"五字因字体、色彩、字号的一致而成为视觉感受的第二层面,"公文贴用"四字因具有共同的"孔洞"效果而成为视觉感受的第三层面,三个层面在视觉感受上互不干扰。其次是以"孔洞"的形式来表现文字是现代设计常用的表现手法之一,我们在设计作品中经常见到用"圆点"的形式来表现文字、线型或图像,而这一现代设计的表现手法在民国时期的邮票设计中便已出现端倪(图2-8)。

图2-8 孔洞形式加盖

---

① 《中国邮票史》第3卷,商务印书馆2004年版,第190页。

二、构图形式

民国邮票中的图案以人物、建筑、交通工具、风景为主,在这众多的图案当中,较为常见的图案结构并在一定时期内形成较为固定的构图形式有"柱式""拱券式""镜中显影式"三种。

(一)"柱式"结构

"柱式"结构是民国时期邮票设计构图的主要形式之一,在民国时期发行的邮票中所占比例较大,特别是在人物邮票的设计中,"柱式"结构的构图形式尤为引人注目。

作为程式化并被奉为古典建筑造型典范的"柱式"是古希腊罗马时期建筑的艺术风格,其最具代表性的有多立克、爱奥尼和科林斯三种。黑格尔曾说:"这些柱式在美和符合目的性两方面不但是空前的,而且是绝后的。"① 说明柱式是实用与美的结合体,其自身结构具有强烈的装饰效果并被运用到邮票的构图当中。通常是将柱式安排在画面的左右两端,用拱券连接左右两端的柱式,在拱券中加以装饰或标注铭记,四角布置邮票面值,拱券结构所围合的中央空白部分则安排主要图像。在这一基本的构图形式上又衍生出众多变化:柱头分别有多立克、爱奥尼和科林斯三种变化形式;柱身或采取结构的自身面貌,或采用装饰图案置于其中;柱础有的可见,有的则被邮票面值所取代。

如果说多立克柱式具有男性的阳刚之美、爱奥尼柱式具有女性的阴柔之美的话,科林斯柱式则介于两者之间,其装饰结构既棱角分明、又有圆润的卷草线条,具有中性气质。这一时期采用柱式构图形式的邮票以科林斯柱式为主,特别是人物邮票则全部采用科林斯柱式,这些人物多为政权的统治者或

---

① ［德］黑格尔:《美学》第 3 卷上册,朱光潜译,商务印书馆 2011 年版,第 78 页。

烈士且都为男性,显然爱奥尼柱式与主题不符,当然也可以选择多立克柱式,但最终却采用科林斯柱式,其重要原因是"科林斯柱式本身就具有丰富的装饰"。[①]因为以卷草为单元形有秩序排列的科林斯柱式的柱头比多立克和爱奥尼的柱头层次更为丰富、装饰效果更加强烈,所以人物邮票采用科林斯柱式既不与主题相冲突,又丰富了画面的装饰效果。另外,通过采用科林斯柱式并左右对称的构图,既使画面具有丰富的装饰效果,又有仿佛纪念碑一样的庄重、肃穆之感,加之人物形象气宇轩昂,不禁令人肃然起敬(图2-9)。

1. 烈士像邮票(朱执信像)　　2. 烈士像邮票(宋教仁像)

图2-9　柱式布局

(二)"拱券"式结构

"拱券"是建筑设计中所采用的一种建筑结构,在古罗马的建筑中最早应用,是古罗马建筑的最大成就之一,也是古罗马建筑最为典型的特征之一。这一结构不仅具有良好的承重性能,还具有强烈的装饰效果。设计者利用拱券的装饰效果将这一建筑结构挪用到邮票设计中。设计者采用弧形拱券抛立面的平面形状,通常放置于邮票画面的上部,个别设计成上下对称。这种在起到装饰美化邮票画面效果的同时,又能在拱券的弧形空白中放置铭记——"中华民国邮政"六字(个别放置邮票名称)的设计方式,既连接了画面

左右两端的图案,又使铭记与其他文字或图案相互区别(图2-10)。

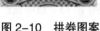

图2-10　拱券图案

(三)"镜中显影"式结构

"镜中显影"在椭圆形的外形结构中放置人物图像,仿佛人物真实地显现于镜子当中,多出现于这一时期的人物邮票设计中。在椭圆形的结构当中放置不同的人物图像,在镜面的外框上加以变化是这一图案模式的共同特点。早期发行的邮票是采用双线或三线勾边,在双线勾边中还出现过扩大双线之间的距离并将文字放置其中,中后期则用"嘉禾"图案替代"线"的形式(图2-11)。民国的北洋政府,政治人物众多,政局频繁交替,纪念这些历史人物的最佳载体自然落在邮票上。设计者采用"镜中显影"模式的图案风格,首先是利用椭圆形状的外框边界将人物图像与其他设计要素作出明显区分,使更加突出的人物形象成为更为醒目的视觉中心;其次,镜子具有真实反映物体形象的功能,达·芬奇曾说"画家的灵魂应像一面镜子,反映物体的颜色,反映面前一切物体的形象"。[①]而且在当时的历史条件下,人们要想直接、客观地看到自己的真实面容,只能借助于镜子这一工具。由此可见,邮票设计者将写真的人物图像置于"镜中",在突出人物形象的同时又暗示出人物形象的真实性。

---

① [意]达·芬奇:《莱奥纳多·达·芬奇笔记》,郑福洁译,生活·读书·新知三联书店1998年版,第207页。

图 2-11　镜中显影

(四)构图形式从封闭到开放

　　民国时期邮票构图的另一个显著特点是边框的设计从封闭式构图到开放式构图的转变。前期邮票的封闭式构图(图 2-12-1)主要都是围绕柱式结构进行设计并形成了固定的式样,即将柱式安排在画面的左右两端,通过写有铭记的装饰结构连接左右的柱式,面值安排在画面四角,主要图像置于结构所围合的中心位置。因为对柱式的描绘表现要占有一定面积,为平衡画面,连接柱式的铭记也将占有较大的面积,所以这种全封闭式构图的边框占据了邮票中的较多面积,势必缩小了中间主要图像的面积。如果要扩大主要图像,就必须缩小四周的边框,也就会破坏其比例关系,从而导致画面布局的失调,原先那种纪念碑式的庄严、厚重之感也荡然无存。

　　从封闭式到开放式构图转变的过程之中,出现过一种半封闭式的构图形式(图 2-12-2)。这种构图左右不再放置柱式,而是以线框的形式作为边框,邮票名称和铭记置于上下边框内,四角放置面值,画面仍然左右对称。由于柱式的形象不再出现于画面中,所以表现形式也更为灵活,尽管这种构图中的线框仍占据一定面积,但却缩小了左右线框之间的面积,从而扩大了主要图像的横向扩展,为开放式的构图奠定了基础。

　　开放式构图的典型代表是1933年发行的"谭院长纪念"邮票(图 2-12-3),该票也是民国时期邮票设计的经典之作。可以看出,该邮票彻底取消了之前的边框形式,以细直线替代围绕四周,这一构图形式的出现具有重要意义。第一,加强了主要图像的细节表达。由于开放的构图形式而扩大了主要图像在画面中的面积,尽管扩大的面积相对有限,但对于只有方寸大小的邮票显得十分宝贵,使得中心图像的细节部分较以前更为清晰。第二,开放式的构图方式使得图像成为画面的主角,不再像以前封闭或半封闭式构图中的图像与边框平分秋色。由于四周边框简化为极为简洁的四条细直线,加强了画面的对比因素,使画面层次更加分明,主要图像也更为突出。第三,设计者可以更加灵活地处理邮票设计中的构成元素。蒙德里安曾说:"有界形式是特殊的,因而不是普遍的因素。很显然,一切形式在某种限度内有界的,所以那从界限解放只是相对的。开放的形比封闭的形较少受制于界,这是很明白的……新的造型的路是一种构造,它避免构造有界的形。"① 可以看出,尽管封闭与开放是相对的,但这种开放式构图在处理画面所要传达的各种视觉元素上显得更为灵活。细观"谭院长纪念"邮票,由于装饰元素的减少而形成素朴、大方的视觉感受,尽管"谭氏文武兼长,而其实质却以书生为本色……其行书功力深厚,变化灵巧,有大气磅礴,不可一世之概"。② 天地开阔的开放式构图形式,圆润、优美的"谭院长纪念邮票"七字,结合素朴、大方的票幅气息,完全符合且更加彰显谭先生的文人气质。

1. 烈士像邮票(宋教仁)　　2. 北京一版航空邮票　　3. 谭延闿纪念邮票

图2-12　构图变化形式

① ［德］瓦尔特·赫斯编著:《欧洲现代画派画论选》,宗白华译,人民美术出版社1980年版,第154、155页。

② 书法编辑部编:《流光溢彩》,上海书画出版社2008年版,第139、142页。

民国时期邮票设计的构图形式在"谭院长纪念"邮票发行之后便出现了全封闭、半封闭、开放式多种形式,但前两种形式依然是主流。

三、设计主题"通俗化"

中华民国成立后发行的第一套普通邮票集中体现出民国时期邮票的设计主题较清代做了较大的变革。

中华民国成立后,北京邮政总局便开始筹备发行以"中华民国"为铭记的普通邮票,时任中国邮政总办的法国人帛黎多次与财政部印刷局协商,决定以飞鸽、赤鲤、鸿雁(简称鸽、鱼、雁)为设计主题并印出试样票(图2-13)。

图2-13　"鸽、鱼、雁"普通邮票样票

鸽、鱼、雁均是中国古代通信传说中的三种动物。另外,试样票的图案和规格尺寸依旧沿袭了清代"蟠龙"邮票的内容和风格,只是将"蟠龙"邮票中以"分"为单位票中的龙替换为飞鸽的形象,而另外两枚以"角"和"元"为单位邮票的仍是鱼和雁的形象。由于邮票的设计主题与设计风格依旧延续清代邮票的设计模式,主题与风格未反映出新体制下的时代精神,鸽、鱼、雁这三种图样最后并未采用。最终的结果是确定以帆船、农夫刈禾、圜桥教泽牌坊三种形象为设计主题(以下简称帆船邮票)。从图2-14可以看出,帆船邮票的设计主题与鸽、鱼、雁相比,不但摆脱了清代封建思想意识的束缚,并且树立了一种全新的设计理念。邮票中的帆船是中国当时水上运输重要的交通工具,其背景是正在大桥上快速飞驰的一列火车。民国初期,船舶、火车不仅是

中国重要的交通工具,也是设计领域的重点表现题材之一,机器美学的创始
人柯布西埃曾说:"如果我们暂时忘记了轮船是一种运输的机器,而用一种新
的观点去看它,我们就会感觉到一个大胆的、严肃的、协调的美,一个安静的
有生命力的强健的美。"[①]说明现代交通工具其形象本身便具有强烈的设计
美感。一名正在辛勤刈禾的农夫,其背景选用北京的先农坛,表明了农民的
相对重要性。采用北京国子监的圜桥教泽牌坊图可谓寓意深刻,显示出国家
对教育事业的重视。尽管帆船邮票每套也有三枚,但其设计主题包含当时社
会的经济、文化、交通等方面,所反映出的内容要比鸽、鱼、雁丰富许多。废弃
了皇权象征的龙图腾形象,取而代之的是与人民生产、生活密切相关并具有
时代性的帆船、火车形象,同时又出现了当时人们日常生活中常见的农民劳
作时的场景,因此,无论从寓意深刻的设计内容,还是具有强烈时代感的主题
形象的选择上,帆船邮票都具有创新。

1. 帆船图　　　　　　　2. 农夫刈禾图　　　　　3. 圜桥教泽牌坊图

图2-14　帆船邮票

帆船邮票发行总量巨大,从1913年开始发行到1933年停止印制的20
年中成为通信领域所用邮票的主体。由于帆船邮票的创新设计,之后的邮票
设计主题逐渐增多,邮票中分别出现了人物、交通工具、建筑、风景等设计主
题,并且出现了首次在邮票中再现古画的设计形式——"西北科学考察团"纪
念邮票(图2-15-2)。20世纪初期,一些西方学者出于对中国西北的历史文

---

① [法]勒·柯布西埃:《走向新建筑》,中国建筑工业出版社1981年版,第76页。

化与自然环境感兴趣为由,怀着不同的目的来中国进行考察。但在这些西方学者中也混杂着一部分文化盗贼和奸商,以学术考察为名而大肆窃取中国文物,这一丑恶行径激起了中国学术界及中国人民的愤怒。为了防止古代文化遗产被外国人攫取,1927年由"中国学术团体"发起,经中国政府批准,北大教授徐炳昶组织了"西北科学考察团",前往西北数省进行科学考察活动。这次科考活动,不仅再次使我国西北荒漠地区闪烁光亮,而且培养、造就了一批科学家,提高并树立了我国学者在世界上的学术地位。然而由于当时的中国仍然国弱民穷,政府无力资助考察团的科学事业,以致经费拮据,两年以后,考察团的工作面临困境。为了解决经费问题,同时也为了宣传科学考察的影响,于1929年为这次考察发行纪念邮票。该邮票选用元代名画《平沙卓歇图》(图2-15-1),该画为元代佚名画家所绘,描绘的是西北少数民族契丹族游牧狩猎的场景:一支官方驼队的幡旗竖立画面左侧,画家不仅描绘了富有生活情趣的骆驼,还对现场的人物形态进行了生动刻画,他们有的平卧休息,有的持杖而立,有的在生火做饭,还有的正在侃侃而谈。画面中人物的行为举动、蒙古包、驼队恰似西北科学考察团当时在大漠中的考察情境,可见采用《平沙卓歇图》作为该邮票的主图是非常恰当合理的。遗憾的是受限于当时的印制条件,原画的细节在方寸大小的票幅上难以再现,原画的风采也未能完美地体现出来。

1. 平沙卓歇图　　　　　2. "西北科学考察团"纪
　　　　　　　　　　　　念邮票

图2-15　邮票主图选用名画

四、影响设计风貌的主要因素

民国时期邮票设计风貌主要受到艺术和技术两个层面的影响。北洋政府时期聘用的美国雕刻师海趣、格兰二人以及国民政府时期设计人员的多样化则决定了邮票设计风格从较为固定的模式逐步向较为丰富式样的转变过程，而这转变的过程是以摄影技术的普遍应用和印刷技术的发展进步为技术前提的。

（一）海趣、格兰的"美国模式"

海趣与格兰二人皆为美国人，故对于美国邮票的设计风格非常熟悉，所以他们为中国设计的邮票风格自然受到当时美国邮票模式的影响。从美国早期发行的邮票可以看出（图2-16-2），人物邮票几乎全部采用"镜中显影"的模式，其次便是"柱式"结构（图2-16-1），如将美国早期发行的邮票与海趣和格兰在民国初期设计的邮票进行对比后可以发现，海趣与格兰在开始阶段明显是模仿了美国的设计模式，仅仅是将镜中的人物和文字换成中国的。后期在借鉴的基础上有所创新，如在格兰设计的邮票中，出现过美国邮票中并未有的成"品"字构图的镜中三人组合以及拱券造型的图案组合（图2-16-3），其中的柱式布局、镜中显影，以及拱券式造型的设计语言在民国前期形成了较为固定的设计模式，由此可见海趣与格兰的设计风格较为深刻地影响了民国时期的邮票设计。

1. 美国"詹姆士·卡菲   2. 美国"华盛顿"邮   3. "中华邮政开办二十五年
尔德"邮票(1903年)   票(1908年)   纪念"邮票

图 2-16　借鉴与创新的邮票

(二)新建筑设计风格的影响

由于北洋政府时期(1911—1927)的邮票设计皆出自海趣和格兰二人之手,所以这一时期的邮票在设计风格上与美国相似,这一状况持续至国民政府十年建设时期(1927—1936)有所改变。1928年格兰退休,北平财政部印刷局承担这一时期的邮票设计工作,邮票设计受到新建筑设计风格的影响。

新建筑设计风格的形成是中国艺术设计在20世纪前期最大的变化之一。"19世纪后期至20世纪前期是中国建筑设计风格发生重大转变的历史时期。中国现代建筑设计不是传统建筑的延续,而是伴随西方文化传入中国出现的种种不同于传统建筑的新的设计风格……新的建筑一方面沿袭西方建筑、主要是西欧建筑从古典风格到现代风格的不同设计样式,另一方面在接受西方建筑影响的同时,重新认识中国的传统建筑,传统建筑得到重视。中西建筑设计相互交融,为中国现代建筑设计面貌形成奠定了基础。"[1]这种中西合璧的设计式样是有意识地将中西方建筑形式结合起来,形成一种新的建筑形式,既具有中国传统民族风格又包含西方现代设计元素,其共同特点是立面采用西方建筑的外部形式,屋顶则采用改造过的中国传统木结构建筑中的坡屋顶形式,呈现出新建筑设计风格。这种新建筑设计风格也影响到这

---

[1]　陈瑞林:《中国现代艺术设计史》,湖南科学技术出版社2002年版,第34页。

一时期的邮票设计，如 1931 年发行的伦敦版孙中山像邮票(图 2-17)，从图中可以看出，西方古典建筑的科林斯柱式分列左右两旁，中国传统坡屋顶的立面形状则放置在柱式顶部。屋顶形态中整齐、均匀的分割线，稳重的柱式布局，使画面呈现简洁、庄严、肃穆的视觉心理感受。之后发行的"烈士像"邮票依旧采用这一形式，只是用嘉禾取代了椭圆形外轮廓的双线以示区别而已。这两套邮票国民政府极为重视，反复设计、研究、审定，前后历时两年之久，由于人物众多且发行量很大，普及全国乃至传播海外，对国民政府的形象树立起到了一定的作用。

图 2-17　伦敦版孙中山像邮票

国民政府时期(1927—1936)，由于军阀割据混乱局面的结束，相对于北洋政府时期，中国处于一个相对稳定的阶段，国内的经济建设取得了一定成绩，邮政事业在经济的带动下取得了较大进步，邮票设计也有显著变化。首先，这一时期北平财政部印刷局承担全部的邮票设计工作，打破了之前以外国人设计为主的局面。其次，这一时期邮票的设计风格脱离了清代邮票中浓厚的封建主义色彩，革命领袖、历史人物以及社会经济、文化事业的发展成为设计主题。如采用新式飞机作为图案的航空邮票反映了当时交通工具的进步，"西北科学考察团"纪念邮票彰显出国家对于科学的重视。最后，邮票设计的构图形式呈现出从封闭式、半封闭式到开放式的转变过程。

(三)新技术的介入

国民政府时期所发行的邮票普遍具有图像写真的特点,其主要原因是设计者在邮票设计中普遍应用摄影这一新技术。据1946年《思益堂日札十卷》中记载:"奇器多,而最奇者有二。一为画小照法。坐人平台上,面东置一镜,术人从日光中取影,和药少许涂四周,用镜嵌之,不令泄气,有顷,须眉、衣服毕见,神情酷肖,善画者不如。镜不破,影可长留也。取影必辰巳时,必天晴有日。"[①] 由此可见,摄影术传入中国并不晚,在法国人达盖尔于1839年发明了19世纪人类最伟大的发明之一——摄影术之后不久,便随着鸦片战争进入了中国。然而在此后的五六十年间,虽有所发展,但进程较为缓慢,主要是清朝统治者闭关锁国的心态,认为西方科技乃"奇技淫巧,坏人心术",作为外来之术的摄影当然也不例外。因此,摄影"仅限于皇室贵族的玩物和商业经营的工具,唯一'高尚'的用途就是拍摄满清官员的肖像,作为与外国人打交道时赠送的'小照'"。[②] 19世纪末至20世纪初,随着西方列强进一步扩大对中国的侵略,摄影也随之得到了更为广泛的传播和发展。这一时期"外国照相器材在中国的销售,催生了中国照相业的登场,进而促动了摄影活动在中国社会的开展。转眼间中国民间的摄影团体陆续诞生,摄影书刊开始广泛传播"。[③]摄影在中国快速发展的历史阶段则是在民国时期,"统治阶级已开始利用照片作为传递信息和进行宣传的工具,报刊杂志开始逐渐刊登照片。社会上出现了照相贴册和以摄影为主的画报、画册和明信片。辛亥革命后仅几个月,上海的商务印书馆就出版了十几本《大革命写真画》,及时以摄影图片报道了辛亥革命的进程"。[④]在这样的历史背景下,摄影必定要影响到邮票设计领域。

---

① (清)周寿昌:《思益堂日札十卷》卷9,光绪十四年刻本。

② 甘险峰编著:《中国新闻摄影史》,中国摄影出版社2008年版,第12页。

③ 中国摄影家协会理论研究部编:《中国摄影开拓与发展论坛文选》,中国摄影出版社2007年版,第90页。

④ 陈昌谦主编:《当代中国摄影艺术史》,中国摄影出版社1996年版,第4页。

　　首先,摄影增强了邮票图像的真实性。摄影是利用光学原理,将镜头中的影像通过感光材料感光完成。这种利用工业技术的手段能够真实地显现自然中的光线、色彩以及人物那稍纵即逝的动作、表情,从而客观地再现事物的图像,也就是说:"摄影对时间是一种瞬间夸张性的捕捉,是对现实存在的捕捉和凝固。它是展示在一定的空间、一定的时间里各种事物在另外的一切事物的基础之上同时出现的图像;摄影是对这种真实的天衣无缝的完整性的宣布。"[1] 作为反映一个国家政治、经济、文化载体的邮票,自然要将这些民国时期风起云涌的政治人物浮现于方寸之间,而摄影则是那个时期客观、真实再现历史人物的最佳方式。纵观民国时期的人物邮票,全部采用摄影的方式并力求影像达到最佳效果。例如上海《申报》报道:"上星期一,内阁决议光复纪念邮票用孙大总统肖像。总统以前时所摄相片均不满意,前日,另摄半身正身一张、左侧形一张、右侧形一张,均甚清晰,拟择一张印入票中。"[2]

　　其次,摄影在为邮票设计提供参考资料、提高工作效率的同时,也是邮票设计语言的主要表现方式之一。民国时期这一新技术被充分利用于邮票设计当中,无论对当时现代化交通工具的表现,还是对建筑、环境景观的再现,这一时期邮票的主要图像几乎都是对照片的摹写,特别是人物邮票基本上是设计者按照邮票设计图稿的尺寸要求(一般是邮票票幅的六倍)参照照片绘制。如"关于烈士像邮票的图案设计,邮政总局在对所有征集到的照片经过一番比较之后,认为广东省政府收集到的照片都不如交通部发来的各幅清晰,只有邓铿家属寄来的照片比其他各像较为逼真,只是因制服帽檐盖住额头,不能将脸部全部显露,应予修改。同时还提出,交通部所发的黄兴像两帧,其正面像较侧面像稍显模糊,而邮票上印出的相片适宜采用正面,因此要求在制图时参照

　　① Rosalnid Krauss, *The Originality of the Avant-Gardes and Other Modernist Myths*, Cambridge: MIT Press, 1988, p.107.

　　② 《南都近事》,《申报》1912 年 2 月 13 日。

侧面相片将正面尽量摹绘清晰".① 可以看出当时对人物邮票图稿的绘制要求是力求真实的人物形象,而摄影恰恰为这种"真实性"提供了技术保障。即便是表现性较为自由的风景邮票也大多是借助影像资料绘制而成,专业绘图员孙传哲说:"在旧中华邮政时期设计的最后一套邮票为'北平风景图银元基数邮票'。当时,我从未去过北平(今北京),为了画好北平的胜景,我专程赶到上海图书馆,借到一本名为《中华锦绣山河》的大画册,从中精选出天坛祈年殿、故宫太和殿及颐和园的佛香阁、十七孔桥东侧的铜牛四个画面。我根据这些画面,很快绘制出四幅邮票图稿,并送交上海大东书局雕刻印刷。"② 这说明摄影不仅为设计者提供了真实、可信的图像信息,也提高了工作的效率。

第四节　解放区邮票设计艺术阐述

一、解放区邮政

解放区邮政是土地革命战争时期、抗日战争时期、解放战争时期中国共产党领导下各革命根据地和解放区邮政的统称。随着革命根据地的开辟和建立以及人民革命事业的发展壮大,解放区邮政事业也相应地从无到有、从小到大,不断发展起来。在战火纷飞的特殊年代,解放区的人民邮政与国统区的中华邮政并行发展,呈现分割与交融的独特局面,并与新中国的邮票艺术血脉相连。

湘赣边界地区在 1927 年至 1928 年建起最早的赤色邮局,此后至 1931年 12 月,江西、福建、闽赣、粤赣、湘赣、闽浙赣等苏区先后成立了邮政管理局,各县和交通要道设邮局,开办了普通信函、快信、汇兑、报纸、寄递等多种业务。1934 年 10 月,第五次反"围剿"失败,苏维埃国家领导机构和中共红军撤离中央苏区开始长征,苏区邮政机构相继解散。

---

① 《中国邮票史》第 3 卷,商务印书馆 2004 年版,第 130 页。
② 孙传哲:《情系方寸——我的邮票设计道路》,人民邮电出版社 1994 年版,第 12 页。

1937 年 7 月 7 日,抗日战争全面爆发后,抗日民主政权在中国共产党领导的抗日根据地和不断扩大的解放区相继建立,抗日邮政或战时邮政也相继创办,不仅为党政军通信联络服务,还发行报刊进行抗日宣传并根据各根据地的条件收寄民众的信件。

为实现统一战线,中共中央向国民党政府提出互相通邮的建议。1938 年春,陕甘宁边区政府同意将边区邮政机构并入中华邮政管理体系。同年 5 月,成立边区通讯站。1941 年底,中华邮政总局第三军邮总视察林卓午奔赴延安协商国共双方互相通邮事宜并受到毛泽东、周恩来的接见。

1946 年,中国共产党领导中国人民转入全国解放战争,中国政局开始发生翻天覆地的变化。各解放区邮政为适应人民解放军机动作战的需要迅速抽调大批德才兼备的邮政骨干组建随军邮局,随着解放战争的节节胜利,各解放区从 1948 年后逐渐连成一片,华东、华中、华北、西北等地邮政总局也先后成立并建立在老解放区邮政的基础之上接管了新解放区的中华邮政,为中华人民共和国的成立和全国邮政的统一准备了条件。

二、设计队伍广大

解放区时期并没有专业设计邮票的人员,邮票设计者多是当时从事宣传或与邮政相关的并具有一定美术基础的同志。除此以外,解放区的画家、漫画家及日本友人也参与到邮票设计中来,为解放区的邮票设计增光添彩。

具有一定美术基础的同志是解放区邮票设计的主力军,在这些同志中,有的担任当时邮政部门的领导,有的担任政府机关相关报社的美术编辑,还有的是在当地从事美术相关的工作者。黄亚光是这一设计群体的主要代表,黄亚光自幼喜爱美术,曾做过中学美术教员,后参加革命,设计过苏维埃政府纸币。1932 年 4 月中央苏区邮局成立以后,黄亚光开始接受苏区邮票的设计任务,共设计出"指挥图""工农图""冲锋图""战士图""旗帜图"等 10 多套邮票,是解放区时期设计邮票种类最多的设计者。像黄亚光一样,在解放区时期还有许多同志曾设计过邮票,分别是:张庭竹、高晋材、陈志洲、张述、臧本忠、张裕民、孙子诚、曹光、费星、米纳、焦振平、奴尔包沙阔夫、王益久、马克、宋敬先、王晋章、武志章、林文芸、孙鸿年、张雁翔、王善锦、宁秀山、秦少浦、宁少舫、曹鸿毅、郝艺民、张修平、翟英、李振平、王顺堂、徐增新、屠绪章、周纪华、顾明德、徐令康、马次航。这一设计群体的共同特点是均具有一定的美术基础,尽管绘画、设计水平不相一致,但都对革命饱含赤诚之心,满怀热情地完成邮票设计任务,这也是我们能从解放区邮票中体会到设计者的真情实感,画面保持着诚挚、朴素、奔放、有力等艺术特色的主要原因。

在解放区的邮票设计者中还有艺术家及日本友人的加入,分别是装饰画家钟灵,书法家史岫海,版画家李少言、吕林,漫画家华君武,日本电影导演木村庄十二。这些艺术家具有深厚的艺术修养和扎实的艺术功底,在各自的艺术领域均做出了杰出的贡献,他们的参与不仅扩大、丰富了邮票设计队伍,也为邮票设计增添了活力。尽管这些艺术家并没有专门研究过邮票设计,设计邮票的数量也有限(均为一套),特别是受当时的设计主题及印制条件所限,邮票的设计面貌并未呈现出与众不同的设计风格,但他们与所有解放区邮票设计者一样都是怀着满腔热情设计邮票,正如版画家李少言所说:"我虽然没有设计邮票的经验,也没有参考资料,但是,我对这个根据地有着血肉相连的深厚感情,因而我满腔热情地接受了邮票设计任务。"①

三、印制工艺朴质

解放区邮票受战时条件所限,从设计、印刷到发行都是分区而治,各区根据现实环境决定印刷方式,主要有石版印刷、木刻版印刷以及誊写版印刷。

石版印刷是解放区邮票采用最多的印刷方式。石版印刷是用油质蜡笔或是蘸了油脂溶液的笔将图像画到一块表面光滑且带有纤细纹理的石灰石

---

① 宋晓文:《新中国画家与邮票》,福建美术出版社 1990 年版,第 7 页。

上,由于画出的画是可以吸收油墨的,而石板不吸油,所以在上了油墨后就可以印刷了。实际在当时的条件下印制邮票的难度很大,因邮票的面积小,所以制版的难度较大。如"苏维埃邮票"的设计者黄亚光虽然具有印制纸币的经验,但对邮票的印制却颇费工夫。"由于制版胶片不能及时搞到,黄亚光在工人师傅的帮助下,先将图稿画在纸上,搅动石印机,运用墨染法技术将图稿压印在石板上,然后利用水、油相斥的原理制成若干子模再行翻印。"[①]另外,在邮票印刷的过程中由于彩色油墨紧缺,再加上型号又不统一,因此要将刷色调配到与原稿颜色相同是非常困难的,所以解放区邮票大多采用单色印刷,即便是在同一图案的邮票中,其刷色有时也会出现深浅不一,甚至颜色变异等状况,这些都是受到当时油墨的质量以及调配技术等原因所致。在一些条件艰苦、环境简陋的解放区因没有石印设备,便采用木刻版或誊写版印刷方式。木刻版印刷的工艺流程如同刻章,就是在木板上反刻图像,涂墨后再扣到纸上进行印刷的方法。誊写版印刷是用铁笔或其他方法在蜡纸上刻制出图像,然后在蜡纸表面上施墨印刷,实际上也就是一张绘有图文的蜡纸。这两种印刷方式简便易行,但由于是采用手工直接在木板上刻图制版以及手工盖印时用力不均,会造成邮票图案颜色深浅不一或有的地方较为模糊。在解放战争时期,伴随着国统区的收复过程,国统区相对先进的印刷设备为我军所用,有的解放区邮票印制条件明显改善,特别是解放前夕,东北区、华东区和华中区的邮票印制质量日益提高。

解放区的邮票用纸也呈现出众多面貌。各解放区克服困难,就地取材,凡是当地可以利用的纸张如玉扣纸、毛边纸、电报纸、信笺纸、水印绢丝纸、白报纸等均可作为邮票用纸。如闽西苏区时期"邮票的印刷用纸是当地产的改良毛边纸。闽西地区盛产毛竹,当地以毛竹为原料加工毛边纸有悠久的历史,并有一套传统的工艺。但毛边纸很薄吸水性强,不适合印刷邮票用,因此

---

① 《中国邮票史》第 5 卷,商务印书馆 1999 年版,第 67 页。

在毛边纸生产工序中增加一道工序,使毛边纸加厚,成为改良毛边纸"。[①]

解放区邮票的印制经历了从粗糙(苏区时期)——有所改善(抗日战争时期)——日益提高(解放战争时期)的发展过程,其朴质的印制工艺与国统区精良的印制工艺形成强烈的对比,但总体来看解放区邮票的印制还未实现统一的标准化作业方式,各区的印刷设备及技术力量也不尽相同,加之邮票用纸的多样性等诸多原因形成解放区邮票异常丰富的面貌,也是中国邮票史上最为复杂的一个时期。

四、构图形式的借鉴

(一)四位一体

四位一体的构图是解放区邮票常见的形式之一,在苏区、抗日战争、解放战争时期的邮票设计中都有所使用。所谓"四位一体"的构图,即在邮票的四角分别放置文字,中间放置主图,构图总体呈现左右对称的布局方式。这一构图形式最早出现在赤色邮票的设计中,且在苏区的邮票设计中采用较多,其特点是在邮票的四角画出圆形的线框,在线框里面放置面值文字。在后来的抗日邮政和人民邮政阶段里,这一构图形式出现较少,形式上也有所变化,有的是将圆形线框用正方形线框所取代,有的是将下面的面值文字用圆形线框包围;而上面的面值文字换成正方形或长方形线框,还有的干脆将线框去掉,四角直接放置文字。

这种"四位一体"的构图形式并非最早在解放区邮票的设计中所运用,而是中国纸币设计中最为基本的一种构图方式,在清代和国民政府的邮票设计中也曾出现过。解放区的设计工作者在邮票设计中充分利用这一构图并将其灵活运用,由于纸币大都呈长方形,面积相比邮票要大得多,通常用复杂、

---

① 中华全国集邮联合会编:《中国解放区邮票史》苏区卷,安徽教育出版社 1995 年版,第 27 页。

精美的装饰纹样连接位于四角的面值文字,而清代和国民政府的邮票中运用这一构图形式的往往采用装饰纹样或柱式形象作为连接位于四角面值文字的构成要素。苏区邮票受根据地艰苦的条件所限,如果也按照以前的模式进行设计,恐怕照着图样临摹也无法实现,因为"当时绘画工具奇缺,连三角板、圆规、量角器、鸭舌笔都没有,只能用毛笔在毛边纸上设计",[①] 况且当时的印刷工艺也无法印制出精美的装饰纹样。在这种状况下,设计者灵活变通,删除了一切无法完成的装饰元素,仅仅保留了四个圆形用以放置面值文字,这样整个画面仅为"主图""面值""铭记"三个要素,四周的简化处理与主图产生较为强烈的对比,使主图在视觉上更加醒目。虽然这一构图形式不是解放区设计工作者的首创,但反映出解放区设计工作者在设计过程中因地制宜、灵活多变的设计意识。

　　赣西南赤色邮政总局于 1930 年 10 月发行的"赣西南赤色邮政"邮票是目前有实物保存的最早的解放区邮票(图 2-18-1)。该邮票一套三枚并且每枚的图案均相同,邮票最大的特色体现在图案设计上,主图以花框形式出现,中间类似"8"字形的空白区域上印有"赣西南赤色邮政"七字。这独具特色的"8"字形装饰花框与 1925 年北洋政府财政部统一印制发行的"嘉禾图印花税票"(图 2-18-2)的主图具有高度的相似性。

1.赣西南赤色邮政邮票　　　　　2.嘉禾图印花税票

图 2-18　模仿、借鉴税票图案

---

　　① 游宝富编著:《古田会议人物志》,解放军出版社 2006 年版,第 471 页。

从图 2-18 中可以明显看出,两张票幅都采用横式,构图方式一样,主图的形式基本一致,都采用横直线来衬托图案,不同之处是在局部上的细微差别,如将税票中上面两个椭圆形以正圆形替代,税票中左右两侧的麦穗用类似花瓣装饰图案取代。受解放区初期印制条件所限,邮票中的图案与文字显得粗糙,远没有税票中的精美,但依然可以清晰地看出二者之间的连带关系。

设计中的模仿是不可避免的。例如作为当今设计强国的日本,其在"二战"后的工业设计首先经历了模仿期,即模仿欧美国家工业产品的造型设计。"赣西南赤色邮政"邮票虽然是模仿,但这并不能说明"赣西南赤色邮政"邮票的设计就是对"嘉禾图印花税票"的完全照搬,而是在模仿的基础之上有所借鉴。很显然,邮票的设计者根据当时简陋的印刷条件,有目的地简化了税票主图的"8"字形装饰花框并特意将难以描绘的复杂麦穗图案以较为简单的花瓣形式取代,这在设计的层面上来说具有创新之处。另外,将四角的面值文字放在四个大小一样的正圆形线框中,具有更加单纯、统一的视觉形式,并由此开创了解放区邮票中"四位一体"的构图模式。虽然二者之间在最终的印制效果上差距明显,这主要是受当时的设计工具与印制条件所限,属于技术层面;而在艺术层面上,"赣西南赤色邮政"邮票在较为粗糙的邮票面貌之中依然显示出解放区的设计者克服困难、因地制宜、删繁就简的设计创新能力。

(二)"柱式"布局

"柱式"布局是解放区邮票使用较多的构图形式之一。在国民政府发行的邮票中这一构图形式最为常见,只是国民政府邮票中的柱式是以"科林斯"柱式的形象为主,而解放区邮票则是以"多立克"柱式的形象为主。

解放区邮票从诞生之日起便处于硝烟弥漫的战争年代,因此"坚定""有力"的画面效果成为艺术工作者所要表达的主要目的。柱式布局应用到邮票设计中,"多立克"柱式的形象自然成为首选,与"爱奥尼"柱式的女性气质和"科林斯"柱式的中性气质不同,"多立克"柱式是男性性格的象征,其典型的艺术特色是造型以直线为主,具有刚劲有力、庄严厚重的视觉效应。解放区邮票中对"多立克"柱式的立面表现手法也不尽相同,有的是采用写实手法将"多立克"柱式的形象忠实地描绘在邮票的画面中(图2-19-1),有的则采用写意手法根据设计需要去掉柱头和柱础,仅用几条直线表示柱身(图2-19-2),还有的直接用放置面值文字的正方形边框代表柱头和柱础(图2-19-3)。不管怎样变化,其刚劲有力、庄严厚重的视觉效果并未改变。解放区邮票的柱式布局采用多立克柱式还有另外一个原因,那便是多立克柱式的结构几乎全部是简洁的直线构成,在当时的印制条件下,无论是图案绘制,还是制版的过程,仅用几根直线就能清楚表达形象的多立克柱式显然要比结构复杂的爱奥尼或科林斯柱式容易得多。当然,最根本的原因还是其刚劲有力的内涵品质符合战争年代的形式要求,做到了形式与内容的相互统一。

1. 山东省战时邮政邮票　　2. 代邮券　　3. 通化版毛泽东像邮票

图2-19　"柱式"布局

(三)"倒三角"形式

除以上两种主要的构图形式外,还有其他一些构图形式也散见于解放区的邮票设计中。这些构图形式往往单独出现在某套邮票中,并未形成固定的模式。有以直线边框为主的开放式构图,也有类似于"柱式布局"的封闭式构图。在这些构图当中,有的是左右对称的结构,有的则是非对称结构,其中有一种构图形式非常特别,格外引人注目,就是晋察冀边区临时邮政于 1937 年12 月发行的"半白日图"邮票(图 2-20-1)。

1."半白日图"邮票　　　　　　2.国立中央大学徽标

图 2-20　倒三角形式构图

　　该套邮票构图的独特之处是采用倒三角形式的构图方式。这种倒三角的形式在 20 世纪三四十年代的设计中较为广泛地应用,特别是在中国著名大学的早期徽标中出现较多,如国立中央大学、同济大学、西南联合大学、西北师范学院、浙江大学以及南开大学的早期徽标都采用这种倒三角形式。有研究者认为"这种三角徽和原国民党青天白日党徽上的'三角'有着较大关联",[①]但这一观点仅是推测却并未有直接证据。例如国立中央大学的徽标(图 2-20-2),该徽标是由中国著名工艺美术家陈之佛于 1933 年设计,徽标外形采用倒立的正三角形,中心图案是国立中央大学的标志性建筑——新校门和圆顶的大礼堂。如果说陈之佛在设计该徽标时,外形是受到国民党青天白日党旗上的"三角"形态的启示,或许过于牵强附会。因为在 20 世纪三四十年代的平面设计中,尽管倒三角形式较为显著,但仅限于形状的相似,形状之

---

　　① 潘道忠:《从近代高校标志的演进管窥中国现代标志设计的发展历程》,《内蒙古大学艺术学院学报》2009 年第 2 期。

间的相似并不能表明二者之间具有联系,也就是说后一个形状是受到前一个形状的启发或影响;那么"半白日图"邮票中的情况是否也如此? 在"半白日图"邮票中,构图上采用了倒三角的形式,主图按照当时的国旗,画了一个倒立的半白日图。这个倒立的半白日图的图案不仅符合当时统一战线的形式,绘图上也比较容易。整个设计由大到小出现三个倒三角形状,即明显的倒三角形状构图、倒立的半白日图所围合的倒三角形状的虚形,以及国民党青天白日党旗上的"三角"形状。可以看出,设计者以青天白日党旗上的"三角"形状为基本形,并从这一基本形出发,从内到外、从实(青天白日党旗上的"三角"形状)到虚(倒立的半白日图所围合的倒三角形状)再到实(倒三角构图),构成了一系列的倒三角形状,产生了既变化又统一的画面效果,也说明"半白日图"邮票的构图是受到国民党青天白日党旗上的"三角"形状的启示而产生的,二者之间具有明显的关联。

　　唐县属于晋察冀边区,是晋察冀边区较早建立的抗日根据地之一。在唐县临时邮政1938年2月14日发行的"半白日徽图"邮票中(图2-21),出现了三角形构图的复合形式,即由两个面积相同的正三角形拼成六角形,正三角形上角内绘有一个倒置的半白日徽志。在中国近现代设计史中倒三角的构图和国民党青天白日党旗上的"三角"的形态特征共存于同一图案的仅此二例,因此"半白日图"邮票不仅具有独特的构图形式,更为重要的还是二者之

图2-21　唐县临时邮政邮票

间存在较大关联的直接图像证据。值得一提的是,为体现国共合作、共同抗日的精神,国民党徽标图案多次出现在解放区邮票中,而在国民政府发行的邮票中却并未出现过共产党的徽标图案,这是中国共产党以民族利益为重的博大胸怀所最为直接的图像见证。

五、版画风格的呈现

版画在中国具有悠久的历史,从唐咸通九年(868)的《金刚般若经》中出现的"祇树给孤独园"开始,到明代书籍中木刻插图的繁荣兴旺,直到清代末期因金属制版以及石印技术的运用而逐步衰微。

20世纪30年代初,在伟大思想家、文学家鲁迅的倡导和中国左翼作家联盟的领导下,全国各地先后成立了许多革命的木刻组织,中国新兴木刻运动由此开始。"中国新兴版画真正兴起确实与中国革命有密切的关系。鲁迅开始大力提倡新兴版画是在1929年,第二年,中国左翼作家联盟和左翼美术家联盟成立,标志着中国左翼文艺运动兴起。"[①] 解放区邮票同样是中国革命的产物,其诞生时间紧随新兴木刻运动,相同的时代背景与相近的年代起源,使得解放区邮票的艺术风格呈现出较为强烈的新兴木刻版画风格。鲁迅采用版画有两个原因:"中国制版之术,至今未精,与其变相,不如且缓,一也;当革命时,版画之用最广,虽极匆忙,顷刻能办,二也。"[②] 其中第二个原因说明版画这一工具非常适合当时中国革命的形式需要。解放区长期受敌人封锁,条件异常艰苦,有些地区并没有制版与印刷设备。为及时发行邮票,设计者便利用版画顷刻能办的特点直接在木板上刻图制版,然后再手工盖印到纸张上。纵观解放区邮票,不管采用何种制版方式,其大多数图案都呈现出较为强烈的版画艺术特色,特别是苏区和抗战邮票体现得更为明显,这主要是因为邮票中的图案表现方式与版画相似,如图2-22中,画面黑白分明,图案粗犷有

---

① 叶春辉等:《中国现当代美术创作方法论研究》,广东高等教育出版社2009年版,第45页。
② 《鲁迅全集》第6卷,人民文学出版社2014年版,第342页。

力,线条犀利遒劲,具有强烈的版画艺术气息,虽有些粗糙,但却体现出设计者的真情实感,画面保持着诚挚、朴素、奔放、有力的特色。

1. 苏维埃邮政战士图邮票　2. 山东战邮掷弹图邮票　3. 中共"八一"建军纪念邮票

图 2-22　版画艺术风格的呈现

解放区邮票不仅体现出较为强烈的版画艺术风格,而且和新兴木刻版画一样,都成为战时的宣传品。新兴木刻版画的艺术家们"用木刻艺术为武器,参加当时由中国共产党领导的反帝反封建的革命运动,以革命现实主义的创作方法,表现了中国人民在三座大山压迫下的困苦生活与艰苦卓绝的反抗斗争,揭发了反动政府的黑暗统治,反对日本帝国主义的侵略,鼓舞了中国人民的斗志"。[①]可见解放区邮票不但是邮资凭证,还是具有强大号召力和感染力的宣传品,设计者从多方面的角度表现了边区军民的英勇抗战、民主生活、生产开荒、劳军优属等题材,画面上的人物、景物、事件等形象生动,爱憎分明,鼓舞人心,强烈地体现出为争取民族独立、建立新中国而努力的奋斗目标。

六、宣传画特色的吸收

宣传画是以号召政治运动、传播文化活动和营造商业氛围为目的的一种绘画形式,一般画面上多配有简短醒目的文字,张贴在街头或引人注目的公共场所,以达到广泛宣传的效果。解放区的邮票作为战时的宣传品,其中有一部分邮票的设计具有宣传画的艺术特色或形式语言,集中体现在解放战争时期发行数量最多的东北区的邮票设计中。如东北邮电管理总局于 1949 年

---

① 《当代中国美术》,当代中国出版社、香港祖国出版社 2009 年版,第 91 页。

7 月 1 日发行"中国共产党成立二十八周年纪念"邮票的设计(图 2-23),邮票主图是一位昂首站立、左手紧握中国共产党党旗、右手高举铁锤的工人形象,其身后紧跟一位右手高举镰刀的农民。邮票画面的主体形象突出,采用焦点透视的方法表现出无数面红旗下行进队伍的背景场面,加上"在中国共产党领导下前进"标语的渲染,设计风格上体现出明显的宣传画特色。

图 2-23　中国共产党成立二十八周年纪念邮票

因解放战争时期东北区的印制条件明显改善,使方寸之间的文字清晰显现成为可能,所以除上面邮票的图像风格具有较为鲜明的宣传画特色外,更多的是利用宣传画"多配有简短醒目的文字"这一特点,在邮票设计中出现了"标语"或"口号"等设计元素。其特点是邮票中除了应有的面值、铭记或主题文字以外,还出现了口号、标语等文字,布局上大多置于主图左右两侧,内容上紧密结合政治、经济形势,起到宣传革命、唤醒民众的作用。具体有西满邮电管理局于 1946 年六七月间发行"中国地图"邮票中的"独立,和平,民主";东北邮电管理总局于 1946 年 12 月 12 日发行"'双十二'西安事变纪念"邮票中的"反对内战,一致抗日";东北邮电管理总局于 1947 年 2 月 7 日发行"'二七'大罢工二十四周年纪念"邮票中的"工人阶级理解万岁,中华民族解放万岁";东北邮电管理总局于 1947 年 3 月 8 日发行"'三八'国际妇女节纪念"邮票中的"妇女站起来,为民主而战";东北邮电管理总局于 1947 年 5 月

4 日发行"'五四'运动纪念"邮票中的"打破专制枷锁、争取民主自由"；东北邮电管理总局于 1947 年 5 月 30 日发行"'五卅'运动 22 周年纪念"邮票中的"反对帝国主义侵略"；东北邮电管理总局于 1947 年 9 月 8 日发行"'九一八'纪念"邮票中的"反对美蒋反动派制造二次满洲国"；东北邮电管理总局于 1947 年 10 月 10 日发行"'双十节'35 周年纪念"邮票中的"消灭专制独裁,实现民主自由"；东北邮电管理总局于 1947 年 12 月 12 日发行"西安事变十一周年纪念"邮票中的"打到南京去,活捉蒋介石"；东北邮电管理总局于 1949 年 2 月 10 日发行"生产建设图"邮票中的"繁荣经济、发展生产"；旅大邮电管理局于 1949 年 7 月 1 日发行"中国共产党二十八周年纪念"邮票中的"发展生产、改善民生,发展文化、培养干部"。

小　　结

民国时期是中国邮票设计艺术发展的一个特殊阶段,国民党统治区与中国共产党创立的解放区并立发展,邮票设计的风格也各具特色。

国民党统治区的中华邮政是中国邮票发展史中的一个重要环节,具有承上启下之功。中华民国时期各派军事政治力量常年混战,民族矛盾、阶级矛盾激烈尖锐,也是中国近代史上政局最为动荡的时期。在这错综复杂的政治历史背景下,中华邮政在总结和吸取大清邮政开办的经验和教训的基础上,采取积极举措,邮政事业发展得比较健康和迅速,无论是从设计人员还是印制水平都有较大发展。国民党统治区的邮票以"中华邮政"为铭记,设计以美国雕刻师海趣、格兰为主,重点反映当时的历史人物、风景、交通工具且图像逼真,图案中所经常采用的"柱式布局""拱券结构""镜中显影"三种构图形式借鉴美国的邮票设计形式,加之印刷以雕刻版为主且印制较为精良,使得邮票的画面普遍呈现出典雅、庄重的艺术气息。

解放区邮票是在极端艰难困苦的条件下诞生的。虽然邮票的印制工艺较为简单,但设计紧跟时代,构图形式在借鉴的基础上有所创新,粗犷有力、简洁生动的邮票图像焕发出鲜活的生命力,邮票画面受印制条件所限呈现出强烈的木刻版画风格。

第三章　探索期
（1949年10月—1966年4月）

新中国成立初期,百废待兴,中国邮票设计艺术也掀开了新的一页。本章以新中国成立前17年为限,从邮票设计发展的历史语境、技艺场景、设计风貌出发,分析、研究这一时期邮票设计所取得的成就与发展状况。

第一节　历史语境

一、承继与开创

1949年10月1日,毛泽东主席在天安门城楼上向全世界庄严宣告了中华人民共和国的成立。

新中国成立17年间(1949—1966)的邮票设计与解放区时期的邮票设计血脉相承,设计紧密围绕国际国内发生的政治事件,巩固社会主义阵营,发展社会主义经济、文化建设等主题,在设计观念、表现方式以及印制工艺等方面都获得了较大发展,特别是对民族风格在邮票设计中的表现和运用进行努力探索并取得一定成绩,中国邮票设计的独特面貌开始展现。然而伴随着新中国成立初期社会主义建设发展的曲折过程,邮票设计风格也受到"左"倾思想的影响并出现转折。

二、中国邮政的新纪元

中华人民共和国的邮票事业是在继承解放区人民邮政和接管改造国民政府中华邮政的基础上发展起来的。在这17年的发展中,邮票的设计、印制和邮票发行的品种、数量都取得了令人瞩目的成绩。从中国邮票设计艺术整体的时间轴来看,这一时期是中国邮票设计艺术的探索时期,大致可划分为以下三个阶段。

1949年下半年至1956年上半年为统一、开创期。中华人民共和国在成立之初,邮政主管部门于1949年10月8日发行了中华人民共和国第一套全国通用邮票《庆祝中国人民政治协商会议第一届全体会议》并逐步停止了原各解放区各自发行的区票的使用,邮政总局规定各地自印和加印的邮票截止到1950年7月1日停售,至此实现了邮票发行工作历史性的统一。从1950年下半年开始,邮政总局开始制订年度邮票发行计划,组建邮票专业设计和雕刻队伍,邮票艺术质量逐步趋于稳定,为共和国邮票设计的发展奠定了坚实的基础。

1956年下半年至1963年为发展、繁荣期。1956年7月1日邮电部邮政总局邮票发行局成立,邮票选题的日益丰富带来邮票设计面貌的多样,邮票设计中的民族风格开始显现,单色雕刻版印刷进入全盛时期。邮票事业经过十年较为顺利的发展,从1960年开始,邮票选题百花齐放,邮票设计群体表现出旺盛的创造力,邮票设计中的民族风格开始凸显,加之专业化的北京邮票厂投入生产,中国邮票设计艺术呈现出生机勃勃的景象。

1964年至1966年上半年为转折期。在意识形态领域"左"倾思想的影响下,邮票的选题范围开始缩小,设计中出现概念化、公式化的倾向,画面也开始呈现面貌单一的趋势。

可以看出,新中国成立初期的邮票事业总体上取得了较大的进步,但也出现转折。需要注意的是,上述三个阶段是渐进式的发展过程,阶段的划分也只能就设计风格的主要发展变化相对而言,这样划分有利于对新中国成立初期邮票事业的发展概况有更为明确的总体认识,但就邮票设计而言,在研究时仍然要从整体出发探讨这一时期邮票设计艺术所呈现的整体风貌特征及影响邮票设计风貌的主要因素。

第二节　技艺场景

一、设计群体稳定

新中国成立初期邮票设计的群体由专业邮票设计师和社会美术家队伍两部分构成,其专业性及稳定性较解放区时期都有较大发展。

专业邮票设计师队伍的成立得益于邮电部机构部门的不断完善。从1950年邮票管理科的成立,到1952年以邮票管理科为基础设置的邮票处,直至1956年邮政总局邮票发行局的成立,中华人民共和国的邮票发行工作逐渐步入了稳定发展的时期,特别是邮票发行局的成立将邮票发行的各个环节连为一体,对于加强邮票选题的统一规划,培养专业化的设计队伍,提高邮票设计的水平及雕刻质量,都起到十分重要的作用。邮票设计室是隶属于邮票发行局的一个部门,其成员由专业邮票设计师组成,承担着大部分邮票的设计工作。这一时期的专业邮票设计师主要有孙传哲、万维生、刘硕仁、吴建坤、韩象琦、张克让、陈晓聪、卢天骄、张绶芝、潘可明。这些人均具有美术专业背景,有着扎实的绘画功底,进入邮票专业设计领域后更是不断努力探索邮票设计规律,为新中国成立初期的邮票设计做出了巨大贡献。在这些专业设计师当中,孙传哲设计的邮票数量最多,孙传哲在民国时期便成为国民政府的专业邮票绘图员,具有丰富的设计经验,他所设计的邮票,不论是画面内容,还是边框、装饰等,都充分展现了辉煌灿烂的中华文化,渗透出浓郁的民族色彩。可以说,对邮票设计中民族风格的探索是新中国成立初期邮票设计师们共同努力追求的目标。如 1959 年 9 月 25 日发行的"特 35 人民公社"邮票(图 3-1),全套 12 枚,设计者有孙传哲、万维生、吴建坤、韩象琦、卢天骄,可以说是邮票发行局邮票设计室团队共同协作的设计作品。尽管这套邮票的主题和内容明显受到极左思想的影响,但从设计的角度而言仍颇具民族艺术特色。画面通过线条的粗细区分主次关系,即主体人物采用粗线条、重色块,背景则用细线条作散点分布,使得画面主次分明,增强了艺术感染力。设计者们在设计的过程中"找出古典文学木板插图,参考了年画、农村壁画,以及现代中国版画,采用单线平涂的画法,在人物刻画、服装和背景方面,都按自己理解的程度去注意民族风格问题"。①

社会美术家的参与对提高邮票设计水平有着重要的影响。从 20 世纪 50 年代开始,邮票发行的主管部门就开始积极特约社会美术家张仃、钟灵、邱陵、陈汉民、周令钊、张光宇等参与邮票设计工作。这些美术家有着深厚的艺术功底和艺术修养,他们设计的邮票一般都是重大题材,画面要求具有较强的概括性和象征性。到了 60 年代初期,更是有计划地特约洪怡、屈贞、胡絜青、汪慎生、陈之佛、刘继卣等国画家绘制邮票图案。这些著名的国画家在创作时为了符合邮票设计的要求时常受到构图上的限制,作品上也不能留有题款和印章,但国画家们还是给予邮票设计极大的支持,特别是他们气韵生动的国画作品成为邮票设计艺术呈现民族风格的重要组成部分。

1. 特 35.12-2 工　　　　2. 特 35.12-3 农　　　　3. 特 35.12-11 文娱生活

图 3-1　特 35 人民公社邮票

---

① 邮票发行局邮票设计室:《谈人民公社邮票设计》,《集邮》1959 年第 8 期。

二、印制工艺精致

新中国成立初期邮票的印刷可分为两个时期,第一个时期是从 1949 年到 1959 年北京邮票厂建成投产前,第二个时期是 1959 年北京邮票厂建成投产到 1966 年"文化大革命"爆发前。从地域看,前一个时期主要由京沪两地多家印刷厂承印,后一个时期则集中在北京邮票厂印刷;从工艺看,前一个时期以雕刻版、胶版印刷为主,后一个时期以影写版、影雕混合版印刷为主。

(一)印制厂家从分散到集中

从 1949 年到 1959 年,邮政主管部门发行的邮票主要在京沪两地的多家印刷厂印制。主要有商务印书馆、大东书局上海印刷厂、北京人民印刷厂、上海市印刷一厂、上海人民印刷厂、上海大业印刷公司等,其中北京人民印刷厂和上海市印刷一厂为主要承印单位。北京人民印刷厂承印的邮票种数最多,其前身是民国时期隶属于国民政府的北京财政部印刷局。1949 年 2 月北平解放后,该厂被中国人民银行接管,此后厂名多次变化,现该厂正式名称为北京印钞厂。上海市印刷一厂承印的邮票种数仅次于北京人民印刷厂,其前身为 1920 年创建的日资企业大阪市田印刷株式会社上海分厂,抗战胜利后被国民政府接收,1949 年上海解放后由上海市军事管制委员会接管。1953 年改称上海市印刷一厂。

1959 年 9 月 25 日,中国第一座新型的专业化邮票印刷厂——北京邮票厂正式建成并投产,开始承担邮政主管部门发行的邮票印制任务。北京邮票厂的筹建施工和技术设计是中国与捷克斯洛伐克的邮电技术合作项目之一,厂房建设于 1956 年 11 月 15 日开工,由捷克斯洛伐克政府先后派出筹建邮票印刷厂的厂房建筑、电气设计、照相、制版、印刷等方面的专家做技术指导,经过近三年的施工,坐落于北京宣武门外牛街南口(今右安门内大街)的北京邮票厂于 1959 年 9 月 25 日正式投产。该厂全部生产过程都是自动光电系统管理和控制,在邮票印刷的过程中同时进行烘干、打孔、编码、自动计数并裁切等工序,从瑞士等国家"引进的邮票印制机器也属于当时世界上技术较为先进的设备。由于引进目的明确,研究充分,注意配套,以及在技术细节上的一丝不苟,这些设备很快在中国邮票印制中大显身手",[1] 成为改变中国邮票面貌的重要物质技术基础。北京邮票厂从 1950 年筹议建厂到 1959 年建成投产,历经整整十年。其间建设计划屡次修改,厂址几度变更,工程因故停建而险些夭折,但最终得以建成,不仅改变了原先邮票印制厂家分散的局面,也标志着中国的邮票印制水平迈入了一个新的时期。

(二)印制水平获得较大提高

从 1949 年到 1959 年北京邮票厂建成投产前,邮票印刷以雕刻版、胶版为主。雕刻版印刷工艺是北京人民印刷厂的技术优势,这主要得益于该厂的前身北京财政部印刷局的基础。20 世纪 50 年代北京人民印刷厂承印的雕刻版邮票可以说代表了中国当时邮票的印刷水平,在当时发行的邮票中质量明显高出一筹。上海市印刷一厂的胶版印刷工艺在当时国内处于领先地位,胶版印刷与解放区邮票采用的石版印刷原理相同,同属于平版印刷,是把邮票图案通过照相的方法复制到印版上,再把印版印到包着胶皮的滚筒上,然后转印到纸上,图案与空白都是平的,没有凸凹的地方。随着时间的推移,这两种邮票印刷工艺的弊端也日渐显露,如雕刻版印刷工艺的印刷周期长,不能套印多种色彩,色彩比较单调;胶版印刷工艺的紧密程度不够等,这些问题在北京邮票厂建成后得以解决。

影写版印刷工艺是北京邮票厂首次应用于中国的邮票印制当中。影写版又被称为照相凹版,与雕刻版不同的地方在于它不是采用手工雕刻,而是用照相腐蚀技术制成印刷凹版的工艺。它的印版内的图案和文字全部由大

---

① 《中国邮票史》第 7 卷,商务印书馆 2002 年版,第 296 页。

小相等、深浅不同的许多网点组成,由于每个网点的沾墨量不同而形成深浅不同的层次,适合于表现丰富的色彩,最后的印刷效果与照相非常接近,具有很强的表现力。影写版印刷在 20 世纪 20 年代用于邮票印制,但早期的影写版工艺是采用半手工操作方式,加上需要恒温、恒湿、防尘的印刷环境以及极高的纸张、油墨的品质要求,所以这项技术在邮票中的应用程度不如雕刻版和胶版等印刷工艺广泛。第二次世界大战后,随着各项新技术的发展,特别是电子控制技术的应用使影写版工艺在印刷行业中迅速发展,由于影写版印刷制版迅速、图像逼真、色彩丰富,因此被世界上一些邮票发行数量较大的国家所普遍采用。为提高中国邮票的印制水平,中国专门筹建北京邮票厂并将建设重点放在影写版工艺的引进上,不仅为此进口了当时世界上较为先进的影写版邮票专用设备——"唯发"印刷机,还为其建造了恒温、恒湿、防尘的新型厂房,并派技术人员赴捷克斯洛伐克培训。从 20 世纪 60 年代开始,影写版印刷成为中国邮票印制的主要方法。1960 年 6 月 1 日发行的"特 38 金鱼"邮票是我国掌握这一工艺的代表作品(图 3-2)。该套邮票采用四色影写版套印工艺,经过半年多的反复试验和调整,其中"水泡眼"一图曾进行过 13 次打样,终于将色彩丰富、艳丽的金鱼形象成功展现于方寸之中,并受到一致好评。此后,"特 46 唐三彩""特 48 丹顶鹤""特 56 蝴蝶""特 61 牡丹"等一批印制精良的影写版彩色套印邮票相继问世。

1. 特 38.12-3 水泡眼　　2. 特 38.12-11 花龙晴　　3. 特 38.12-8 红帽子

图 3-2　影写版代表作品

北京邮票厂除以影写版作为邮票的主要印刷工艺外,还在个别邮票中采用影雕混合版印刷工艺。影雕混合版就是将影写版和雕刻版这两种印刷工艺结合在一起的一种邮票印刷工艺,其中的套色工艺难度较高,印刷时产生的废品数量较大,并且印刷周期较长,成本也较高,但却可以充分发挥影写版和雕刻版各自具有的优势,具有较强的综合表现力。1963年10月15日发行的"特57黄山风景"邮票是新中国成立时期影雕混合版印刷工艺的典型代表作品(图3-3)。邮票设计者利用"影写版色调柔和平滑,线条不挺,宜于表现气象万千的云海与若隐若现的远山,而印刷峻峭嶙峋的奇峰怪石及挺拔遒劲的苍松古柏,则会显得缺少应有的气势。雕刻版刚劲有力、线条分明,宜于表现山石、松柏,而印刷远山及云海,则失去了浮动隐现的妙趣。这二者结合起来,则刚柔相济"。[①]结合竖形票幅表现山之崔巍的"高远"之势,横形票幅表现山之迢迢的"平远"之态,赋予云气增加山之"深远"气韵,完美地表现出黄山风景的特色。邮票采用一色雕刻版和二色影写版套印的工艺,先印影写版,然后用雕刻版压印,三种颜色在套印后产生出绚丽多彩的邮票画面,完美的设计表现与最佳的印刷效果相辅相成,使这套邮票至今仍被视为影雕混合版印刷工艺的典范。

1. 特57.16-6 剪刀峰　　2. 特57.16-14 石猴观海　　3. 特57.16-7 万松林

图3-3　影雕混合版代表作品

① 孙传哲:《情系方寸——我的邮票设计道路》,人民邮电出版社1994年版,第100页。

第三节 设计风貌

一、铭记与志号

（一）两种铭记

新中国成立初期的邮票先后出现"中华人民邮政"和"中国人民邮政"两种铭记。其中由华北邮政总局发行的纪1、纪2、纪3三套纪念邮票使用了"中华人民邮政"作为铭记,其余则使用"中国人民邮政"作为铭记。

铭记的使用及变更与新中国成立初期关于国名的讨论有关。"1949年6月15日,新政协筹备会常委会在北平成立……当时对国名有两种方案:一种是民主人士黄炎培、张志让提出应为'中华人民民主国';另一种是毛泽东曾一度用过的'中华人民民主共和国'。方案组最初决议采用了后一国名,但经研究认识到,'共和国'可说明新中国的国体,'人民'二字在新民主主义中国是指工、农、小资产阶级和民族资产阶级及爱国分子,这几个字表达了人民民主专政的深刻内涵。而'中华人民民主国'不能完全表达国体;'中华人民民主共和国'的'民主'二字没有重复的必要。最后方案组采纳了民主人士张奚若的建议,确定国名为'中华人民共和国'。"[①] 华北邮政总局发行的纪1、纪2、纪3三套全国通用纪念邮票所采用"中华人民邮政"的铭记是在这种政治形势下的必然产物。

1950年3月1日,邮电部邮政总局在"关于开国纪念邮票图样及名称事项的请示"中再次确认:"经再查此次钧部召开之全国邮政会议对于邮票及其他局印刷品上应否用'中华人民邮政'或'中国人民邮政'一词,曾经讨论认为

---

① 杨思懋主编:《红日照耀中国:中国共产党辉煌历程纪实》第1卷,人民日报出版社2003年版,第501、502页。

我国国名全文为'中华人民共和国'而简称为中国,如'中国人民政治协商会议'。因'中华'非中国之简称,故大会决议统称'中国人民邮政'。"[1] 从1950年7月1日发行的"纪4中华人民共和国开国"纪念邮票开始,"中国人民邮政"便作为中华人民共和国的邮票铭记,直到1991年,沿用了41年。

(二)首创志号

邮票志号是新中国邮票设计、发行的一个极富创造力的成果,最早出现在中华人民共和国第一套全国通用邮票——"纪1庆祝中国人民政治协商会议第一届全体会议"邮票上(图3-4-1)。

邓连普[2] 从"为给集邮活动提供方便"这一设想出发,提出邮票志号的创意:"我想到将来,当一个初学集邮的人收集得到一枚新中国邮票时,是否也会像我年轻时一样? 一个外国人看到新中国邮票,是不是同我当年看到外国邮票同样糊涂? 为了帮助集邮者解决这个困难,我决心找出办法。经过反复考虑,设计了邮票志号。送给一些同志看,他们都能看懂志号的涵义。最后经领导同意,新中国第一套纪念邮票就开始使用志号。"[3] 1949年10月31日出版的《近代邮刊》刊登了图案设计原稿并详细介绍了邮票上的志号:"(编者按)此套邮票已于十月八日发行,每枚图案下边有着'纪''1''4'及(1)等号码,这是人民邮政印制邮票的记录,'纪'是纪念票,第一个数字'1'表示第一套纪念邮票,第二个数字'4'表示全套枚数,第三个数字'1''2''3''4'是表示这枚邮票是全套中的第几枚。下边右方的(1)(2)(3)(4)是人民邮政发行邮票的总数。这是最先发行的一套八枚邮票,所以(1)至(8)号,以后发行的便由(9)(10)(11)(12)……一路下去,将来我们要知道人民邮政一共发

---

① 《中国邮票史》第7卷,商务印书馆2002年版,第607页。

② 邓连普(1921—2012),新中国邮票发行工作的创始人之一。时任华北邮政总局派驻北平邮政管理局的联络员,具体负责新中国第一枚邮票的筹印工作。

③ 邓连普:《新中国志号产生的前前后后》,《集邮研究》1985年第3期。

行过几枚邮票,只要拣一枚最新发行的看看这个括弧内的数字便可一望而知了。"[1]

邮票志号在以后又加入了邮票的发行年份,首次出现在 1952 年 7 月 7 日发行的"纪 16 抗日战争十五周年纪念"邮票上(图 3-4-2),这一改进方案使志号进一步得到了完善。这种以简单明了、一目了然的数字形式标明邮票的顺序、发行年份、全套枚数等信息的志号从此便固定下来,直到"文化大革命"开始后被取消,1974 年又恢复志号的形式并一直沿用至今。邮票志号是中国首创,尽管目前许多国家的邮票上都有志号,但其开始使用的年代均晚于中国,如:"匈牙利 1963 年至 1964 年发行的邮票即印有志号。比利时邮票从 1975 年开始使用志号,每年顺序排列一次,有每套邮票中第几枚的标志,但无全套共几枚的数字。南非邮票从 1982 年开始使用志号,每年以拉丁字母标志发行套数顺序,另以数字表示全套枚数及全套第几枚。其他一些欧美国家七八十年代也陆续在邮票下方印上了发行年份。"[2]

1. 纪 1.4-1 志号   2. 纪 16.4-3 志号

图 3-4　邮票志号

邮票志号的创意首先是从集邮的角度出发而产生的,也就是说志号的产生首先符合适用原则。建立在适用原则的基础上,如果从设计艺术的角度来

---

[1] 《庆祝人民政协纪念票》,《近代邮刊》1949 年第 7 期。

[2] 《中国邮票史》第 7 卷,商务印书馆 2002 年版,第 115 页。

看,这一创意使邮票更加美观。众所周知,邮票的种类繁多,其间的画面、图案每一套都不尽相同,如将多套邮票放在一起更是令人眼花缭乱,尽管画面丰富多彩,但它们之间并没有相同的地方,而志号的产生恰恰巧妙地将这些纷繁复杂的邮票统一起来。从第一枚标有志号的邮票开始直到目前为止,不管票幅、构图以及画面内容如何变化,志号均安排在邮票的下方,这一固定的排列方式从 CI 的战略角度来看具有很强的识别性,原因就是志号在邮票版面中固定安放的位置所起到的统一作用,使众多不同的邮票具有了秩序感。就一枚邮票的设计来看,志号所采用的字号在邮票文字中最小,在人的正常视觉下好似一条虚直线,而这条虚直线是由文字或数字所组成的点构成的,这些点与字号较大的铭记和面值形成了鲜明的大小对比,客观上不仅加强了邮票画面中的对比因素,也丰富了邮票画面的层次关系。由于志号的字号小到肉眼难以分辨,但在放大镜下却非常清晰、历历在目,小而清晰的志号给人以精致之感,无形中增添了邮票的精美程度。

二、幅面种类增多

矩形是邮票最常见的形式,矩形的形状特征表现在长宽比例上,可以说有多少种长宽比例关系,就有多少种矩形,也就有多少种票幅。从矩形的长宽比例关系可分为横幅、竖幅、方形三种形式,这三种形式不仅是清代、民国及解放区邮票的票幅形式,也是新中国成立初期乃至今天邮票的主要票幅形式。当然,如果从发展的角度出发,我们更应关注这一时期所出现的新的形式。总体来看,新中国成立初期邮票的票幅也是以横幅、竖幅、方形为主,在此基础上出现了更为丰富的票幅形式。

横幅、竖幅、方形是这一时期主要的票幅形式。较之前各时期有所不同的是有的邮票增大了票幅的长宽比例关系,形成类似于中国画的"横幅"或"立轴"形式。横幅一般是设计者根据主体的形象特征所采用的形式之一,如图 3-5-1 中,设计者为了更加全面地表现中国古代桥的整体特征而选用的横幅形式,画面气息由于宽度的增加更显宁静、悠远,完美地展现出中国古代能工巧匠千年之久的杰作。如果采用一般尺寸的长方形票幅形式则无法完整地表现桥的整体形象,即便是将桥的形象完整地置于票中,那种宁静、悠远的画面气息也势必荡然无存。设计者有时是根据主题内容来选择票幅的形式,如图 3-5-2 中,为了表现国徽的庄重之感,设计者选用了类似于中国画"立轴"形式的竖幅,设计者有意增加了票幅的长度,端庄典雅的比例形式更好地衬托出国徽的庄重气息。另外这枚邮票的长宽比为 1.622(43/26.5),接近于黄金分割之比,说明设计者在设计时具有非常明确的目的性。

　　三角形票幅是在新中国成立初期出现的一种独特、新颖的邮票外形形态,也是这一时期发行的唯一一套三角形邮票(图 3-5-3)。与其他形状相比,三角形更具稳定性,给人以坚固、稳定之感。正如设计者所说:"票型则别出心裁地采用了三角形设计,充满新颖感,且使画面显得平衡、稳重。"[1] 然而,这套邮票的票幅是否只能采用三角形? 肯定不是。如采用横幅或竖幅肯定也是没有任何不妥之处,因为仅就画面的平衡与稳定而言矩形也具有这些特性,所以这里设计者选择三角形的主要目的应该是追求一种新颖之感,也体现出设计者勇于创新的设计精神。因三角形票幅在排版印刷时会造成一定程度上的浪费,加之其版式设计的难度也较大,所以这一形式新颖的票幅始终没能成为邮票票幅的主要形式。

　　新中国成立初期邮票的票幅种类较以前有所丰富和发展,设计者根据主题内容、主体形象选用票幅的形式体现出这一时期的设计目的更加明确,对三角形票幅的选用更是体现出这一时期的设计者不满足于既有形式,追求设计创新的意识。

---

[1]　孙传哲:《情系方寸——我的邮票设计道路》,人民邮电出版社 1994 年版,第 83 页。

1. 特 50.4-1 赵县安济桥　　2. 特 1.5-5 国徽(红)　3. 纪 10.3-1 和平鸽(棕)

图 3-5　幅面种类

三、构图形式多样

在清代、民国与解放区时期的邮票中,都以某种构图形式为主并在某一时期形成了较为固定的模式,如"九宫图式""柱式布局"等。与这几个时期不同的是,在新中国成立初期邮票的构图中并未出现某种较为固定的模式,而是呈现出多样化的构图面貌。虽无某种固定的模式,但从版式设计上进行划分可以归纳为边框式构图、无边框构图、出血式构图、连票式构图四种构图形式。

边框式构图是最常见的形式(图 3-6-1)。这种构图的特点是邮票中图案的边缘被明显的边框围合,边框通常用直线表示,有的边框是某种装饰纹样的二方连续形成的边线,还有的是利用图底明度不同所自然形成的边框效果。由于有边框的限制,图与底形成了明显的界限,使得邮票图案更为醒目。

无边框构图是相对于边框是构图而言的,即指邮票中没有出现边框(图 3-6-2)。由于边框的消失,扩大了画面的空间,邮票图案在版面中的布置也更为灵活。

出血式构图是指图案的某一局部被设计者有意裁切或冲破边框(图 3-6-3)。尽管有边框的限制,但通过出血的构图方式,不仅扩展了有限的空间,还表现出时间的延续,同时激发了观众丰富的想象。

连票式构图是针对整套邮票而言。与之前各时期不同,新中国成立初期大多数成套邮票中的每一枚邮票的图案均不相同,而这不同的图案有时需要描绘出一个整体画面,因此设计者有时从整体出发就出现了连票式构图。如在"纪 106 中华人民共和国成立十五周年"邮票的设计中(图 3-7),设计者将全套三枚邮票连排成一个整体,构成一幅完整的画面,然后再在这一整体图案上打上齿孔便形成了三枚可以分开使用的单独画面的邮票。

1. 特 27.4-4 绿化祖国　　2. 纪 78.2-2 匈牙利国会大厦　　3. 特 40.5-4 猪食堂

图 3-6　构图形式

1. 纪 106.3-1 中国　　2. 纪 106.3-2 庆祝　　3. 纪 106.3-3 毛主席
　 共产党万岁　　　　中华人民共和国　　　　　万岁
　　　　　　　　　　成立十五周年

图 3-7　纪 106 中华人民共和国成立十五周年邮票

图 3-8　特 56 蝴蝶邮票

再如"特 56 蝴蝶"邮票(图 3-8),因邮票全套有 20 枚之多,设计者在经历放弃前四次方案后,终于发现了连票式构图的第五方案:"根据原来蝴蝶的形状、色彩,通盘考虑了二十枚蝴蝶前后次序的安排和飞翔姿态的处理;同时在整体结构上,使这二十只蝴蝶放在一起,作为一套邮票来看时,由于蝴蝶在每张位置上的高下,很自然地形成一条波浪线,增加动的感觉和相互间的呼应。"[1] 可以看出,设计者从整体构图出发,用隐含其中、自然形成的波浪线使凌乱、单调的画面形成了构图上的统一。

在以上四种构图中,边框式构图出现的频率最多,也是设计者最为常用的构图形式,无边框构图、出血式构图和连票式构图是作为探索期邮票设计者在设计中所进行新的尝试而出现的新形式。

四、常见图案的表现方式

新中国成立初期邮票中的图案较之前各时期都丰富,人物、动植物、建筑、风景、文物等形象均出现于邮票之中,似乎并无规律可循,但通过对比、归纳可以发现在这丰富的图案当中,和平鸽、国旗、天安门这三种图案多次出现在邮票中,而且每种图案均以不同的表现方式呈现出不同的设计面貌。

(一)和平之鸽

出于对来之不易的和平局面的珍重,新中国成立初期发行了多套以和平为主题的邮票。和平鸽是和平的象征,因此,设计者都不谋而合地选择了和平鸽这一形象。这一时期凡是以"和平"为主题的邮票中必然选用和平鸽的图案作为主图,如"纪 5 保卫世界和平(第一组)""纪 10 保卫世界和平(第二组)""纪 24 保卫世界和平(第三组)"。有时和平鸽图案作为主图或以其他图案相配合出现在某套邮票的单枚中,如"纪 44.5-3 伟大的十月社会主义革命

---

① 刘硕仁:《蝴蝶邮票是怎样设计的》,《集邮》1963 年第 5 期。

四十周年""纪 53.3-1 裁军和国际合作大会""纪 63.2-2 世界和平运动"等。

在同一主题和平鸽的表现方式呈现出具象表现、图案表现两种方式。具象也就是我们通常所说的某一事物具体的形象。设计者将和平鸽做具体的形象描绘,重点不仅是对外形的描绘,对鸽子的内部形象特征也要细致刻画,从图 3-9-1 中可以看出,设计者将鸽子的头部、身体以及脚部均做详细刻画,鸽子形象与平日生活中所见的鸽子一样鲜活、生动。图案表现方式即对具体的鸽子形象有所取舍,鸽子的描绘重点放在了外轮廓,因图案的外轮廓符合鸽子的典型特征,观者依然能够清晰识别,并且设计形式较为简洁(图 3-9-2)。还有的图案设计采用更为简洁的方式,设计者将鸽子的具体形象进行抽象提取出鸽子形象的共性,将关注重点完全放在对鸽子形象外轮廓的描绘上,并且轮廓线是以几何形态出现(图 3-9-3),由于具有共性、几何形态的特点,和平鸽的图像表现极具现代装饰意味。

1. 纪 5.3-2 保卫世界和平　　2. 纪 49.2-1 国际民主妇　　3. 纪 44.5-3 伟大的十月
　　　　　　　　　　　　　　女联合会会徽　　　　　　社会主义革命四十周年

图 3-9　和平鸽图案

图 3-10　纪 63 世界和平运动邮票

值得注意的是,在1959年发行的"纪63世界和平运动"第二枚邮票中(图3-10),主图的设计采用和平鸽与人像共同存在、相互衬托这一具有现代图形的设计手法,体现出当时个别邮票设计者已具有现代图形设计的意识。

和平鸽作为新中国成立初期邮票设计者的主要表现对象之一,设计者们采用了多种表现方式,从具象到抽象、从图案到图形,这中间既有对传统方式的继承,也有对新形式的探索。

(二)国旗象征

1950年10月1日发行的"纪6中华人民共和国开国一周年纪念"邮票是以象征中国的五星红旗作为主图而设计的成功代表之作(图3-11-1)。设计者描绘出一面迎风飘扬的五星红旗,红旗上的几条效果线赋予画面动感,旗杆下部被表示一周年的数字1所遮盖。为打破数字1和旗杆的单调之感,用彩带围绕以及衬托象征和平的橄榄叶,下部用复杂的麦穗形象围绕面值及年份以左右对称的方式加以装饰,形成既丰富又庄重的视感,稳稳托起面积较大的红旗形象。从画面所表现元素来看,虽设计形象仅以一面红旗为主,但画面整体上却并未形成单调之感,画面简洁的上部与丰富的下部形成强烈对比关系,加之邮票采用无边框形式,整个画面开阔大方、颇具气势。这套邮票以庄重、鲜明的设计形象,把五星红旗呈现于方寸之间并飘扬世界各地,可以说是新中国成立初期非常突出的设计佳作。

1. 纪6.5-3 中华人民　　2. 纪78.2-1 中匈两国　　3. 纪114.5-3 中日青年
共和国国旗　　　　　　友好团结　　　　　　友好大联欢

图 3-11　国旗图案

新中国成立初期发行了一系列当时社会主义国家国庆纪念邮票。按时间顺序分别是："纪 78 庆祝匈牙利解放十五周年""纪 79 庆祝捷克斯洛伐克解放十五周年""纪 82 庆祝朝鲜解放十五周年""纪 83 庆祝越南民主共和国成立十五周年""纪 89 庆祝蒙古人民革命四十周年""纪 102 庆祝古巴解放五周年""纪 108 庆祝阿尔巴尼亚解放二十周年"。在这些邮票设计中，均出现被庆祝国家的国旗与中国的国旗，表明选用国旗表示两国间的友谊已成为设计惯例。如在图 3-11-2 中，将匈牙利国旗与中国国旗以平面化的形式并置于画面中，为打破国旗较为单一的形式所带来的画面单调感，下方并置双方国家具有标志性建筑的立面形态，建筑物的立面形成效果丰富的外轮廓线，既打破了国旗单调的形式感又丰富了画面，同时突出了设计主题。纵观这些社会主义国家的国庆纪念邮票，尽管两国的国旗下方的图案都不相同，但可以看出不同的设计者都有一个相同的设计目的，即打破国旗单调的形式感，加大画面的简繁对比关系，形成喜庆中不失庄重、丰富中不失简洁的画面效果。

尽管选用国旗表示两国间的友谊已成为设计惯例，但在 1965 年 8 月 25 日发行的"纪 114 中日青年友好大联欢"邮票中的第三枚却打破了这一惯例（图 3-11-3）。考虑到历史上日本军国主义曾给中国人民带来的沉重灾难和难以抹去的心理创伤，设计者在画面中避开了日本国旗，别具匠心地选用了长城和富士山作为两国的象征。在之前各时期邮票中所出现的长城都是作为风景图案而并未上升到国家象征意义的层面，因此这也是长城作为中国的象征意义而首次出现在邮票的设计中。

（三）天安门图案

天安门图案在新中国成立时期邮票设计中所占比重最大。象征新中国的天安门图案首次出现在 1949 年 10 月 8 日发行的中华人民共和国第一套全国通用邮票"纪 1 庆祝中国人民政治协商会议第一届全体会议"的设计中，此后天安门图案便频频作为邮票设计者的设计主题而不断显现票面之中。

对天安门图案的描绘最主要的表现方式是选取天安门四分之三侧面形象,后衬天空、白云,起到构图平衡的华表位于画面一角(图 3-12-1),也是,尽管后面有所变化,但表现方式未变,天安门仍采用四分之三侧面形象,只是观看方位与前面相反,因票幅从方形改为横幅,设计者也相应提高视角而缩小透视,更为完整地描绘出天安门图案(图 3-12-2)。个别邮票中的天安门图案有所变化(图 3-12-3),设计者采用左右对称的构图形式以及天安门形象,象征工农联盟的齿轮和农作物用丝绸连接形成丰富装饰效果,渲染出既庄重又欢庆的画面氛围,显然这里选用左右对称的天安门形象更符合画面的氛围要求。天安门图案作为附图还出现在其他一些邮票中,设计者在设计时主要取其外形轮廓,做到既一目了然又不喧宾夺主(图 3-11-2)。

1. 普 5.6-6 天安门　　　　2. 普 9.5-3 天安门　　　　3. 纪 37.3-1 天安门和花卉边饰

图 3-12　天安门图案

在针对天安门图案的设计中出现过一枚设计形式新颖却在当时引起轩然大波的邮票。1956 年 6 月 15 日,邮电部发行了新中国第一套风景名胜邮票"特 15 首都名胜",全套 5 枚,第 4 枚图案展现了天安门的雄姿(图 3-13-1)。设计者把天安门的背景设计成朝阳冉冉升起,天空中光芒四射,彩霞满天。1956 年 6 月 9 日,邮电部决定暂停发行该套邮票中的第四枚并急电全国收回销毁。1957 年 2 月 20 日又发行新印制的天安门邮票(图 3-13-2)。可以看出两枚邮票的区别在于对背景的处理方式,新印票把射向天空的光芒修改为灿灿的朝霞,天空较明亮,云彩呈白色,也丝毫看不到太阳的光芒。"这个图案的邮票为何停售回收,档案中没有明确的记录……据 7 月 2 日收回的书面意见看,主要针对的是'天安门图',如'早霞光彩太多太大';'早霞刻的太乱太暗了,有些像风雨来临的样子,不太好';'设计上浓厚的黑云,似乎阴天要下大雨似的,打大闪一般的光芒,不太适当,不合实际';'天空的云和云后透出的也许是光的是多余的,日落时的阳光可能有这种情形。早晨的阳光却并不容易成这种样子';等等。"[1]从设计的角度来看,这一背景的处理方式改变了之前蓝天、白云的较为常见的设计模式而具有新意,作为风景邮票的设计表现方式本无可厚非,然而天安门此时在人们眼中早已成为政治符号的化身,"自从毛泽东主席 1949 年 10 月 1 日在天安门城楼上宣布中华人民共和国成立以后……人们对它的敬仰和崇拜,并不是对它过往历史的关注,而是将焦点集中到以天安门城楼上的毛泽东像为符号的时代新崇拜上"[2]。加之不同的观众对于同一图像可能有不同的解读方式,有人看到霞光万丈,有人看到的却是电闪雷鸣,因此较为稳妥的表现形式应该是当时主管部门所做的最好抉择。

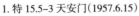

1. 特 15.5–3 天安门(1957.6.15)　　　2. 特 15.5–3 天安门(1957.2.20)

图 3–13　特 15"首都名胜"邮票第四枚的表现形式

---

① 《中国邮票史》第 7 卷,商务印书馆 2002 年版,第 261 页。
② 陈履生:《红旗飘飘——20 世纪主题绘画创作研究》,人民美术出版社 2013 年版,第 688 页。

五、初探民族风格

邮政总局从 1950 年下半年开始制订年度邮票发行计划,组建邮票专业设计队伍和雕刻队伍,邮票艺术质量逐步趋于稳定,为新中国邮票设计的发展奠定了坚实的基础。从 1950 年到 1963 年这一段时期,经过邮票设计者们的努力探索,取得了新中国成立时期邮票设计中最令人瞩目的成绩——邮票设计面貌中民族风格的呈现。

民族是"人们在历史上形成的一个有共同语言、共同地域、共同经济生活以及表现在共同文化上的共同心理素质的稳定的共同体"。[①] 自中华民族形成以后,艺术与民族便形成血肉相连的关系,打上了中华民族独特鲜明的烙印。所谓邮票设计的民族风格,是指一个民族的邮票设计在内容和形式上所共同具有的民族特色。从内容来看,中华民族的自然风光、文化遗产、风土人情、生活习惯以及各民族居住的特定区域都具有本民族的特点,因此在邮票表现主题中反映出中华民族的自然风光、文化遗产、社会环境、风土人情等,邮票的民族特色便显示出来;从形式上来看,中华民族的艺术形式丰富多彩,在表达方式、表现手法、表现工具上均具有各自的特点,如将传统装饰纹样、民间艺术、中国画等中华民族丰富多彩的艺术形式用于邮票设计中,必将具有鲜明的民族风格。这一时期对邮票设计民族风格的探索主要体现在以下两个方面。

(一)边饰特色

中国传统纹样是民族艺术和民俗文化在历史发展中长期沉淀的结果,是历代劳动人民、艺人、工匠的伟大创造和智慧结晶,具有鲜明的中华民族特色,其创意独特、风格鲜明、形式多样的艺术特色带给现代设计者无尽的灵感启示。邮票设计也不例外,在"特 9 伟大的祖国——古代文物(第五组)"中,

---

[①] 《斯大林全集》第 2 卷,人民出版社 1953 年版,第 294 页。

四件古代文物分别选用新石器时代的陶器彩陶罐、商代乐器石磬、西周青铜器虢季子白盘、战国漆器中的漆奁和漆羽觞，分别反映出中国古代四个历史时期艺术的辉煌成就，其表面的装饰纹样给予设计者设计灵感(图3-14)。设计者从每件文物的装饰纹样出发，通过提炼概括的手法设计出与文物中纹样气息相符的纹样，可以看出设计者并不是对原有纹样的简单重复，而是从原有纹样中提取出最本质的基本形，以此基本形作二方连续置于票幅左边，在丰富画面的同时更加强了邮票的民族风格。这一系列邮票中的第一、三、四组的边饰设计也是如此，都与第五组有异曲同工之妙。

在其他题材的邮票设计中仍能在其边饰设计中体现出浓郁的民族风格。如图3-15中的三枚邮票，设计主题都不相同，并且也与中国民族艺术无关，但设计者为了凸显邮票的民族风格，分别采用富有中国民族特色的"磬长""如意""挂落"纹样作为边框，在彰显民族意蕴的同时也增加了邮票的精美程度。可以看出，在探索期的邮票设计中，设计者已经开始注重邮票边饰

1. 特9.4-1 彩陶罐——新石器时代陶器

2. 特9.4-2 石磬——商代乐器

3. 特9.4-3 虢季子白盘——西周青铜器

4. 特9.4-4 漆奁和漆羽觞——战国漆器

图3-14 特9伟大的祖国——古代文物(第五组)邮票的边饰

的设计并有所突破,不仅使边饰成为邮票图案的有机组成部分,更为重要的是通过边饰设计使邮票展现出浓郁的民族风格。

1. 纪东 5.3-1 和平鸽　　2. 纪 9.3-1 毛主席像　　3. 纪 25.4-1 中国诗人屈原

图 3-15　其他邮票的边饰

(二)表现形式

这一时期邮票设计的表现形式较为多样,中国画、油画、水粉画、版画、素描等不同画种的造型语言都被设计者所采用。其中以中国画造型语言作为邮票设计的表现形式因套数、枚数之多而尤为突出,也是这一时期邮票设计面貌呈现民族风格的主要原因之一。

拥有悠久历史文化传统的中国画是中华民族创立的一种绘画艺术,具有独特的民族风格和东方艺术魅力,在世界美术领域中自成体系。将中国画这一最具民族风格的艺术形式纳入邮票的方寸之中是新中国时期的首创。从 20 世纪 60 年代初开始,邮票发行主管部门便有计划地特约美术家以中国画形式创作邮票图案,如 1960 年 12 月 10 日发行的"特 44 菊花"邮票;1962 年 6 月 10 日发行的"特 48 丹顶鹤"邮票;1963 年 8 月 5 日发行的"特 59 熊猫"邮票;1963 年 9 月 25 日发行的"特 60 金丝猴"邮票;1964 年 8 月 5 日发行的"特 61 牡丹"邮票。这些邮票中的"特 44 菊花"邮票与"特 61 牡丹"邮票分别有 18 枚和 15 枚之多,属于大套邮票,并且图案创作均出自国画名家之手。

如 1962 年 6 月 10 日发行的"特 48 丹顶鹤"邮票是邮票发行局于 1961 年 2 月向时任南京艺术学院副院长陈之佛约稿（图 3-16），陈之佛是著名国画家，尤以画鹤最为擅长。他在叙述自己的设计过程中说："既然以'仙鹤'作为中心题材，那么，用什么东西和仙鹤配景呢？无疑要向传统学习，采取民族色彩较为浓厚又能与仙鹤相妥适结合的，如松、竹、梅、海涛、云气之类的景物，作为陪衬，较为合适……由于邮票的设计，必须庄重大方，豪健美观，充分表现民族风格，因此在选材、构图、设色之外，更须注意画面的意境。就以'松涛立鹤'一幅为例，来说明这个问题：它是用传统绘画的形式来表现白鹤独立在波澜壮阔的海涛所冲击的岩石之上，更用苍劲的古松作背景，就显得气势雄壮；画面虽小，仍能取得大幅构图的效果。"[1]

图 3-16 特 48 丹顶鹤邮票

即使是在体育题材的邮票设计中，也依然能完美地呈现出民族风格。在 1961 年 4 月 5 日发行的"纪 86 第 26 届世界乒乓球锦标赛"邮票中（图 3-17），设计者用"线"作为造型的基础，在构图上并未拘泥于焦点透视，如第三图中正在挥拍酣战的两名运动员没有出现近大远小的形象，同时将四幅画面做大面积的留白处理，并用第一图中的梅花表现方式作为点睛之笔，加之票幅形式宛若中国画的卷轴，整套邮票显示出鲜明的民族特色。由于设计者在设计中充分吸取了中国画以"线"造型、画面留白、空间处理灵活的艺术特征，邮票

---

① 陈之佛：《谈"丹顶鹤"邮票的设计》，《集邮》1962 年第 4 期。

设计中所体现出的强烈的民族风格伴随着体育盛会而传向全世界。

1. 纪86.4-1 会徽及迎春花

2. 纪86.4-2 天坛和球拍

3. 纪86.4-3 比赛

4. 纪86.4-4 工人体育馆

图3-17　纪86 第26届世界乒乓球锦标赛邮票

　　值得一提的是,在1960年7月30日发行的"纪81中国文学艺术工作者第三次代表大会"邮票中第二枚的设计中,主图采用篆刻的表现方式是首次将中国传统造型艺术之一——篆刻艺术应用于邮票设计中(图3-18)。设计者提出以刻有"百花齐放、百家争鸣"的金石印章作为主图,其设计创意既在思想上突出了会议精神,又在邮票的艺术形式上有所创新。但稍感遗憾的是,围绕篆刻图案的花纹装饰设计得过于繁复,所占面积也过大,并未很好地衬托主图,反而有喧宾夺主的形式效应。尽管如此,这枚邮票仍反映出设计者从中国传统艺术中汲取设计灵感,努力体现中国邮票民族风格的探索精神。

图3-18　邮票图案中的篆刻艺术形式

六、设计开始走出国门

1959年8月15日发行的"纪65中捷邮电技术合作"邮票是为纪念中捷之间成功的技术合作——北京邮票厂的建成,中捷两国为此分别发行相同图案的邮票(图3-19)。"纪65中捷邮电技术合作"邮票是由我国著名专业邮票设计师孙传哲设计,孙传哲在"设计此套邮票时采用了直角透视画法,表现了北京邮票厂厂房外景,画面简洁,质朴无华,没有添加任何背景装饰"。[①] 1959年10月1日,捷克斯洛伐克邮电部门采用孙传哲的设计图案发行了异国同图邮票,这是中国邮电部首次与国外分别发行的同图邮票。

1. 纪65.1-1 中捷邮电技术合作　　2. 捷克斯洛伐克发行的"中捷邮电技术合作"邮票

图3-19　中捷两国分别发行相同图案的邮票

1. 纪113.1-1 在马克思　　2. 前苏联发行的相同　　3. 保加利亚发行的相同
列宁主义旗帜下前进　　　图案邮票　　　　　　图案邮票

图3-20　采用中国图稿的外国邮票

---

① 孙传哲:《情系方寸——我的邮票设计道路》,人民邮电出版社1994年版,第28页。

第六次社会主义国家邮电部长会议于 1965 年 6 月 21 日在中国召开。根据第五次国家邮电部长会议的决议由中国负责向第六次会议的各成员国提供邮票设计图稿并负责同题材邮票的组织发行工作。这项特殊的邮票设计任务为中国提供了向世界展示设计水平的机会,中国的设计图案首次出现在十几个国家发行的邮票中将具有重大意义和深远影响,但因会议建议邮票的主图采用无产阶级领袖马克思像和列宁像,所以设计中的发挥之处甚少。经邮票发行局仔细研究后决定对马、列像的绘制作为设计重点,并特邀多位擅长人物画的美术家参与图稿绘制工作,最后确定采用国画家李斛的图稿,于 1965 年 6 月 21 日发行了这套邮票(图 3-20-1)。邮票的画面整体采用红色基调,配以红旗作为背景,马、列像采用中国水墨画的技法刻画出简练而生动的艺术形象,既突出了社会主义国家的特点又保留了中国画独特的艺术魅力。在 12 个国家发行的邮票上,邮票的副图与票幅不尽相同,马、列像的主图形式都基本相同。特别是北京邮票厂代为越南印制了这套邮票(图 3-20-3),因此中越两国的这套邮票上除票面文字不同之外其他均相同。

新中国成立初期这两套邮票的发行,充分证明了中国邮票事业所取得的进步,邮票的设计、印制水平得到了国际的认可,邮票设计已走出国门开始步入国际的舞台。

七、影响设计风貌的主要因素

(一)设计题材

这一时期诞生了一种新的邮票种类——特种邮票。第一套特种邮票是 1951 年 10 月 1 日发行的国徽邮票(图 3-5-2)。与纪念邮票不同,特种邮票不必严格遵循发行日期,设计和印制的时间相对宽裕,这也就为邮票的风格形式提供了更为广阔的空间,出现了以体现民族艺术风格为设计题材的系列邮票——"伟大的祖国"。系列邮票"伟大的祖国"一共发行了五组,分别是:

1952 年 7 月 1 日发行的"特 3 伟大的祖国——敦煌壁画(第一组)"；1952 年
10 月 1 日发行的"特 5 伟大的祖国——建设(第二组)"；1953 年 9 月 1 日发
行的"特 6 伟大的祖国——敦煌壁画(第三组)"；1953 年 12 月 1 日发行的"特
7 伟大的祖国——古代发明(第四组)"；1954 年 8 月 25 日发行的"特 9 伟大
的祖国——古代文物(第五组)"。从这一系列邮票的表现内容来看,敦煌壁
画、古代发明以及古代文物皆为中国古代劳动人民杰出的创造发明和辉煌灿
烂的艺术成就,具有新颖的艺术造型,体现出鲜明的民族艺术风格,这种民族
化题材下的邮票设计也必定呈现出强烈的民族风格。尽管第二组为现代题
材,与其他各组显得不太和谐,反映出在设计之初缺乏整体筹划的缺陷,但这
组系列邮票还是因选题独树一帜,并且五组连续发行,在开创了新中国系列
邮票先河的同时,对以后邮票题材的开掘及邮票设计中民族风格的形成均产
生了较大的影响。

在系列邮票"伟大的祖国"发行后,以中国民族艺术为题材的邮票便开始
不断出现,具体有:1956 年 10 月 1 日发行的"特 16 东汉画像砖"；1959 年 1
月 1 日发行的"特 30 剪纸"；1961 年 11 月 10 日发行的"特 46 唐三彩"；1962
年 10 月 15 日发行的"特 49 中国民间舞蹈(第一组)"；1963 年 6 月 15 日发
行的"特 49 中国民间舞蹈(第二组)"；1963 年 6 月 30 日发行的"特 49 中国
民间舞蹈(第三组)"；1963 年 12 月 10 日发行的"特 58 民间玩具"；1964 年 8
月 25 日发行的"特 63 殷代铜器"。这些题材的内容本身就是中国民族艺术
的文化遗产,其画面本身就呈现强烈的民族风格,如"特 30 剪纸"邮票的设计
者张仃根据自己在抗战时期收藏的陕北民间剪纸原样设计而成,将民间艺术
搬上大雅之堂,画面具有浓郁的陕北特有的剪纸风格(图 3-21)。邮票发行后
好评如潮,有论者称其"是十分完美的具有民族风格的作品"。[①]正是因为有计
划、有组织地发行了一系列以中国民族艺术为题材的邮票,其总数量在新中

---

① 黄可:《建国以来的邮票艺术》,《集邮》1959 年第 2 期。

国成立初期的邮票中占据绝对优势,使得民族风格的设计面貌在众多的邮票中得以彰显。

1. 特 30.4-3 公鸡　　2. 特 30.4-4 戏剧人物　　3. 特 30.4-2 石榴

图 3-21　特 30 剪纸邮票

(二)"左"倾思想

伴随着中国邮票设计取得令人瞩目的成绩的同时,从 1958 年中国共产党八大二次会议通过的社会主义建设总路线及其基本点开始以及之后发动的"大跃进"和农村人民公社化运动,导致邮票设计面貌逐步趋向单一化。

邮政总局分别于 1958 年 10 月 1 日发行的"纪 55 全国工业交通展览会"邮票,1959 年 2 月 15 日发行的"纪 58 一九五八年钢铁生产大跃进"邮票,1959 年 4 月 25 日发行的"纪 60 一九五八年农业大丰收"邮票。1959 年 9 月 25 日发行的"特 35 人民公社"邮票反映了中国共产党的八大二次会议通过了社会主义建设总路线以及后来的"大跃进"和农村人民公社化运动。尽管这几套邮票的主题和内容有着明显的"浮夸风""共产风"的痕迹,但从邮票的图案设计而言仍颇具特色,如"纪 55 全国工业交通展览会"邮票中的第二、三枚(图 3-22),设计者借鉴中国画"单线平涂"的表现手法,画面构思大胆,在场景的刻画上力求体现民族风格。然而在这套邮票的设计表面之下却隐含着受"左"倾思想的影响。1958 年 8 月 4 日,邮票发行局将设计图稿递交展览会宣传处审核,在整体肯定的前提下对于"龙的方向:我们认为应该是乘东风向西,以表现东风压倒西风。图中所示的是乘西风向东,云彩所示的也是同一方向,因此建议转一下方向"。① 设计者原本是从邮票画面的整体考虑,第二枚中龙的方向与第三枚中万马的方向相对称,避免设计中方向上的重复而导致画面形式的单调,然而在"左"倾思想的指挥下,设计方案不得不将体现政治思想的觉悟和高度作为设计标准而对画面构图进行调整。

1. 纪 55.3-2 力争上游　　　　　2. 纪 55.3-3 生产大跃进

图 3-22　邮票设计中"左"倾思想的表现

　　从 1964 年开始,"左"倾思想逐渐占据上风,导致原来邮票发行工作中许多行之有效的原则被否定,邮票选题开始片面强调宣传工农兵形象并把宣传工农兵形象与宣传中国优秀传统文化相对立,致使邮票选题的内容日趋贫乏,许多已经列入计划的好题材被取消,如"金石艺术""淡水鱼""东北虎""兰花"等,甚至将已经完成设计、印刷的"京剧脸谱"邮票进行销毁。邮票选题内容的日趋贫乏导致邮票画面日趋单一,工农兵形象开始成为主要的宣传对象,并且形象设计也逐步趋于概念化。如图 3-23 中的三枚邮票从左至右所对应的发行时间分别是:1964 年 3 月 8 日发行的"特 64 人民公社女社员";1965 年 11 月 30 日发行的"特 71 工业战线上的妇女";1966 年 5 月 10 日发行的"特 75 服务行业中的妇女"。从这三枚邮票可以看出,虽然身为不同行业的女性工作者,但都手持或肩背钢枪,特别是右边邮票中妇女的群体形象,

<hr>

①　《中国邮票史》第 7 卷,商务印书馆 2002 年版,第 223 页。

所有妇女面露笑容,前排四位妇女统一手持毛主席著作,后排妇女统一肩背钢枪,配合画面中"一切工作都是为了革命"的口号,表现出妇女能文能武的全面形象,画面呈现出概念化和标语式的设计特点。应该说这并非设计者的主观而为,"1966 年初在向相关单位征求意见时,有关单位对邮票内容提出异议,认为邮票中'缺少工农兵,建议要增加工农兵形象'。几经商讨,最后以群像图中的后排妇女每人肩背一支枪而勉强通过审查"。[①] 在不到一寸见方的画面上,要在如此众多且性别相同、年龄相仿的人物中体现出工农兵形象是相当困难的,审查部门的要求本身已经脱离了邮票设计的规律。

1. 特 64.6-6 民兵　　2. 特 71.5-5 女民兵　　3. 特 75.10-1 一切工作都
是为了革命

图 3-23　妇女形象

虽然这些受到"左"倾思想影响的邮票在新中国成立时期所发行的邮票中所占比重较小,并未在邮票设计中大面积地体现,但邮票选题范围的日渐狭窄、趋于概念化、标语式的邮票设计画面已开始显现,预示着随之而来的邮票设计将受到巨大的影响。

小　　结

中华人民共和国成立初期中国社会的形态与性质都发生了质的变化,为

① 《中国邮票史》第 7 卷,商务印书馆 2002 年版,第 467 页。

巩固新生的共和国政权,邮票设计紧密围绕国际国内发生的政治事件,巩固
社会主义阵营,发展社会主义经济、文化建设等主题,在设计观念、表现方式、
印制水平方面都得到了较大发展,特别是对民族风格的探索取得了可喜的成
绩,开始呈现出新中国邮票设计的独特面貌。

第四章　曲折期
（1966年5月—1978年12月）

中国邮票设计在中华人民共和国成立初期取得了可喜的成绩,特别是对邮票设计中如何体现民族风格的探索获得了成功并积累了经验。然而,随之而来的"文化大革命"却改变了中国邮票设计的主要面貌。本章以持续10年之久的"文化大革命"及其结束后的两年为限,分析、研究中国邮票设计在这一特殊时期所呈现的艺术特色与历经的曲折过程。

第一节　历史语境

一、低迂与激昂

1966年至1976年,一场被称作"无产阶级文化大革命"的运动如狂风暴雨一般席卷了中国大地。1976年10月"四人帮"被粉碎后,这场震撼中国大地的"非常运动"终于平息下来,"文化大革命"的狂热才开始消退,直到1978年中国共产党十一届三中全会后这种不正常的局面才宣告结束。

中国邮政部门在"文化大革命"期间受到了猛烈的冲击,邮票发行工作受到了严重的干扰和破坏。当时唯一公开发行的《集邮》刊物被迫于1966年

7 月停刊,中国集邮公司也于 1967 年停业。尽管如此,邮票因为人们通信的需要仍在发行,但发行的种类和数量骤减。为突出无产阶级政治,大力宣传毛泽东思想,毛泽东像、毛泽东语录,标语、口号,工农兵和英雄人物的形象大量出现在邮票画面上,成为贯穿这一时期邮票的中心主题,邮票成为为政治服务的宣传工具,也规制了这一时期的视觉设计方式,实现了艺术真实高于生活真实的精神再造。邮票中的英雄们表现出"人有多大胆,地有多大产"的自信以及"与天奋斗,其乐无穷,与地奋斗,其乐无穷,与人奋斗,其乐无穷"的满腔豪情,知识青年们在毛泽东思想的感召下体现出无所畏惧、高昂的精神状态。

二、邮政机构的波动

"文化大革命"初期,中华人民共和国成立 17 年以来中国邮票工作所取得的辉煌成就被否定,17 年来发行的邮票遭到批判,邮票工作受到强烈冲击,陷入混乱局面。邮票志号被取消,代之以"文"字邮票,邮票成为歌颂"文化大革命"和个人崇拜的宣传品。1967 年 8 月实行军管,随后邮票发行局被撤销。"文化大革命"中期的邮票工作略有转机。1970 年 1 月,邮电部被撤销,邮票工作由原邮政、铁道、交通三部合并成立新的交通部管理,同年 8 月开始发行编号邮票。1971 年 9 月林彪反革命集团被粉碎,国民经济开始逐步恢复,邮票发行局和邮电部也分别于 1972 年和 1973 年被恢复,编号邮票在题材有所拓宽的同时仍发行一些具有极左色彩的邮票。"文化大革命"后期经济形势随着全面整顿工作的展开开始好转,然而好景不长,由于"批林批孔"和"批邓、反击右倾翻案风"运动的开展致使全国再度陷入混乱局面。这一时期恢复了邮票志号,在发行宣传社会主义建设各项成就邮票的同时也发行了肯定"文化大革命"的邮票,可谓是既见好转,又有反复。"文化大革命"结束后的两年,邮票设计题材较之前呈现多样化面貌,但由于党的指导思想并未从根本上改变,邮票设计仍受到束缚,邮票工作虽有起色但步子不大,处于徘徊中前进的局面。

第二节　技艺场景

总体上说,这一时期的邮票事业由于受到"文化大革命"的冲击和影响,形成邮票设计人员少,设计力量弱的局面。即便如此,在邮票印制工艺方面仍取得了一些新的进展。

一、设计群体萎缩

"文化大革命"开始后不到半年时间,邮电系统的工作与全国其他行业一样,陷入瘫痪的状态。1967 年 3 月 4 日,根据北京邮票厂造反派的意见,邮政总局开始研究发行印有毛泽东形象的邮票,目的是"让毛泽东思想占领一切阵地"。4 月 20 日,为庆祝北京市革命委员会的成立而发行"文 1 战无不胜的毛泽东思想万岁"纪念邮票,为此《北京日报》头版头条进行报道:"闪烁着毛泽东思想灿烂光辉的纪念邮票《战无不胜的毛泽东思想万岁》,于二十日起在首都发行。这套邮票是邮电部为庆祝北京市革命委员会的成立,满足亿万革命人民的渴望,决定提前发行的。这套邮票在设计过程中,曾受到党内一小撮走资本主义道路当权派的百般刁难和阻挠。他们利用职权,一会儿说:'政治色彩太浓,不能发行。'一会儿说:'这种邮票外国人看不懂,暂缓办理。'总之,他们制造种种借口,目的只一个,就是不准毛泽东思想占领邮票阵地。相反地,长期以来,他们却在邮票的画面上大搞帝王将相,才子佳人,花鸟鱼虫等,根本不突出无产阶级政治。无产阶级文化大革命开展以来,邮票发行局的革命职工起来造了他们的反,和北京邮票厂的革命工人结合在一起,冲破重重障碍,终于成功地设计出了这套闪烁着毛泽东灿烂光辉的纪念邮票。"[①] 1967 年 5 月,邮电部军管会决定成立由军代表、邮票厂工人、发行局三方组成的"三结合"设

---

① 《"战无不胜的毛泽东思想万岁"纪念邮票今天起发行》,《北京日报》1967 年 4 月 20 日。

计领导小组,并将工作地点设在邮票厂内。1968 年 4 月,邮电部军管会又做出"撤销邮票发行局,邮票设计和发行工作交邮票厂管"的决定。邮票发行局的人员大多数被下放到湖北省阳新县邮电部"五七"干校劳动,邮票设计人员由 13 人减至 3 人,保留的 3 人被分配到北京邮票厂的凹印车间,一边参加劳动,一边设计邮票。至此,邮票的设计工作由邮票厂造反派直接掌管。在这样的政治环境下,长期从事邮票设计的人员也不可避免地受到批判。新中国第一代专业邮票设计师孙传哲在回忆"文化大革命"中的经历时说:"我这样一个勤勤恳恳终日耕耘在邮票设计领域的普通一兵也难逃劫难。家被抄了,造反派从我家中抄走了邮票设计原稿、外国邮票设计资料及大量的藏书,装满整整一卡车。我的心都要碎了……不久,我又被剥夺了设计邮票的权利,来到长江边上的湖北新县,下放至一所'五七'干校劳动。我整日干着挑水放牛的营生,也曾用那昔日握画笔的双手在筑坝工地上搬运石块。年过半百的我患了心脏病。1971 年,我因病返京。1978 年,当我重返邮坛时,时年已六十有三。而此时,大量宝贵的光阴已经被白白荒废掉了。"[①] 可以看出,"文化大革命"对邮票设计工作的破坏,不仅在政治和物质层面,而且在思想和精神上都留下了难以愈合的创伤。但我们仍要辩证地看到邮票设计工作者在那场史无前例的浩劫中为邮票设计工作所做出的努力和取得的成就。

二、印制精益求精

尽管邮票设计工作在这一时期经历曲折,但在邮票印制方面却取得了一定的成绩。即使是在"文化大革命"初期阶段,当邮票的设计、发行工作遭到极大的干扰破坏的情况下,北京邮票厂的工人仍经常加班,满怀强烈的政治热情和高度负责的责任心,突击完成印制任务。北京邮票厂"二车间在 1967 年曾创造日产量 24 万印,为建厂以来最高纪录。1968 年发行'文 13 毛主席

[①] 孙传哲:《情系方寸——我的邮票设计道路》,人民邮电出版社 1994 年版,第 32、35 页。

最新指示'邮票时,从设计到发行只有 48 个小时,工人昼夜赶印,废寝忘食,打破了邮票发行史上的记录"。①

北京邮票厂在"文化大革命"中虽然受到严重的冲击,但仍然能够坚持采用影写版和雕刻版方法印制邮票。20 世纪 70 年代初,国内一些大型印刷厂已经成功地采用了分色蒙版工艺②,但北京邮票厂因设备条件所限,还未能采用这种新工艺制版。为了让这种先进的制版工艺也能出现在邮票上,在印制"编 66-77 文化大革命期间出土文物"邮票时,北京邮票厂借助兄弟厂分色蒙版工艺印制,不仅丰富了邮票颜色,而且将金、银、铜、瓷、陶等不同质感的古代器皿表现得十分逼真(图 4-8)。上海华丽铜版纸厂在"文化大革命"期间研制出高光邮票纸。这种纸张的印刷效果具有网纹完整清晰、色彩艳丽明快、层次细腻丰满的特点。"编 53-56 革命现代舞剧《白毛女》"邮票就是用这种高光邮票纸印制的,提高了影印版邮票的印刷质量(图 4-1)。

1. 编 53 贫农杨白劳   2. 编 54 盼东方出红日   3. 编 55 愤怒诉说
   的闺女——喜儿

图 4-1　编 53-56 革命现代舞剧《白毛女》邮票

---

① 《中国邮票史》第 8 卷,商务印书馆 2003 年版,第 96 页。

② 分色蒙版工艺在 20 世纪 70 年代初期尚属国内外先进制版工艺,蒙版是照相制版的一种技术手段。一般采用照相或拷贝的方法制取蒙片,再与原稿或分色底片相蒙合,从而起到校正色彩、压缩反差、保护层次的作用。蒙版技术可减少修版工时,提高制版质量。

图 4-2 T.28M 奔马（小型张）

"文化大革命"结束后的两年徘徊时期里,北京邮票厂与清华大学合作,于1977年12月研制成功照相连拍机、磷光油墨。新研制的照相连拍机的精度高于20世纪50年代进口的外国设备,1978年5月5日发行的"T.28M 奔马"小型张的背景就是采用新研制的连拍机对真的绫布进行照相分色,取得了很好的底纹质感,绫子的印刷效果几乎可以乱真,完美地再现了中国画的装裱艺术(图4-2)。分色蒙版工艺、高光邮票纸和照相连拍机的使用支撑和促进了我国邮票印制水平的提高,也体现出科技人员对邮票印制技术的不断探索与追求。

第三节 设计风貌

邮票设计任何时候都不能脱离大的历史背景和当时的社会环境,带有"左"倾色彩的邮票设计题材始终或多或少地贯穿这一时期,在此基础之上,"文"字邮票、编号邮票和"纪"(J)、"特"(T)邮票又分别呈现各自的设计特征。

一、志号变化频繁

从取消邮票志号而产生的"文"字邮票到编号邮票,再到恢复纪(J)、特(T)邮票志号是这一时期志号的变化过程,也是中国邮票史上志号变化最为频繁的一个时期。

　　新中国成立初期首创的在纪、特邮票上编印志号的办法,因其适用、美观而受到国内外的欢迎和好评。"1967 年 2 月,北京邮票厂的群众组织向邮票发行局主管生产的副局长提出取消邮票志号的要求,当时主要理由是编印志号是对工人阶级的'管'、'卡'、'压',给生产带来被动。"[①] 在此形势背景下,邮电部于 1967 年 3 月 31 日下达《关于取消纪、特邮票编印志号的通知》文件,决定从 1967 年 4 月 20 日发行的"战无不胜的毛泽东思想万岁"邮票上开始取消志号,将此套邮票编为"文 1",以后以此类推,并且规定将编号印在邮票的大包封条上,因此每枚"文"字邮票上并无编号。由于"文"字邮票在每枚邮票上无法注明套的编号、枚的序号、每套邮票由几枚组成以及发行年份,给邮票的发行管理带来诸多不便,为解决这一问题,交通部决定从 1970 年 8 月 1 日发行的"革命现代京剧《智取威虎山》"邮票开始实行编号邮票,即统一从 1 号编起,每种邮票编一个号码,累计顺编(图 4-3-1)。1973 年邮票发行局恢复,在提取各方面意见后,决定将原志号中的"纪"和"特"分别改为其汉语拼音的第一个字母"J"和"T",取消用途不大的总图号,其他保留。在 1974 年 1 月 1 日发行的"体操运动"特种邮票和 1974 年 5 月 15 日发行的"万国邮政联盟成立一百周年"纪念邮票的左下角分别以 T.1 和 J.1 编印志号(图 4-3-2)。

1. 编 2 革命现代京剧　　　　2. J.1(3-1)万国邮政联盟成立一百周年
《智取威虎山》

图 4-3　邮票志号

---

　　① 《中国邮票史》第 8 卷,商务印书馆 2003 年版,第 37 页。

　　"文"字邮票共发行 19 套 80 枚,但这 19 套邮票仅是纪、特类型,在此期间发行的 11 枚普通邮票却并未遵照通知的规定进行"统一编号"而成为无编号邮票,可见"文"字邮票的编号方式既不适用,更无美观可言,不仅造成邮票类别不明,而且给邮票的发行管理工作带来很大困难。编号邮票可以明显地表示出每种邮票的顺序,印在邮票上也具有美观性,但由于仍然分不清邮票类别而没有达到较好的适用性,但这种办法多少解决了"文"字邮票所带来的一些问题,也容易被人理解和接受。"纪"(J)、"特"(T)邮票志号在保留原纪、特志号优点的基础上,还解决了"纪""特"两个汉字笔画多而带给邮票设计、制版、印刷上的困难,可以说是适用与美观的再一次统一。

二、设计形式产生变化的纪念邮票

　　从 1966 年 5 月 16 日"文化大革命"爆发到 1967 年 4 月 20 日第一套"文"字邮票发行期间,一共发行了 7 套纪念邮票。尽管发行的套数不多,但邮票的设计形式却开始发生变化,集中体现在 1966 年 12 月 31 日发行的"纪 121第一届亚洲新兴力量运动会"邮票的设计中(图 4-4)。

　　1966 年 11 月 25 日在柬埔寨的首都金边举办"第一届亚洲新兴力量运动会"。柬埔寨举办这次运动会的目的是冲破大国的垄断及控制,中国为了支持柬埔寨的倡议,决定发行一套纪念邮票。综观国内外当时已发行的体育邮票,其设计都是以竞技画面为主要表现形式,然而这套邮票的设计却是以政治性画面作为表现形式。第一枚的画面是一群手拿《毛主席语录》的中国运动员高举毛泽东像表达出"中国运动员热爱毛主席"的主题。第二枚是各国运动员手持毛泽东著作,互相挽臂正面站立,"全世界人民反对美帝国主义及其走狗的斗争一定会取得更加伟大的胜利"的毛主席语录印在画面上方,表达出"团结反帝"的主题。第三枚"增进友好"的画面主图是外国运动员正在接受中国运动员赠送的《毛主席语录》。第四枚则是中外运动员共同学习《毛主席语录》的画面,以表现"互相促进"的主题。可以看出,作为体育题材的邮票,在画面的设计中却没有一幅体育竞技的场景,而是以政治性画面来表现。

1965 年 7 月 14 日《解放军报》发表《突出政治就是在一切工作中用毛泽东思想挂帅》社论。在这种思想的影响和制约下,不论主题如何,必然导致邮票设计是以政治性画面作为主要表现形式,"毛泽东像""毛主席语录""毛泽东著作"必然成为邮票设计中最常使用的符号而出现在画面中,也是当时形势使然的结果。

1. 纪 121.4-1 中国运动员热爱毛主席　　2. 纪 121.4-2 团结反帝

3. 纪 121.4-3 增进友好　　4. 纪 121.4-4 互相促进

图 4-4　以政治性画面来表现体育题材的邮票

三、面貌单一的"文"字邮票

"文"字邮票由于选题和题材的内容较为单一,加之设计形式和表现方式的简单化处理,致使"文"字邮票形成较为单一的设计风貌。

(一)红色调、大票幅

受当时社会刮起的红色之风的影响,"文"字邮票刷色中的绝大多数也是选用红色,甚至不顾邮票的主题内容而一律套用红色。如"文 7 毛主席诗词"邮票,毛泽东既是一位伟大的革命家、政治家,也是一位卓越的诗人和书法家。毛泽东的狂草具有豪迈、飘逸的独特风格,而其采用狂草所书写的诗词更是中国书法中的杰作,然而邮票选用的红色边框不仅在色调上更为突出、喧宾夺主,更是与中国传统书画艺术的装裱风格极不协调,显得不伦不类(图 4-5-2)。"文 19 革命青年的榜样"邮票的主图是一幅黑白色调的宣传画,画面描绘出原上海吴淞第二中学 1968 年的高中毕业生金训华在洪水中抢救国家财产的情景,其主体气氛在黑白色调的衬托下更显严肃悲壮,然而红色的边框也冲淡了原画的主题氛围。这两套邮票中红色边框从一个侧面凸显出"文化大革命"时期的红色情结(图 4-5-3)。

1. 文 1 毛主席万岁　　2. 文 7《七律·人民解　　3. 文 19 金训华
　　　　　　　　　　　　放军占领南京》

图 4-5　邮票中的红色调

邮票票幅一般在 15 毫米至 50 毫米的范围内,过大或过小都不宜于贴用,而"文"字邮票的票幅规格却普遍超出这一范围。在 80 枚"文"字邮票中,票幅超过 50 毫米的有 60 枚,占"文"字邮票总枚数的 75%,其中"文 7 毛主席诗词"邮票中的第 8 枚《七律·长征》和第 9 枚《清平乐·六盘山》的票幅规格达到 81 毫米 ×20 毫米,因为对于"文"字邮票中大量出现的领袖形象和文字,唯有增大票幅规格才能适应盖销时不破坏领袖形象以及清晰呈现文字效果的需要。

(二)图案设计简单化

"文"字邮票在图案设计上整体呈现出简单化,这种简单化设计主要表现在绝大多数的邮票采用文字、图片、美术作品作为主图,设计者根据主题进行创作设计的较少。

以文字作为邮票主图的有"文 1 战无不胜的毛泽东思想万岁""文 3《在延安文艺座谈会上的讲话》发表二十五周年""文 7 毛主席诗词""文 8 大海航行靠舵手,干革命靠毛泽东思想""文 9 中共中央委员会主席毛泽东同志支持美国黑人抗暴斗争的声明""文 10 毛主席最新指示""文 11 林彪 1965 年 7 月 26 日为《中国人民解放军》邮票题词""文 13 毛主席最新指示",占"文"字邮票总套数的 42.1%。文字内容包括"毛主席语录""毛泽东诗词""林彪题词"。除以文字作为邮票主图外,在"文"字邮票的设计中还有一部分是利用图片、宣传画、美术作品。毛主席的头像、工作照或作为主图,或与文字(毛主席语录)相呼应,在"文"字邮票中所占比重最大。将美术作品直接作为邮票主图的有"文 4 祝毛主席万寿无疆""文 6 毛主席与世界人民""文 12 毛主席去安源""文 19 革命青年的榜样",其中文 4 是木刻版画作品,文 6、文 19 是宣传画作品,文 12 是油画作品,都是这个时期广泛宣传、最具代表性的美术作品,堪称当时的经典。如"文 4 祝毛主席万寿无疆"邮票(图 4-6-1)主图便是选用沈尧伊①木刻版画《跟着毛主席在大风大浪中前进》(图 4-6-2)中的毛泽东侧

---

① 沈尧伊(1943—),浙江镇海人。1961 年毕业于中央美术学院附中。1966 年毕业于中央美术学院版画系李桦工作室。曾先后任教于天津美术学院、中国戏曲学院舞美系、中国人民大学徐悲鸿艺术学院。

面头像，"这幅毛泽东的侧面像在'文革'中几乎是最有名的。它经北京新华印刷厂印制后大量发行，后又在报刊上发表，之后此画上的毛泽东侧面头像又被作为单独的作品发表，复制在毛泽东纪念章上，或作为《毛泽东语录》的刊头画。有报道称，这个侧面头像是'文革'期间发表次数最多和影响最大的，它的印制数量是根本无法统计的天文数字，在世界美术史上从未有过印刷这么大量的版画，以后也不可能有这样的数量"。①邮票设计所选用的这些图片和美术作品都是当时已公开发表并家喻户晓，而以"毛主席语录""毛泽东诗词""林彪题词"作为邮票主图则最具符号信息传达的准确性，在当时以政治选题较多而带来极大的邮票设计难度的境况下应该是邮票设计者的最佳选择。

1. 文4"祝毛主席万寿无疆"　　　2. 版画"跟着毛主席在大风大浪中前进"

图4-6　邮票主图选用美术作品

四、略有起色的编号邮票

编号邮票的设计是"文化大革命"邮票的一个重要分水岭。从1970年8月1日发行"革命现代京剧《智取威虎山》"邮票开始至1973年10月15日发行"中国出口商品交易会"邮票，一共发行了21套95枚编号邮票。编号邮票的设计和发行处于"文化大革命"中期，邮票设计呈现出两种面貌态势：一方面由于受到"文化大革命"的影响，在选题和图案设计方面依然存在"文"字邮

---

① 鲁虹：《新中国美术60年》上册，河北美术出版社2009年版，第137页。

票的影响,这占了编号邮票的绝大部分;另一方面,由于这一时期随着国家各项工作的好转,邮票工作出现了一些转机,个别几套邮票设计显现出一些新的面貌。

(一)设计题材有所扩大

1969 年 6 月 12 日中共中央下发经毛泽东审定的《关于宣传毛主席形象应注意的几个问题》。"文件提出:(一)不要追求形式,要讲究实效。(二)塑造、印制毛泽东像,必须经省市区革委会讨论批准。(三)不经中央批准,不能再制作毛主席像章。(四)各报纸平时不要用毛主席像作刊头画。(五)各种物品及包装等,一律不要印毛主席像;禁止在瓷器上印制毛主席像。(六)不要搞'忠字化'运动,不要修建封建式的建筑。(七)不要搞'早请示、晚汇报'。"① 1970 年 8 月,中共中央在江西庐山召开九届二中全会,"会议一结束,周恩来还没有下山,便指示邮政部门:今后在邮票上不许再印毛主席像、语录和诗词了。他对外交部党的核心小组成员和有关负责人说:在外事部门,还要继续批判极左思潮。对驻外使馆内部还热衷搞极左的人,要调回国内学习。今后,可以派一些在五七干校劳动过、精神面貌好的干部在外任职。这一年秋天召开的全国外贸计划会议期间,周恩来专门询问:出口商品包装上是否还有毛主席语录? 这样到处印毛主席的话是不严肃的,是对毛主席不尊重。前几年讲这种话是泼冷水,现在应该讲了。什么事情搞极端了,总是走向反面"。② 由于打破了"突出政治"和"个人崇拜"条条框框的限制,编号邮票的设计题材有所扩大,发行了反映经济建设成就、文化、体育、妇女儿童等方面的邮票,与面貌单一的"文"字邮票相比,邮票的图像内容则较为丰富。

---

① 中共中央文献研究室编:《毛泽东思想形式与发展大事记》,中央文献出版社 2011 年版,第796 页。

② 中共中央文献研究室编:《周恩来传》下册,中央文献出版社 1998 年版,第 1025、1026 页。

（二）个别邮票设计手法开始注重艺术性

"文化大革命"初期的"文"字邮票由于受到极左思潮的影响,邮票的题材和图案设计都以"突出政治"为中心,导致邮票设计缺乏艺术性、面貌单调。随着"文化大革命"中期的编号邮票的题材和内容逐渐丰富,有几套邮票设计手法和表现形式也开始注重艺术性,在这些邮票的图案设计中已不再显现出"文化大革命"时期的政治色彩,最为突出的是装饰性设计手法的运用。

1972年6月10日,《人民日报》发表社论,社论指出:"伟大领袖毛主席在二十年前为中华全国体育总会亲笔写了'发展体育运动,增强人民体质'的光辉题词。这个题词指明了发展我国社会主义体育事业的正确道路。"[1] 当日发行了"编39-43 发展体育运动"邮票(图4-7),这套邮票的图案设计没有采用毛泽东的题词手迹,而是采用装饰画中"勾边"的艺术手法表达出毛泽东题词的内涵。运用中性色黑色或白色勾勒图案的外轮廓是装饰画的主要特征之一,其目的是在突出画面主体形象的同时又能取得图底色彩关系的协调。如编39邮票的设计中(图4-7-1),用白色线条分别勾勒出北京工人体育场、乒乓球馆、首都体育馆的外轮廓,以足球、乒乓球、篮球、排球、羽毛球(从左至

1. 编39 五项球类运动　　2. 编40 工人做广　　3. 编41 广大农民
　　　　　　　　　　　　　　 播体操　　　　　　 因地制宜地做
　　　　　　　　　　　　　　　　　　　　　　　　 "拔河"活动

图4-7 编39-43 发展体育运动邮票

---

① 《人民日报社论全集》编写组:《人民日报社论全集——"文化大革命"时期》,人民日报出版社2013年版,第787页。

右)的典型动作为主图,这里的白色线条不仅仅是描绘场馆的外部形状,更为重要的是打破了大面积红底色所形成的单调感,在轮廓线所围合的不同区域涂绘红、橙两色,既丰富了画面的装饰效果又不削弱主图的效果。在编 40 和编 41 邮票中(图 4-7-2、图 4-7-3),用白色勾勒出主体人物的外轮廓,白色轮廓线不仅协调了主图与底色的关系,还突出了主题图案。

1973 年 11 月 20 日发行的"编 66-77'文化大革命'期间出土文物"邮票的边饰设计颇具艺术特色(图 4-8)。这套邮票的图案采用的是实物照片,印在文物邮票图案底部的边饰设计完美地诠释出中国古代工艺美术的魅力。设计者将文物图案所形成的"面"和以"线"造型的边饰纹样形成强烈的对比关系,而以二方连续呈现的边饰则是选用出土文物上的纹饰或出土文物所处朝代的代表性纹样,起到了协调的作用,邮票画面在对比中有和谐、在和谐中产生对比,产生了既单纯又丰富的画面效果,可见这套邮票设计的关键在于

| 1. 编 66 青花凤首扁壶 | 2. 编 73 长信宫灯 | 3. 编 75 曾仲斿父方壶 | 4. 编 76 青铜提梁卣 |

图 4-8　编 66-77"文化大革命"期间出土文物邮票

| 1. 编 86 秧歌舞(汉族) | 2. 编 87 拉马头琴(蒙古族) | 3. 编 88 哈达舞(藏族) | 4. 编 89 手鼓舞(维吾尔族) | 5. 编 90 长鼓舞(朝鲜族) |

图 4-9　编 86-90 儿童歌舞邮票

其边饰设计的成功。1973年6月1日发行的"编86-90儿童歌舞"邮票的设计采用剪纸的艺术形式(图4-9)，五个分别代表汉族、蒙古族、藏族、维吾尔族、朝鲜族的儿童载歌载舞，利用"挂笺"[①]的艺术形式将五枚邮票连为一体，整套邮票设计构思巧妙，具有鲜明的民族风格。

(三)"文"字邮票设计模式的延续

尽管"编号"邮票出现了一些新的设计面貌，但总体来看仍然受到"文化大革命"极左思想的影响，邮票设计总体呈现出简单化、公式化的模式。

1970年8月1日发行的"编1-6革命现代京剧《智取威虎山》"邮票的图案是直接选用剧照(图4-10)，虽降低了设计难度，但却通过邮票这一具有强大传播力度的载体大力宣扬了样板戏，从而影响到所谓的"三突出""红光亮""高大全"等"文革美术模式"。"文革美术模式在其形成过程中受到样板戏的影响是毫无疑问的，如戏剧化的造型、人物组合的'三突出'构图、英雄形象的'高大全'、色彩上的'红光亮'等。"[②]在样板戏和"文革美术模式"之间，以平面形态出现的"编1-6革命现代京剧《智取威虎山》"邮票设计无疑起到了连接、强化的作用。除选取剧照外，1972年12月25日发行的"编44王进喜——中国工人阶级的先锋战士"邮票的图案选用当时的一幅宣传画。1973年3月8日发行的"编63-65中国妇女"的邮票图案则是采用全国美术展览中的3幅美术作品来表现工、农、兵妇女的形象，而这三幅美术作品正是"文革美术模式"的代表之作。

---

① 挂笺，也称挂钱，是从满族流传下来的一种剪纸艺术。挂笺最早是祭祖场所用的装饰品，一般都是挂单数。过春节时，各家用五色彩纸，悬挂于门窗横额、室内大梁等处。

② 邹跃进：《新中国美术史》，湖南美术出版社2002年版，第145页。

1. 编 1 杨子荣剧照　　　2. 编 5 胸有朝阳　　　3. 编 6 胜利会师

图 4-10　编 1-6 革命现代京剧《智取威虎山》邮票

　　在邮票图案直接选用照片、宣传画、美术作品等简单化设计的同时,也存在着邮票设计公式化的问题。1971 年至 1973 年,在北京连续举办了 3 次国际性乒乓球赛事,为配合中国"乒乓外交"政策的实施,邮政主管部门先后发行了 3 套纪念邮票,分别是:1971 年 11 月 3 日发行的"编 21-24 亚非乒乓球邀请赛"邮票(图 4-11)、1972 年 9 月 2 日发行的"编 45-48 第一届亚洲乒乓球锦标赛"邮票(图 4-12)、1973 年 8 月 25 日发行的"编 91-94 亚非拉乒乓球友好邀请赛"邮票(图 4-13)。这 3 套邮票均由 4 枚组成,"纪念章""欢迎""比赛""团结和友谊"的主题思想基本雷同,色彩以大红大绿为主,缺乏设计新意。

1. 编 21 亚非乒乓球　　2. 编 22 中国人民热　　3. 编 23 互相学习,　　4. 编 24 亚非人民的
　　邀请赛纪念章　　　　烈欢迎亚非朋友　　　　共同提高　　　　　　　友谊

图 4-11　编 21-24 亚非乒乓球邀请赛邮票

1. 编 45 第一届亚洲　　2. 编 46 欢迎　　3. 编 47 比赛　　4. 编 48 友谊
乒乓球锦标赛纪念章

图 4-12　编 45-48 第一届亚洲乒乓球锦标赛邮票

1. 编 91"亚非拉乒　　2. 编 92 热烈欢迎亚　　3. 编 93 女乒乓球　　4. 编 94 团结和友谊
球友好邀请赛"的　　　非拉朋友的到达　　　运动员
标志

图 4-13　编 91-94 亚非拉乒乓球友好邀请赛邮票

　　编号邮票的设计虽略有起色,但绝大多数邮票设计仍然受到"三突出"原则的制约,图案直接选用样板戏剧照以及家喻户晓的宣传画、美术作品,虽然使得邮票设计呈现简单化、公式化的面貌,但在当时的政治背景下,这也是当时的邮票设计工作者免于政治风波的唯一途径。

五、好转并反复的"纪"（J）、"特"（T）邮票

　　"纪"（J）、"特"（T）邮票的设计是"文革"邮票的又一个重要分水岭。1974年 1 月 1 日,邮电部发行了"T.1 体操运动"邮票,从此,恢复并有所改进的标注"J""T"志号的邮票开始登上历史舞台。"J""T"邮票的出现,正值"文化大革命"后期,是各种矛盾日益激化并最终粉碎"四人帮"的时期。从 1974 年 1月到 1976 年 10 月,共发行 25 套"J""T"邮票。这一时期,随着邓小平主持中

央日常工作的开展,全国形势明显好转,邮票的发行、管理体制有所加强,下放到"五七"干校的邮票设计人员陆续回原设计室工作,从而加强了设计力量。这期间不仅恢复了"J""T"邮票志号,对邮票的设计题材也有所宽松,一批宣传各项成就和反映整顿成果的邮票先后发行,出现了一些画面颇具新意的邮票,其数量较"文化大革命"中期的编号邮票有明显增加。然而,随着"批林批孔"运动和"批邓、反击右倾翻案风"运动的展开,明显好转的形势又出现了反复,一些邮票的图案设计直接表现政治运动,从而再度成为政治宣传的工具。

(一)部分邮票设计有所突破

1973 年 10 月 13 日至 21 日在云南省昆明市举办了全国体操比赛,邮电部于 1974 年 1 月 1 日发行"T.1 体操运动"特种邮票(图 4-14)。这套邮票不仅是恢复纪、特志号的第一套邮票,更为引人注目的是其图案的设计。该套邮票的 6 枚图案分别选用 6 个体操项目中最具代表性的动作瞬间,从对男女运动员服装的描绘上可以看出设计者艺术而真实地再现出比赛的现场,特别是身着连体运动服并裸露双腿的女运动员,其身体所展现出的优美的曲线和动作,给观众带来美的感受。设计者有意降低了背景色彩的纯度,淡紫、淡红、淡蓝的背景色彩选用得恰到好处,不仅明显地衬托出运动员的健美身姿,更为重要的是渲染、强化了人物的动作,加强了观众优美的视觉感受。在这套邮票发行后,"设计者曾收到有关部门转来的署名'共产党员'的联名信,信中指出设计女运动员不着全身运动服而双腿毕露,就是'露黄',指责这套邮票是'黄色邮票'"。[1] 这说明在极左思潮仍在肆虐的"文化大革命"后期,设计者勇于面对思想压力,将邮票设计主题艺术地、真实地再现出来。

---

[1] 《中国邮票史》第 8 卷,商务印书馆 2003 年版,第 163 页。

1. T.1(6-1)自由体操　　2. T.1(6-2)吊环　　3. T.1(6-3)平衡木

图 4-14　T.1 体操运动邮票

　　1974 年 1 月 21 日,邮电部又发行了"T.2 杂技"特种邮票(图 4-15),这套
邮票的图案设计依然真实、生动。中国的杂技具有悠久的历史,早在春秋战
国时期便有了萌芽形态,汉代已初步形成,其后历代不断丰富,形成了鲜明的
民族风格。因不同杂技种类的动作所占的空间不同,设计者设计了横、竖两
种票型,将杂技表演者的动作、服装、道具概括性地提炼出来,因此整个画面
给人的感觉依旧真实而生动。可以看出设计者为了设计好这套邮票,应该是
深入杂技团体验生活并仔细观察各项杂技的动作、服装和道具的。

3. T.2(6-5)抖空竹

1. T.2(6-2)叠椅　　2. T.2(6-3)转碟　　4. T.2(6-6)顶坛

图 4-15　T.2 杂技邮票

　　1975 年 6 月 10 日,邮电部发行"T.7 武术"特种邮票(图 4-16)。武术是

中国人民在长期的社会实践中不断积累和丰富起来的一项文化遗产,是千百年来中国人民用以锻炼身体和自卫的一种方法,既是中国的传统体育项目,也是中华民族优秀的文化遗产。为突出邮票的民族风格,设计者充分汲取了中国画的艺术形式,在人物与背景之间大面积地留白,人物与各种植物、树木的描绘具有典型的中国画形式语言。边饰安排在画面底端,选用的红色类似中国印的朱砂色彩,衬托黑色的"中国人民邮政"铭记,使得铭记尤为醒目,其红底相间的白色花瓣既起到丰富边饰的装饰效果,又与大面积的白色背景相互呼应,从而增强了邮票的民族色彩。全套邮票规格除第六枚"三节棍对双枪"为60毫米×30毫米外,其余5枚的规格都是40毫米×30毫米。虽然票幅较小,但每幅画面中的武术动作并不显得压抑,这得益于背景处理采用中国画的留白方式,扩大了视觉空间和想象空间。

1. T.7(6-1)刀术   2. T.7(6-5)棍术   4. T.7(6-6)三节棍对双枪

图4-16　T.7武术邮票

从以上几套邮票的画面上已完全看不到"红光亮""三突出"等"文化大革命"气息,主要是因为邮票题材内容本身较为"轻松",与政治运动的关系不大,设计者具有较大的发挥余地。同时也反映出邮票设计者在长期受到极左思潮的压抑下,已经开始厌倦了邮票"大红、大绿、大票幅"的设计模式并开始思考如何转变这一状况而付出的实际行动。从这以后直至"文化大革命"结束,邮政总局又发行了诸如"体育""绘画"以及"反映国家各项成就"等题材内容相对"轻松"的邮票,为设计者提供了相对"宽泛"的设计空间,也在面貌单一的"文化大革命"邮票中略显一丝活力。

（二）邮票设计依然存在公式化、概念化倾向

当时受政治大环境的影响，"文化大革命"后期的"纪"（J）、"特"（T）邮票的设计依然存在公式化、概念化倾向，主要反映在图案设计中过多地出现标语口号、学习及批判的画面所占的比重较大、邮票画面以表现"工农兵"为主。

这一时期发行的"纪"（J）、"特"（T）邮票图案中出现较多的标语口号，有的标语口号在不同邮票图案中重复出现。1974年10月1日发行的"J.2中华人民共和国成立二十五周年（第一组）"邮票（图4-17-1）上一共出现了"伟大领袖毛主席万岁""伟大的中国共产党万岁""庆祝无产阶级文化大革命的伟大胜利""毛主席的无产阶级革命路线胜利万岁""把批林批孔运动普及、深入、持久地进行下去""抓革命、促生产、促工作、促战备"6条标语口号。1975年1月25日发行"J.5中华人民共和国第四届全国人民代表大会"邮票（图4-17-2），其第三枚邮票图案中共出现四条标语口号："工业学大庆""农业学大寨""抓革命、促生产、促工作、促战备""把批林批孔运动普及、深入、持久地进行下去"。可以看出两组邮票中有两条标语口号完全相同，其中的一条"把批林批孔运动普及、深入、持久地进行下去"标语又成为1975年8月20日发行的T.8特种邮票的名称。

1. J.2团结起来，争取更大胜利　　2. J.5（3-3）夺取新的胜利

图4-17　标语充满画面的邮票

此外，"理论学习"的主题还出现在1976年5月7日发行的"J.9'五七'干校"邮票的第一枚"认真读书"、1976年9月6日发行的"T.18工农兵上大学"

邮票的第二枚"革命理论指航向"、1976 年 12 月 22 日发行的"T.17 在广阔天地里"邮票的第二枚"读书学习"。以上邮票的画面均以人物作为表现对象并形成了固定模式,大批判画面采用手持批判稿、怒目而视、义愤填膺的人物表现,理论学习的画面有单独一人,也有两人或多人,人物表情有的专心致志、一丝不苟,有的面露微笑、目光喜悦,充满了当时"大批促大干""学理论、抓路线"的政治氛围。

在表现"文化大革命"政治运动或肯定"文化大革命"新生事物的邮票中,都有理论学习和大批判的画面。1975 年 8 月 20 日发行的"T.8 把批林批孔运动普及、深入、持久地进行下去"邮票的 4 枚图案,都是大批判画面(图4-18)。1975 年 3 月 8 日发行的"T.9 乡村女教师"邮票的第一枚"认真看书学习"(图 4-19-1)和 1975 年 9 月 12 日发行的"J.6 中华人民共和国第三届运动会"邮票的第一枚(图 4-19-2),是以相同的主题表现了不同人物、不同战线、不同场面的"理论学习"画面。就连 1975 年 12 月 1 日发行的"T.14 新中国儿童"邮票的第二枚也有"批林批孔""我写儿歌上战场""学好无产阶级专政理论"的画面(图 4-19-3)。

1.T.8(4-1)千秋 2.T.8(4-2)生产队长 3.T.8(4-3)连续作战 4.T.8(4-4)翻身奴隶上
功罪,我们评说　　　　　　　　　　　　　　　　　　　　战场,批林批孔当闯将

图 4-18　批判性画面的邮票

1. T.9(4-1)认真看书学习　　2. J.6(7-1)发展体育运动，　　3. T.14(5-2)我写
　　　　　　　　　　　　　　　　增强人民体质　　　　　　儿歌上战场

图 4-19　理论学习画面的邮票

　　"把工农兵作为一个整体，以组合在一起的方式予以表现，是毛泽东时代美术中描绘工农兵的一个非常重要的特点。"[①] 最能说明问题的是 1974 年 10 月 1 日发行"J.2 中华人民共和国成立二十五周年（第一组）"邮票时，"图案以中共第九次全国代表大会提出的'团结起来，争取更大的胜利'的口号为票题，图案中画出 50 多个少数民族人物形象，而没有画出工农兵，于是又决定发行同一票题（第二组）'工农兵'3 枚票图，并印成连票"。[②] 在这一采用连票方式的邮票图案中，将工农兵描绘成浓眉大眼、面目方正、肌肉隆起、胳膊粗壮有力的形象，典型地体现出"文革"时期"三突出"和"高大全"的创作原则（图 4-20）。"在这种组合中，工人形象作为领导一切的阶级，往往占据中心的位置……但在总体上，他们都是英雄。"[③] 在邮票的图案设计中依然如此，如 1976 年 5 月 7 日发行的"J.9'五七'干校"邮票第三枚"插队锻炼"，是 3 名面带笑容的干部围绕着居于画面中心位置的老贫农，表现出正在虚心接受"再教育"的主题（图 4-21-1）。这一模式还出现在 1976 年 12 月 22 日发行的"T.17 在广阔天地里"邮票中的第一枚"接过南泥湾的老镢头"（图 4-21-2）以及 1976 年 9 月 6 日发行的"T.18 工农兵上大学"邮票中的第二枚"革命理论指航向"（图 4-21-3）。

<hr />

① 王璜生等主编：《毛泽东时代美术》，湖南美术出版社 2005 年版，第 222 页。
② 《中国邮票史》第 8 卷，商务印书馆 2003 年版，第 190 页。
③ 王璜生等主编：《毛泽东时代美术》，湖南美术出版社 2005 年版，第 222 页。

1. J.3(3-1)工业学大庆　　2. J.3(3-2)农业学大寨　　3. J.3(3-3)神圣领土
不容侵犯

图 4-20　邮票中的工农兵形象

1. J.9(3-3)插队锻炼　　2. T.17(6-1)接过　　3. T.18(5-2)革命理论指航向
南泥湾的老镢头

图 4-21　突出"工人阶级领导一切"的画面

　　总体而言,这一时期发行邮票的图案内容大都体现了"工人阶级登上上层建筑舞台""工人阶级必须领导一切"的政治色彩。人物形象上的"三突出"、画面色彩上的"红光亮"这种标准化的模式在邮票的图案设计中依然被广泛普及。

六、徘徊中发展的"纪"(J)、"特"(T)邮票

　　从 1976 年 10 月粉碎"四人帮"至 1978 年 12 月党的十一届三中全会之前的两年间,全国各族人民在中国共产党的带领下进行整顿,工农业生产得到了恢复和发展,社会各条战线出现了全新面貌。在邮政工作方面,这两年发行邮票数量逐渐增多,邮票质量呈现愈来愈好的发展态势,邮票设计的表

现手法、艺术风格等均有很大的改进和提高,从一个侧面反映出中国人民在医治"文化大革命"创伤的斗争中向前迈出可喜的一步。"但党的指导思想仍然没有根本改变,从而使党和国家工作在总体上受到严重阻挠,因此这两年是处于徘徊中前进的局面。"① 由于受"两个凡是"的影响,这一时期中有个别邮票的图案设计还未能完全摆脱"左"的束缚,个别邮票图案仍然受到"文化大革命"条条框框的影响。可以说这两年的邮票设计工作也是在徘徊中前进的。

(一)个别邮票设计仍受到"左"的束缚

1977 年 4 月 9 日发行的"T.22 普及大寨县"邮票全套 4 枚。该套邮票在每枚邮票的图案上方都印有"全党动员,大办农业,为普及大寨县而奋斗"的标语口号,其中的第 1、2、4 枚的图案中出现"农业学大寨"的红旗和标语,特别是第 3 枚的图案是农民在丰收的场院旁观看大批判专栏,专栏的横幅上绘有"大批资本主义、大干社会主义"的文字(图 4-22-1),说明邮票设计的指导思想还没完全解放,在图案设计上仍然是套用"文化大革命"时期"大批促大干"的模式。

1. T.22(4-3)战"四害"　　2. J.21(6-4)毛主席和他的亲密　　3. J.21(6-6)毛主席
　庆丰收　　　　　　　　　战友周恩来、朱德同志在一起　　　检阅无产阶级"文
　　　　　　　　　　　　　　　　　　　　　　　　　　　　　　化大革命"大军

图 4-22　邮票设计仍受到"左"的束缚

① 中共中央党史研究室:《中国共产党的七十年》,中共党史出版社 2005 年版,第 419 页。

"J.21 伟大的领袖和导师毛泽东主席逝世一周年"邮票于 1977 年 9 月 9 日发行,其中第五枚的画面反映的是 1964 年 11 月 14 日周恩来参加苏联十月革命47周年庆祝活动后在北京机场受到毛泽东、刘少奇、朱德迎接的场景,邮票图案选用当时拍摄的新闻照片。由于 1977 年刘少奇还没有得到平反,所以在设计邮票图案时,将刘少奇从照片中删除(图 4-22-2),票题也变成"毛主席和他的亲密战友周恩来、朱德同志在一起",并未出现刘少奇的名字。另外,这套邮票中第六枚的图案采用的是 1966 年 8 月毛泽东在天安门城楼上检阅红卫兵的照片(图 4-22-3),票题是"毛主席检阅无产阶级文化大革命大军",从主题本身就是对"文化大革命"的肯定。这是在两年徘徊时期,邮票设计受"左"的束缚而出现的一个典型例证。

(二)表现手法与艺术风格有所转变

在两年的徘徊时期中,除个别邮票设计受到"左"的束缚外,大多数邮票的图案设计改变了"文化大革命"时期邮票多以工农兵形象,理论学习及大批判场面,标语口号为主的公式化、简单化的创作模式,色彩配置也不再一味地追求"红光亮",其中最具代表性的是装饰画法的运用和花卉题材邮票的再现。

1977 年 5 月 23 日发行的"J.18 纪念《在延安文艺座谈会上的讲话》发表三十五周年"邮票便是采用装饰画法设计图案的。第一枚选用延安宝塔山典型的外轮廓形象,红绿相间的花朵环绕四周,象征着百花齐放和丰富多彩的革命文艺(图 4-23-1)。第二枚采用铁锤、镰刀、枪的外轮廓形状代表工农兵形象,象征着革命文艺为工农兵服务的方向。这两枚邮票的设计主题明确,简洁的主体图案与丰富的陪衬图案形成鲜明的对比,使得画面效果虽简洁却并不单调,特别是富有象征意义的装饰画法在邮票的图案设计中得到了较好体现(图 4-23-2)。

1978 年 6 月 25 日发行的"T.25 化学纤维"邮票 1 套 5 枚(图 4-24)。图案采用工艺流程反映工业产品的生产过程,这在设计上具有很大难度,设计不好容易产生枯燥、乏味的画面。设计者将 5 枚邮票图案连成一体,依据原料、抽丝、纺织、印染、成品的工艺流程,从左至右顺序排列,主体图案用较粗的黑色线条勾边,色彩上采用装饰画法中典型的平涂手法,在形状丰富的化工车间外轮廓的背景衬托下显得更为突出。这套邮票设计的成功之处得益于设计者将复杂的工艺流程通过言简意赅、粗犷有力的装饰画法形象、艺术地再现出来。

　　"文化大革命"前,邮电部曾发行过 3 套花卉邮票。作为观赏植物,花卉深受人们喜爱,邮票主图或边饰图案采用花卉形象,提高了邮票的艺术品位。在"文化大革命"中,花卉题材的邮票却被视为"宣扬资产阶级"的毒草而没人再敢提出发行花卉邮票的建议。1978 年 9 月 15 日邮电部发行"T.30 药用植物"邮票(图 4-25),使停发 14 年的花卉题材邮票再度问世。这套虽不同于观赏花卉,但同样引人注目。邮票的图案底色采用黑色,这在当时是一种大胆的选择和突破,药用植物的花卉虽没有菊花、牡丹那样婀娜、绚丽,但依然富有生活情趣。图中的小花在黑底的映衬下分外醒目,绽放的花朵预示着邮票的春天即将来临。

1. J.18(2-1)《在延安文艺座谈
会上的讲话》永放光辉

2. J.18(2-2)文艺为工农兵服务

图 4-23　装饰图案

1. T.25(5-1)原料　2. T.25(5-2)抽丝　3. T.25(5-3)纺织　4. T.25(5-4)印染　5. T.25(5-5)成品

图 4-24　连票式设计

1. T.30(5-3)射干　　　2. T.30(5-4)桔梗　　　3. T.30(5-5)满山红

图4-25　花卉题材邮票再度问世

七、客观看待"文化大革命"邮票设计风格

"文化大革命"邮票的设计是在一段非常特殊的历史时期中产生的,从广义上讲"文化大革命"邮票指"文化大革命"时期发行的所有邮票;从狭义上讲"文化大革命"初期发行的19套"文"字邮票被认为是中国乃至国际邮票史上极为特殊的一组邮票,具有代表性。前面的研究表明"文化大革命"邮票的设计面貌并非一成不变,但长期以来,人们对于"文化大革命"邮票的设计风格总是一言以蔽之:"大红、大绿、大票幅;模式化、公式化、样板化;人像多、文字多、口号多。"在设计上似乎没有任何可以值得肯定和借鉴的地方,对此,我们仍须客观地看待"文化大革命"邮票的设计风格。

(一)"文"字邮票具有极强的视觉效应

"文"字邮票是"文化大革命"初期发行的19套邮票,在90套"文化大革命"邮票中占21%,然而,占比很小的"文"字邮票却给人们留下极为深刻的印象,以至于成为"文化大革命"邮票设计风格的代表。

"文"字邮票在图像的表现形式上以人物形象为主,其中毛泽东像占了绝大多数。邮票中的毛泽东形象不仅伟岸、高大,而且气宇轩昂、笑容满面;或手拿毛笔、伏案创作,或挥举右手、带领全国人民进行无产阶级"文化大革命"。凡是出现毛泽东头像的邮票,绝大多数都是头像光芒四射,象征着英明领袖毛泽东就是全国人民心中的红太阳,照亮了无产阶级走向胜利前进的道路。其他英雄或正面典型人物在造型上或怒目而视、双拳紧握、义愤填膺,或信心百倍、斗志昂扬,或认真学习毛泽东著作等形象,以此讴歌革命的正义力量。这些邮票中的中心人物图像或充满画面、形象高大,或呈现出万丈光芒的发射效果,具有极为强烈的视觉冲击力。"文"字邮票以"红、光、亮"作为画面主色调,邮票刷色以高纯度的朱红色、高明度的橙黄色为主,在高纯度、低明度的绿色映衬下形成纯度高、明度高、对比强的高短调画面,这种画面的调子也具有图像明朗、对比强烈、视觉冲击力强的特点。"文"字邮票的票型全部采用矩形且多数为大票幅,文字以毛泽东书法为主,这些单纯的票面形式和构成要素也加强了视觉上的冲击效应。

可以看出"文"字邮票在图像、色彩、字体等方面建立起一套规范化、标准化的"视觉形象识别系统",以极强的视觉效应向中国人民和世界宣传国家形象。"视觉形象识别系统"设计(也称 VI 设计)是 20 世纪 90 年代从西方设计界引进中国,是 CI(企业形象设计)系统中的重要组成部分,曾一度成为改变中国企业命运的灵丹妙药,直至今天仍方兴未艾。撇开政治,仅从设计艺术的角度出发,可以说在西方的 VI 设计传入中国之前,中国就曾在邮票设计领域产生过类似 VI 的一种设计形式,集中体现在"文"字邮票的设计中。

(二)"文"字邮票的设计元素并非突变

"文"字邮票中的红色调、红太阳、毛主席像等设计元素并非一夜之间突然产生的,而是在此之前有一个孕育和发展的过程。

中国文化具有强烈的红色情结,中国人自古便崇尚红色,"追溯到山顶洞人'穿戴都用赤铁矿染过'、尸体旁撒红粉,'红'色对于他们就已不只是生理感受的刺激作用(这是动物也可以有的),而是包含着或提供着某种观念含义

(这是动物所不能有的)",①可以说对红色的崇拜始终贯穿中华民族五千年文明史。红喜字、红对联、红窗花、红头绳等在生活中随处可见,在这里红色是喜庆的象征。红色还是革命的象征,在中国近代史的各个阶段,以红色为代表的革命最终取得了胜利。中华人民共和国成立后,红色的国旗、军旗,红色的党徽、团徽,红领巾等象征着红色的革命进程依然持续。"文化大革命"时期将中国文化中的红色情结演变到登峰造极的地步,这场以红海洋的"革命"口号把一切具体和抽象的事物在感官和意识上都涂抹成红色,红太阳、红海洋、红卫兵、红领章、红宝书……人们简直就是在红色之中生存。今天,中国文化的红色情结依然延续并发扬光大,从北京奥运会的标志到上海世博会的中国馆,红色又被冠以"中国红"这一国家专属色彩而广泛地运用于设计的各个领域。

万丈光芒的红太阳模式以及毛泽东像早在解放区邮票中便已出现,而且较为常见,只是当时的邮票中放出光芒的是五角星图案,象征着中国共产党领导全国人民探索光明的革命道路,毛泽东像邮票体现出毛泽东在党内领导地位的确定与人民对领袖的敬爱之情。在新中国成立初期的 17 年间,有两枚邮票采用发出光芒的红太阳作为背景图案,如 1961 年 7 月 11 日发行的"纪 89 庆祝蒙古人民革命四十周年"第二枚,1964 年 4 月 12 日发行的"纪 103 庆祝非洲自由日"的第一枚。"文"字邮票的设计中绝大多数都是以毛泽东像为主体图案,并且用毛泽东头像取代了太阳的具象图案,将光芒四射的五角星模式演绎成光芒万丈的红太阳模式,体现出这一时期人民对领袖的绝对忠诚和"领袖崇拜"的狂热氛围。如今,"文化大革命"早已远去,"文化大革命"邮票也被送进了历史博物馆,但"红太阳"并没有在设计领域消失,有时我们依然可以在某些设计形式中(包括邮票)看见这一模式,只是其内涵与"文化大革命"时期有着本质的区别。

---

① 李泽厚:《美的历程》,文物出版社 1981 年版,第 4 页。

综上所述,尽管在"文化大革命"邮票中依然可以见到具有浓郁民族风格的设计杰作,有的邮票设计也没有明显的极左色彩,但这一切似乎都消失在"文"字邮票所形成的那极为强烈的视觉效应下。如果从设计方法论的角度来看,"文化大革命"时期的邮票设计,无论是具有"左"倾思想意识的画面,还是不具有极左思想意识的画面,符号的设计是中国的,样式的设计也是中国的。从视觉传达的设计目的来看,"文"字邮票所创造的"视觉形象识别系统"具有超前意识,也是非常成功的,只是当这种设计形式运用于赋有百科全书称谓的邮票领域,便违背了邮票艺术形式多样的设计规律,当其被应用于众多艺术领域而成为一种泛化形式时,便彻底沦为设计形式的滥用,最终导致设计中缺乏新意的千篇一律而令人厌烦。

小　　结

邮票事业在"文化大革命"期间遭到严重破坏,志号历经了从取消到恢复的混乱局面,邮票成为宣传阵地,重点表现领袖、工农兵形象及样板戏,画面多以当时社会广为流传的摄影作品、宣传画为主,呈现出强烈的"文革"美术风格。带有极左色彩的邮票设计题材始终或多或少地贯穿这一时期,尽管邮票画面具有强烈的视觉效应,但其设计总体上呈现出模式化、简单化倾向,邮票图像成为政权政治的宣传画本,即便是在"文化大革命"结束后的两年,邮票设计仍未完全摆脱"左"的束缚,处于徘徊中前进的局面。

第五章　繁荣期
（1979 年 1 月—1991 年 12 月）

从 1979 年起，中国进入了一个崭新的历史发展时期，在良好的政治、经济、文化环境下，中国邮票事业出现了前所未有的繁荣发展的新局面。本章以改革开放初期为限，分析邮票设计艺术所取得的成就及原因，研究邮票设计艺术所呈现的艺术形式，同时对中国首轮十二生肖系列邮票的设计特色加以阐释，以期彰显邮票设计在这一时期的艺术特色。

第一节　历史语境

一、溯源与逐流

1976 年 10 月，"四人帮"的粉碎结束了十年内乱局面，但"文化大革命"所造成的政治、经济和思想文化上的混乱依然存在，直到党的十一届三中全会召开之前的两年多时间里，新的发展局面尚未打开，党和国家的各项工作仍然处于徘徊状态。1978 年 12 月 18 日至 22 日，中共中央十一届三中全会在北京胜利召开，这次会议是新中国成立以来党的历史上具有深远意义的转折，它扭转了长期以来人们政治思想的混乱状态，结束了党和国家各项工作中的徘徊局面，"文化大革命"期间"左"倾错误思想开始全面纠正，党和国家的各项工作开始走向健康发展的道路。在此之后的大约 4 年时间里，党和政府对社会关系进行了正面调整，逐步解决了中华人民共和国成立以来的若干历史遗留问题并重新平反了"文化大革命"期间的各种冤假错案，同时对经济体制进行改革，在农村实行家庭联产承包责任制、在深圳试办经济特区等，开创了社会主义现代化建设和改革开放的历史新时期。

党的十一届三中全会重新确定"解放思想，实事求是"的思想路线，彻底否定"两个凡是"的方针，停止使用"以阶级斗争为纲"的口号，将党和国家的工作重心转移到经济建设上来，实行改革开放等一系列伟大决策，使全国上下出现了安定团结的政治局面和良性运行的社会秩序，为文化艺术事业的繁荣与发展营造了良好的社会环境。党的十一届三中全会不仅开创了良好的社会环境，对人们的精神也是一次伟大的解放。"解放思想，实事求是"思想路线的确立，使长期受到"文化大革命"政治思想束缚的人们在思想上获得了自由。"三中全会思想解放的口号，打破了长期沉闷的政治局面，使意识形态领域从 1979 年初开始出现了一个大转变。越来越多的人开始摆脱教条主义的思维方式和个人崇拜的禁锢，以批判的精神，对政治、经济、理论、政策、体制等各个方面的历史和现状进行审视和反思，出现了建国以来未曾有过的活跃气氛。"[1]

1980 年 1 月，停刊 14 年的《集邮》杂志复刊。同年 3 月，在中国邮票总公司的全力组织下，《集邮》杂志编辑部发起了举办新中国成立 30 年最佳邮票的评选活动，开创了国内首次举办全国性邮票评选活动的先河，受到广大群众的热情关注和积极响应。新中国成立 30 年最佳邮票的评选结果证明，曾在"文化大革命"时期被批判成"封、资、修"的邮票，事实上却是充满健康活力，深受人民群众喜爱的艺术品。评选结果也是对新中国成立 17 年间邮票事业所取得成果的肯定，彻底推翻了"文化大革命"中"四人帮"污蔑新中国成

---

① 何理主编：《中华人民共和国史》，档案出版社 1989 年版，第 383 页。

立 17 年以来邮票发行工作的错误言论。同时,也是对邮票设计师、艺术家们所做出贡献的一次褒奖和鼓励,使他们在"文化大革命"期间受到长期压抑的思想和精神获得了解放。此后,每年都举办最佳邮票评选活动,其社会影响力越来越大,对提高中国邮票的设计水平起到了一定的促进作用。

人们在改革开放的潮流中逐渐摆脱了"左"的政治思想的束缚,从 20 世纪 80 年代初期开始,广大的艺术家、设计师开始大胆进行艺术创作和理论研究,国画、油画、建筑设计、平面设计等各个艺术门类都得到了齐头并进的发展。就美术门类来说,在此期间诞生了"星星美展""现代艺术展览",产生了"伤痕美术""乡土美术",出现了气势宏大的"85 美术思潮"等,这都是在改革开放后相对宽松的政治环境中产生与发展的,都是在摆脱了"文化大革命"时期政治思想束缚之后的艺术思想、观念、个性的解放,也正是因为这个宽松的政治环境,给邮票设计提供了繁荣发展的温床。

二、邮政机构的健康发展

党的十一届三中全会召开后中国开始进入一个崭新的历史发展时期,在社会主义现代化建设和改革开放的时代背景下邮票事业开始迅猛发展。

邮电部采取了一系列有力措施进行拨乱反正,在"文化大革命"期间邮票发行工作出现混乱状态的是非问题被澄清,邮票在选题、设计、宣传等方面存在的精神束缚被解除。

1979 年 6 月 9 日,邮电部将中国邮票公司、邮电部邮票发行局、北京邮票厂合并成立新的中国邮票公司。同年 8 月 9 日,将中国邮票公司正式定名为"中国邮票总公司",全面负责有关邮票发行工作的所有业务,包括邮票的选题、设计、印刷、发行等各项工作。中国邮票总公司的成立使邮票的管理发行工作步入正轨,使邮票的选题、设计、印刷在 20 世纪 80 年代初期焕然一新,对中国邮票事业的快速发展发挥了积极的作用。

为解决邮票管理体制上存在的政企职责不明确给邮票事业进一步发展

所产生的不利影响,邮电部决定将邮票发行与集邮业务分开并于 1985 年 7 月 1 日分别设立邮票发行局和中国集邮总公司。这是按照政企分开的要求所进行的一次管理体制的改革,中国邮票总公司改称为中国集邮总公司,成为经营、管理全国集邮业务工作的企业单位,邮票发行局成为分管邮票发行和管理的行政机构。为进一步加强和提高邮票设计的质量,"邮电部在 1985 年 10 月 15 日决定对邮票设计工作进行改革,引入竞争机制,每套邮票的图稿设计必须有两个以上的方案,并约请社会美术家参加设计,同时成立邮电部邮票图稿评审委员会"。[①]这一在邮票设计上引入竞争机制的举措不仅集思广益,还使社会中一批优秀的邮票设计人才脱颖而出。

1990 年 2 月 9 日,邮电部再次调整邮票发行和集邮管理的体制和机构,将邮票发行局和中国集邮总公司合并组建新的中国邮票总公司,负责邮票的设计、生产、储运和集邮业务。邮政总局行使邮票管理的行政职能,负责拟订邮票的方针政策、选题、发行计划和图稿评审工作。在此基础上,邮电部成立了第二届邮票图稿评议委员会,制定了《邮票图稿评审办法》,进一步完善了邮票图稿评审制度。

在良好的政治、经济、文化环境下,邮电部遵循有利于中国邮票事业发展规律所进行的一系列尝试,使中国邮票事业和邮票设计艺术呈现出前所未有的繁荣发展的新局面。

第二节 技艺场景

一、设计群体扩展

这一时期的邮票设计群体由专业邮票设计师、社会知名画家、社会美术

---

① 《中国邮票史》第 9 卷,商务印书馆 2004 年版,第 148 页。

工作者三部分组成。

中国邮票总公司于 1979 年 8 月成立后,对邮票设计室进行了机构建设。设计室下设三个科:设计科,有专业邮票设计人员近 20 名,每人每年的设计任务在两套左右;雕刻科,有专业邮票雕刻师 7 名;综合科,主要负责编制邮票选题计划和收集各种图书、摄影等资料。在设计前,邮票设计室先公布近期的选题计划,然后由设计室设计人员根据自身特点自报选题,经主管领导批准后接受设计任务。邮票设计过程是开放式的,对设计图稿的要求也非常严格。"设计者在设计前,首先要深入生活,广泛收集素材,掌握与题材相关的资料,请教有关部门和专家。在准确把握主题的基础上,反复构图,以寻求最恰当的表现形式。初稿方案设计完成后,提交设计室由领导和其他设计人员进行严格审定,对初稿提出修改意见。然后,设计者根据修改意见对图稿进行修改,有的设计图稿经过反复多次的修改才在内部从艺术角度上得以通过,当有设计政治、科学等方面题材的,还要由与其相关的机构和专家出具内容无误的证明,才可获局内的批准。经邮票设计室和邮票发行局认定后的邮票图稿,报送邮电部审批。"①

新中国成立时期邀请社会美术家创作邮票图稿的做法取得了一些成功的经验。这一时期向社会美术家约稿进入了一个新的发展阶段。当邮票选题计划确定后,对有些专业性较强的题材,邮票发行局会有选择地邀请社会上某些擅长相关题材或风格对路的知名画家进行图稿创作,并指定一位专业邮票设计师负责向画家介绍邮票图稿的规格、印刷工艺等。随着约稿比重的进一步扩大,众多知名美术家参与到邮票设计工作中,使这一时期邮票设计的民族风格和艺术个性更加鲜明。

1985 年 10 月 15 日,邮电部对邮票设计工作进行改革,引入竞争机制,规定每套邮票的图稿必须要有两个以上的设计方案,同时建立了邮票评审机

---

① 《中国邮票史》第 9 卷,商务印书馆 2004 年版,第 29 页。

制。"第一届邮票图稿评审委员会自 1985 年 10 月成立,至 1989 年 11 月,共召开评审会 11 次,并有 12 次的分散评审。此届评委会共评审邮票达 103 套,其中社会美术家交送的图稿占 60% 以上。"① 可以看出邮票设计工作的改革使邮票设计完全对外开放,有更多的社会美术工作者参与其中,为中国邮票设计贡献力量。

专业邮票设计师、知名画家,以及广大社会美术工作者的参与,组成了强大的设计阵容,促进了邮票设计质量的提高,也使得这一时期的邮票设计艺术呈现出"百花齐放、百家争鸣"的繁荣景象。

二、印制工艺精美

在改革开放政策的指引下,中国邮票印制事业逐步走上了快速发展的轨道,进入了一个新的发展时期。

北京邮票厂在这一时期引进了国外先进的制版印刷设备。1985 年从英国克劳斯菲尔德(Crosfield)公司引进 M645 数字式电子扫描分色机、STUDIO S880 电子整页拼版系统,从联邦德国引进 HELL K201 电子雕刻机。1986 年从 MDC 公司引进 Polish Master 高精度车磨机。这些国外先进设备的引进提高了印前制版系统的自动化水平,使北京邮票厂摆脱了以前照相凹版半手工操作的落后方式。1984 年,北京邮票厂从联邦德国引进一台海德堡对开 5 色胶印机,提高了邮票厂胶版邮票的印制能力。1987 年,北京邮票厂从法国尚邦公司引进了一台六色照相凹版轮转印刷机并于 1988 年正式投产,从而提高了邮票的套印精度和印制效率。这一时期在邮票印制工艺方面也有所创新,最为突出的成果便是对磷光邮票的成功印制。1979 年 8 月,中国第一套磷光邮票——"T.49 邮政运输"在北京邮票厂成功印制。磷光邮票是专供信函分理机使用的,印制上有严格的要求,磷光邮票是在油墨中添加一种发光

---

① 宋晓文:《方寸美术六十年》,福建人民出版社 2012 年版,第 113 页。

材料,在暗室中,邮票在紫光灯的照射下,表面会显现出鲜艳的磷光颜色。

这种专供信函分理机使用的磷光邮票,为中国邮政自动化水平的提高做出了贡献。

1979—1992 年,中国邮政共发行 285 套纪特邮票。其中影写版纪特邮票 220 套,占比 77.2%。雕刻版纪特邮票 43 套,占比 15.1%。胶版纪特邮票 22 套,占比 7.7%。1980 年 1 月 15 日发行的"T.44 齐白石作品选"特种邮票(图 5-9)是利用影写版印刷工艺表现中国传统绘画艺术比较成功的典范。邮票中将齐白石原画中的一山一水、一草一木所蕴含的水墨韵味表现得淋漓尽致,新颖的题材、巧妙的设计,加上精美的印制,当人们观赏这套邮票时,仿佛进入了中国传统绘画的殿堂。1980 年 2 月 15 日发行的"T.46 庚申年"猴票(图 5-14-1)主图采用的是手工雕刻制版,雕刻师的精湛技艺将红底画面衬托下金猴身上的黑色毛发清晰可辨,用手可以触感到凸起的线条,增加了雕刻版邮票的工艺魅力。这一时期北京邮票厂的胶版印刷车间主要承担了邮资明信片的印制任务,为胶版邮票的印制积累了丰富的经验,使中国胶版邮票的印制水平在这一时期有较大的提高。

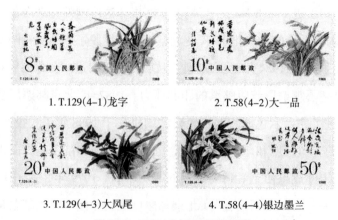

1. T.129(4-1)龙字　　　　2. T.58(4-2)大一品

3. T.129(4-3)大凤尾　　　　4. T.58(4-4)银边墨兰

图 5-1　T.129"中国兰花"邮票

1988 年 12 月 25 日发行的"T.129 中国兰花"特种邮票的设计集诗、书、画于一身,画面富有浓郁的中国传统文化韵味,胶版印刷的文字、线条平实清雅,增添了邮票的艺术效果(图5-1)。1989年7月4日至6日,在法国佩里格市召开第三届"政府间邮票印制者大会",在对参会各国邮票的印制评比中,北京邮票厂印制的"T.129中国兰花"特种邮票中的第三枚"大凤尾"被评为"胶版印刷邮票一等奖"(图5-1-3)。这是中国邮票在国际邮票印制组织会议上首次获奖,标志着中国邮票的印制技术有了较大的提高。

第三节 设计风貌

一、题材丰富

1979年到1991年总共发行296套邮票,其中纪念邮票151套,特种邮票134套,普通邮票11套。题材内容涉及人物、文化遗产、动植物、对外文化交流、风景名胜、历史事件、重大节日及纪念日、体育、生肖、科学技术、经济建设、重要会议、公益事业、集邮、生产安全质量、社会生活等16大类。这些题材是邮票发行局认真总结新中国成立三十年以来邮票选题的成功经验和教训,本着"解放思想,实事求是"的原则确定的。一方面,恢复并有所扩展新中国成立17年间已初步形成但却在"文化大革命"时期被中断的一些选题。另一方面,开拓出一批富有新意和时代精神的新选题。从分类统计表中可以看出,"文革"期间被禁止的动植物题材被恢复并占有较大比重,开拓出对外文化交流、生肖、集邮、生产安全质量和社会生活等新的题材,使这一时期的邮票题材呈现出前所未有的繁荣(表5-1)。邮票的画面不仅展现出中国五千年的历史文明、祖国的壮丽山河、中国现代化建设的新成就,也描绘出为人类和社会做出杰出贡献的古今人物、蓬勃发展的体育事业、丰富多彩的文化艺术。

表 5-1　1979 年至 1991 年邮票题材一览表

题材类别	套数	所占比例	题材类别	套数	所占比例
人物	51	17.2%	生肖	12	4.1%
优秀文化遗产	49	16.6%	科学技术	12	4.1%
动植物	27	9.1%	经济建设	12	4.1%
对外文化交流	27	9.1%	重要会议	9	3%
风景名胜	26	8.8%	公益事业	8	2.7%
历史事件	19	6.4%	集邮	7	2.4%
重大节日及纪念日	18	6%	生产安全质量	2	0.7%
体育	16	5.4%	社会生活	1	0.3%

历代劳动人民在中国五千年的悠久历史中创造出无数光辉灿烂的文化。在这一时期丰富的题材中最为突出的是对民族优秀文化遗产的挖掘,使得以优秀文化遗产为题材的邮票在这一时期尤为突出,形成了古典文学名著、名家作品选、戏曲艺术、十二生肖、工艺美术等各具特色的系列邮票。这些邮票的题材本身就具有厚重的文化积淀与很高的文化品位,加上精心的规划与设计,使邮票设计中的民族风格和艺术个性更加鲜明。如果将邮票比喻成果实,那么题材好比土壤,丰富的土壤必将孕育出多彩的果实。

二、品种增多

除纪念邮票、特种邮票、普通邮票外,这一时期还开发出许多新的邮票品种。具体有:1980 年 3 月 20 日发行的新中国第一套磷光邮票——"T.49 邮政运输";1980 年 9 月 13 日发行的新中国首枚小版张——"J.59 中华人民共和国展览会";1980 年 9 月 20 日发行的新中国第一套小本票——"SB(1)童话——'咕咚'";1983 年 11 月 29 日发行的新中国第一套票中票——"J.99 中华全国集邮展览 1983·北京";1984 年 2 月 16 日发行的新中国第一套附捐邮票——"T.92 儿童"。这些新品种邮票的开发,使中国邮票的品种形式朝着

多样化的方向发展。就设计本身而言,有两个新品种值得关注,即看似设计
简单实则并不简单的票中票和拓展邮票自身设计范围的小本票。

1983年6月30日发行的"SB(9)秦始皇陵兵马俑"小本票以秦始皇陵兵
马俑坑的全景展示作为封面(图5-2-2),封二印有秦始皇画像以及秦始皇的
中英文简介(图5-2-5),封三为秦始皇陵兵马俑的介绍(图5-2-6)。内附2
页邮票:第一页为全套邮票的四方连和全套邮票中的第2、3枚邮票所组成的
四方连,中间以"秦始皇帝陵墓碑"图案作为过桥,边饰绘以精美图案(图5-2-
4);第二页为小型张(图5-2-3)。可以看出小本票这一新的邮票品种,除设计
精美的封面外,封二、封三和封底也被设计者充分利用,具有图文并茂、灵活
多变的设计形式兼具携带方便的实用性。

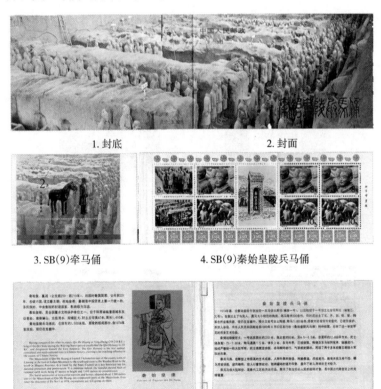

1. 封底 2. 封面

3. SB(9)牵马俑 4. SB(9)秦始皇陵兵马俑

5. 封二 6. 封三

图5-2 SB(9)秦始皇陵兵马俑小本票

所谓"票中票",就是为了某种特殊的纪念或宣传,将早期发行的邮票作为主要图案复制在新的邮票上,因其独特的票面形式而在数量众多的邮票中惹人注目。1983 年 11 月 29 日至 12 月 8 日,在北京中国美术馆举办新中国成立以来规模最大的一次全国集邮展览——中华全国集邮展览。为纪念这次盛况空前的展览,邮电部于 11 月 29 日发行新中国第一套"J.99 中华全国集邮展览 1983·北京"纪念邮票(图 5-3)。该邮票一套 2 枚,第一枚选用的是 1951 年 10 月 1 日发行的新中国第一套特种邮票"国徽"图案(图 5-3-1),第二枚图案选用的是抗日战争时期陕甘宁边区邮政管理局发行的"延安宝塔山"邮票(图 5-3-2)。邮票采用竖式构图,主图居中,画面左右对称,背景中丰富的装饰纹样与主图的单纯画面形成强烈的对比,高纯度、低明度的背景色鲜明地衬托出明度较高的主图,形成庄重、精致的画面效果。

1. J.99(2-1)国徽　　　　　　2. J.99(2-2)延安宝塔山

图 5-3　票中票形式之一

1. J.169(2-1)闽西交通总局赤色邮花　　2. J.169(2-2)中华苏维埃邮政邮票
战士图

图 5-4　票中票形式之二

1990 年 8 月 1 日，邮电部发行"J.169 中国人民革命战争时期邮票发行六十周年"纪念邮票。该邮票一套 2 枚，第一枚图案选用的是 1930 年闽西交通总局发行的"闽西交通总局赤色邮花"（图 5-4-1），第二枚图案选用的是 1932 年 5 月中华苏维埃邮政总局发行的"苏维埃邮政邮票"中的战士图（图 5-4-2）。早期的两枚邮票是土地革命战争时期发行的，"是中国共产党独立领导的，以土地革命为主要内容，以游击战和带游击性的运动战为主的反对国民党军大规模'围剿'的国内革命战争"。[①] 为突出游击战灵活多变的特点，将主图安排至画面左侧，铭记、票题和面值放置右侧以起到视觉均衡的作用，同时将文字采用右对齐方式形成统一的秩序感，从黑到白的色彩渐变形式不仅增加了画面的层次感，更象征着黑暗中探索光明的中国革命过程，坚定而稳固的横式票幅和构图又进一步强化了主题。可以看出，票中票的设计因主图已定而看似简单，实则并不简单，因为其并不是对原票的简单复制，而是设计者根据主题在原票的基础上所进行的再创作，通过对文字、背景、边饰的设计，做到既突出原票的效果，又使原票与其他设计元素组成一个有机整体。

三、新的构图形式

之前的邮票设计中，有时设计者根据整体需要，将全套邮票的画面排列在一起形成连票这一整体形式，如 1964 年 10 月 1 日发行的"纪 106 中华人民共和国成立十五周年"邮票（图 3-7）、1978 年 6 月 25 日发行的"T.25 化学纤维"邮票（图 4-24）都是采用连票的组合方式。这一时期邮票的组合方式又出现了新的方式，进一步丰富了邮票设计的构图形式。

四方连是由一枚邮票以两行、两列的方式组成"田"字形的四枚邮票整张，是邮票收藏者的一种特定的收藏品种。1979 年 10 月 1 日发行的"J.47 中华人民共和国成立三十周年（第四组）"纪念邮票（图 5-5-1）由 4 枚民族歌舞

---

① 冯长松编著：《中国人民解放军管理史》，国防大学出版社 2013 年版，第 9 页。

1. J.47 中华人民共和国成立三十
周年(第四组)

2. J.120 故宫博物院建院六十周年

图 5-5　构图形式

的图案构成,画面上各族人民在火树银花和彩带飘舞的背景下载歌载舞,共同欢庆中华人民共和国成立三十周年。这套邮票的设计从整体出发,拱形彩带将四幅各自独立的画面相连,每枚邮票上都有不同民族的舞者和拱形彩带,营造出动感强烈、气氛浓郁的欢庆场面。设计者受到四方连这一组合方式的启发,利用票型的组合扩大了画面的表现内容,这也是中国邮票首次采用这一新颖独特的四方连组合设计手法。

　　1985 年 10 月 10 日发行的"J.120 故宫博物院建院六十周年"纪念邮票也具有新颖独特的组合设计(图 5-5-2)。在确定以表现故宫博物院古建筑群为主题后,如何更好地全景展现是摆在设计者面前的一个难题,为解决这一难题,设计者采用纵向四连张的组合形式,用俯视构图将故宫中轴线上的主体建筑构成一个既能完整展现故宫的主题建筑群,又能独立的四幅画面。93毫米×26毫米的横长票幅尺寸创造了中国邮票的纪录,也是中国的第一套纵向四连张邮票。

四、民族风格愈加鲜明

1979 年至 1991 年,正处于改革开放的新时代,不仅使中国发生了翻天覆地的变化,也为邮票题材和内容的拓展提供了广阔天地。在新的时代背景下,一批有较高艺术文化修养的中年邮票设计师的创作日臻成熟,加上社会美术家与艺术工作者的共同努力,使这一时期邮票设计的艺术形式呈现出百花齐放、百家争鸣的面貌,其中对民族风格的继承与发展尤为凸显。

中国第一代邮票专业设计师在中华人民共和国成立初期对邮票的民族风格进行了努力探索并取得了令人瞩目的成绩,即便是在"文化大革命"时期依然能在个别邮票的设计中看到民族风格。在改革开放新时期,无论在题材还是创作方面,邮票设计中的民族风格均获得了极大成功,众多邮票的设计散发着浓郁的民族艺术风格,主要体现在以下三个方面。

(一)邮票设计体现出中国绘画艺术思想

邮票设计是一门综合艺术,必定与中国绘画艺术思想有着紧密联系,显示出别具一格的民族风格。

写意是中国绘画艺术思想的本质特征,也是区别于西方绘画的一种独特的艺术观和创作观。写意包括写和意,写是指采用中国特有的毛笔作为工具书写的笔法,意是指画家胸中的意象,即创作主体的情感意识或精神状态。写意并非对形象似是而非的简单描绘,也不是用含混的图像来写其大意,而是借助于客观物象,采用中国画独特的笔墨形式表达出来。在写意观理论思想的指导下,中国画既有具象的描绘,又有抽象的概括;既有客观物象的真实反映,又有主观色彩的强烈表达;既有再现的方式,又有表现的因素。这些对立成分在中国写意画中被有机地结合,成为中国画一种独特的审美要求和审美模式。写意观使中国画具有极大的表现容量,它不像西方传统绘画那样受到透视、比例、光影、时空的严格制约,不但可以形神兼备地表现物象,还可以书写创作者的主体意识。创作者经过深刻的观察,剔除客观物象一切不必要的因素,提炼其最主要的神情意蕴,甚至打破时空的限制去创造新的意蕴。如敦煌壁画中"飞天"的形象便是写意观的典型代表,凭借一朵祥云或一条飘带去表现仙女空中飞翔的各种动态(图5-6-1)。在邮票设计中,不仅中国画题材的邮票设计能充分地表现写意观,即使在其他题材的设计中也能体现写意观。如1983年4月28日发行的"J.91世界通信年"邮票的设计便是受到敦煌壁画"飞天"的启发,写意的表现方式打破了时空限制,创意出具有鲜明民族风格的"飞天送信"(图5-6-2)。1980年3月15日发行的"J.52中国科学技术协会第二次全国代表大会"邮票中"现代飞天"的形象创意与刻画均能体现出中国绘画写意观的影响(图5-6-3)。

1. T.29M 工艺美术

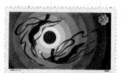
2. J.91 世界通信年

3. J.52 中国科学技术协会
第二次全国代表大会

图 5-6　邮票设计中的"飞天"

计白当黑不仅是中国绘画艺术的审美意识,也是中国绘画艺术的重要特点之一。中国画以墨的虚实变化为表现手段,显现出主次、疏密、繁简、开合、藏露、斜正等众多矛盾统一的审美结构。中国画的计白当黑实际上是对画面中黑白关系的处理方式,确切地说是指画面的虚实关系。中国画落笔处是黑,无笔处是白;落笔处是实,无笔处是虚;落笔处是画,无笔处也是画。中国画虽然不画天、地、水,但画面中却有天、地、水的存在,其中一个重要的原因是画面中白的存在,白是中国画审美意识的空间象征,对于中国画具有重要意义。中国画审美意识中黑白相间的虚实变化对邮票设计有很大影响,具体表现在这一时期许多邮票的设计都采用无边框的白底或大面积的留白(图5-9)。

(二)中国传统绘画技法的借鉴与广泛运用

在邮票设计的技法表现上对中国传统绘画技法的借鉴是这一时期邮票设计者在民族风格的表现上所做出的贡献,以 1980 年 10 月 25 日发行的"T.56苏州园林——留园"特种邮票的设计为典型代表(图 5-7)。该套邮票是中国第一代专业设计师代表孙传哲设计,在画面的技法上采用他最擅长的水粉画法并结合中国画勾线的表现形式,画面的主体——园林建筑采用界画的技法,细致工整的线条将园林建筑的结构空间准确而概括地表现出来,中西合璧的技法使西洋水粉画的大色块色彩与中国传统绘画中"线"的精细描绘形成强烈对比,横幅平视构图增加了画面的广阔意境,画面效果独具神韵。这独具的神韵来自设计者对中国传统绘画技法的借鉴,如仅仅采用水粉的大色块画法将难以绘出苏州园林那精致、俊秀的神韵。1984 年 6 月 30 日发行的"T.96 苏州园林——拙政园"特种邮票的设计中,为使这一系列邮票达到统一的效果,孙传哲依旧采用这一中西合璧的技法进行创作,"深受我国广大集邮爱好者的喜爱,也备受外国朋友的青睐,美国首日封公司特邀请我为该公司设计了多幅'拙政园'首日封工笔画稿"。[①]这两套邮票的设计反映出中国第一代邮票专业设计师在长期的邮票设计工作中所打下扎实的绘画功底和深厚的艺术修养。

---

① 孙传哲:《情系方寸——我的邮票设计道路》,人民邮电出版社 1994 年版,第 92 页。

1. T.56(4-1)春到曲溪桥

2. T.56(4-2)远翠阁之夏

3. T.56(4-3)涵碧山房秋色

4. T.56(4-4)冠云峰晴雪

图5-7　中西合璧的设计手法

　　这一时期的邮票题材丰富,其中有一部分邮票图稿的设计吸取新中国成立时期的经验,采用向美术界名家约稿的方式。除前期向国画界享有盛誉的范增、刘凌沧、刘旦宅、王叔晖、戴敦邦、俞致贞、田世光约稿外,后期又增加了约稿比重,有江西美术出版社的高云、天津美术学院的何家英和颜宝臻、中国军事博物馆美术创作室的刘向平、山东文学社的陈全胜、山东省艺术馆的孙爱国等参与了邮票设计。这些在中国传统绘画方面有很深造诣的美术家,或工或写,使中国传统绘画技法在邮票设计中得到了广泛应用。如1980年8月4日发行的"T.54荷花"特种邮票便是邀请著名女画家俞致贞绘制图稿。俞致贞擅长花鸟,她采用工笔重彩的技法绘制,设色浓艳,构图别具一格,将宋代诗人杨万里笔下"接天莲叶无穷碧,映日荷花别样红"的景色再现于方寸间,使人感受到荷花"出淤泥而不染,濯清涟而不妖"的坚贞品格(图5-8-1)。1983年2月21日发行的"T.82西厢记"特种邮票是邀请著名工笔女画家王叔晖所进行的图稿创作。王叔晖擅长仕女画,早在1954年便创作出代表作——彩色连环画《西厢记》。1979年,王叔晖接受邮票发行局的邀请,开始创作"西厢记"邮票。她在设计邮票时采用工笔淡彩的技法,线条流畅,色彩典雅,人物造型工整细致,尤其是"长亭"一图,将张生和莺莺两人依依惜别、难舍难分的场景刻画得淋漓尽致,充分展现了中国传统绘画的艺术魅力,这套邮票也获得了1983年最佳设计奖和最佳印刷奖两项桂冠(图5-8-2)。

1. T.54(4-3)佛座莲　　　　　　　2. T.82(4-4)长亭

图5-8　采用工笔画创作图稿

从这一时期的邮票评选活动来看,最佳邮票中采用中国传统技法创作图稿的有"J.58中国古代科学家(第三组)""T.69红楼梦——金陵十二钗""T.79益鸟""T.82西厢记""T.103梅花""T.111珍稀濒危木兰科植物""T.123中国古典文学名著——《水浒传》(第一组)""T.114猛禽""J.136明代地理学家旅行家徐霞客诞生四百周年""T.131中国古典文学名著——《三国演义》(第一组)""T.129中国兰花""T.140华山""T.144杭州西湖""J.162孔子诞生两千五百四十周年",其中采用工笔画技法来创作邮票图稿的占据绝大部分,说明最受群众喜爱的邮票设计多出自工笔画,也说明工整细致、风格鲜明的工笔绘画技法极为适合邮票的图稿创作,将中国传统绘画技法运用于现代邮票设计中可以充分体现出中国邮票所特有的民族风格。

(三)中国绘画系列邮票强化了民族风格

中国的绘画历史悠久,从先民们最初画在岩壁、陶器上的简单图像,到在绢和宣纸上的水墨丹青,经过无数画家的不断探索和努力,逐渐形成了具有鲜明民族风格的绘画体系。这一时期将中国绘画作为邮票的重要题材,陆续发行了帛画系列、壁画系列、古代名画系列、近现代作品选系列邮票,选取的作品都是代表各时代绘画艺术的精品,展示了中国从古至今内容丰富的绘画作品。

绘画邮票并不是将原画搬进邮票中,再添上铭记和面值文字这样的简单设计,而是经过设计者巧妙的构思、合理的布局,方能相得益彰。如1980年1月15日发行的"T.44齐白石作品选"特种邮票(图5-9),齐白石是中国现代著名的书画大家,其天真烂漫、不拘一格的作品风格雅俗共赏,深受人们喜爱。从邮票的版式设计中,可以看出设计者为充分体现齐白石老人那天真烂漫、充满田园意境的艺术风格,采取了不加边框和不加底色的处理方式,更加突出了画面鲜艳的色彩效果,也更好地保持了原画的风貌。这套邮票最为精彩的是对铭记"中国人民邮政"的处理方式,设计者将铭记采用小篆书体,根据画面空间和落款位置合理放置,铭记不但没有破坏原画的艺术效果,更像每幅画的题目一样完美地融入画面中,与齐白石老人的落款在内容和形式上高度统一,如不仔细观察根本看不出是铭记,分明就是齐白石老人的亲笔题款。非常到位的设计,加上大师精湛的作品,人们仿佛能够嗅到邮票画面所散发出的民族气息。

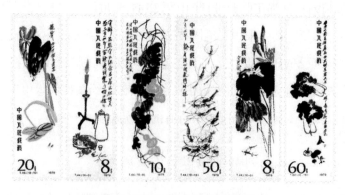

图5-9 T.44齐白石作品选邮票

1989年9月1日发行的"T.141当代美术作品（一）"特种邮票（图5-10），是当代中国画的代表人物叶浅予、李可染、吴作人绘画作品。三幅画面代表了当今中国画坛不同流派的艺术水平，也展现了中国绘画的三种不同技法和风格，为使全套邮票达到内容与形式的统一，设计者采用中国古典书籍的装帧艺术形式，将绘画作品和画家的题词放置在比例、大小、位置相同的骨架中，铭记合理地占据了书籍名称的位置，虽然三幅作品的画种、风格都不相同，但经过设计者的精心安排、合理布局，将三幅作品统一起来，而且图文并茂，好似一幅幅微缩的精美册页，既能欣赏到大师的绘画作品，也能品味他们的书法艺术，在富有古意韵味的灰绿底色映衬下，民族风格跃然方寸之中。

1. T.141(3-1)叶浅予　　　　2. T.141(3-2)李可染　　　　3. T.141(3-3)吴作人
　《白蛇传》　　　　　　　　　《细雨漓江》　　　　　　　　《齐奋进》

图5-10　T.141当代美术作品（一）邮票

这一时期发行的绘画作品系列邮票都是中华民族艺术的经典之作，这幅内容丰富、形式各异的绘画作品在数量众多的邮票画面中独具魅力，加上设计者的精心设计，增强了邮票设计的民族风格。

五、其他风格亦出精品

除民族风格在邮票设计中获得极大成功外，这一时期的邮票设计在其他风格方面也取得了一定的成绩。油画、素描、水粉、钢笔淡彩等西方绘画技法都曾运用于邮票设计当中，其中的古典油画风格获得了人们的一致好评。

20世纪80年代人们的思想解禁后，改革开放的政策使国门外开，西方世界的许多思潮奔涌而至，极大地冲击了人们的艺术思想。"艺术中的形式革命、'85 思潮'、'星星美展'、'新野性主义艺术'、'新生代艺术'、'政治波普艺术'、'VIDEO ART'、'观念摄影'、'玩世现实主义艺术' 等思潮层出不穷",[①] 显示出国内艺术思想的繁荣。在这层出不穷富有现代主义的美术思潮中,有一位油画家将古典的艺术手法运用于邮票设计中,这便是 1986 年 11 月 12 日发行的 "J.133M 孙中山诞生一百二十周年" 小型张的设计者,当代著名的教育家、油画家——靳尚谊。

图 5-11 J.133M 孙中山诞生一百二十周年(小型张)

邮票画面深入、细致地刻画出 1917 年南下广州领导护法运动的孙中山形象,身着黑色制服、挂着手杖的孙中山神情坚毅、斗志昂扬地巍然屹立在黑云压城的珠江岸边,表现出革命家坚定不移、大无畏的精神气概。小型张的设计富有古典气息,采用金色的文字、主图边框和装饰纹样在深蓝底色的衬托下显得富丽、凝重,整套邮票给人一种大气磅礴的艺术感染力,使人强烈地感受到单纯、伟大的古典之美(图 5-11)。靳尚谊在回忆录中说:"1986 年我画了《孙中山》,这是应邀为纪念孙中山诞辰 120 周年画的一个邮票小型张。

---

① 王林生:《图像与观者——论约翰·伯格的艺术理论及意义》,中国文联出版社 2015 年版,第196 页。

这张画幅面比较大一些,将近一米。这幅作品比较概括地表现了孙中山的经历,我设计的是孙中山站着的半身像,背景是本世纪初广州珠江沿岸的一些景象,反映当时的时代特征,孙中山的形象刻画得也还可以。这个邮票小型张发行以后被评为当年的最佳邮票,影响也很大,很多人都拿来这个邮票小型张让我签名留念。"[1]"小型张印刷发行后,被邮界誉为'最美丽'的孙中山题材纪念邮票……而原画则荣获全国美展金奖。"[2] 20 世纪 80 年代是靳尚谊采用古典技法创作肖像画的高峰期,先后创作出"塔吉克新娘"(1983 年)、"彭丽媛肖像"(1984 年)等一系列能够体现画家所追求理想美的人物肖像画。这枚邮票的成功设计与巨大反响说明人们普遍认可画家对古典技法创作肖像画的探索和对理想美的追求,也反映出在当时各种现代艺术思潮冲击的中国,古典主义肖像画依然具有独特魅力而深受人们喜爱。

六、现代设计手法初露端倪

源于西方的现代设计发端于西方建筑设计领域。20 世纪 20 年代前后,欧洲一批具有创新意识的建筑师、设计师形成一个强大阵容,有力推动着建筑设计艺术的发展。这场声势浩大、内容庞杂的运动不仅打破了几千年以来为权贵服务的设计立场和原则,也打破了几千年以来建筑材料上完全依附于石料、木材、砖瓦的设计传统。从建筑革命出发,随后又影响到环境设计、工业产品设计、平面设计等各个设计领域,形成真正完整的现代主义设计运动。现代主义设计是建立在工业社会标准化大生产基础之上的理性设计,在平面设计领域主要表现为设计师以构成现代图形为基础的新的形态的创造。纵观 1979 年至 1991 年的邮票设计,出现了前所未有的现象,即现代设计手法开始出现,虽仅有个别几套,在数量众多的邮票中实属凤毛麟角,但表明这一设计手法在中国邮票设计中已初露端倪。

---

[1]　靳尚谊:《我的油画之路——靳尚谊回忆录》,吉林美术出版社 2000 年版,第 107 页。

[2]　黄俊:《试谈新中国孙中山题材邮票的设计特点和建议》,《中国集邮报》2014 年 6 月 20 日。

　　构成主义是现代设计运动重要的流派之一,其表现方式也是现代设计表现手法之一,目的是通过"点""线""面"等基本形的重新组合来创造新的形态。在1982年9月1日发行的"J.86 中国共产党第十二次全国代表大会"纪念邮票(图5-12-1)、1989年8月4日发行的"J.160 亚洲——太平洋地区电信组织成立十周年"纪念邮票(图5-12-2)、1990年3月8日发行的"J.167'三八'国际劳动妇女节八十周年"纪念邮票(图5-12-3)的设计均是采用"线"的构成方式来表现主题,通过"线"这一单纯的基本形,有秩序地排列、穿插、组合,产生了简洁、丰富而又具有强烈视觉冲击力的画面效果,显然这一效果与设计者采用的现代设计手法是分不开的。

1. J.86 中国共产党第十二次全国代表大会　　2. J.160 亚洲——太平洋地区电信组织成立十周年　　3. J.167"三八"国际劳动妇女节八十周年

图5-12　邮票中"线"的构成

　　图形设计也是应运用现代主义设计运动而产生的一个设计门类,广泛地运用于平面设计各门类中。图形不同于图案,虽然图形在表现形式上有时会借鉴图案,在图案的创作上有时也会运用图形创意的手法,但二者仍有本质区别。图案是对具象的事物进行抽象的概括,但仍是在具体形态的基础上所进行的夸张、变形,追求的是画面的装饰效果。而图形设计是以主观需要为出发点,根据一定目的创造出新的形态,这种新形态较之图案相比在内容上更富有内涵,追求的是画面的创意效果。如1987年7月26日发行的"J.139 世界语诞生一百周年"纪念邮票(图5-13-1),设计者用 *Esperanto*(世界语)

组成一个地球的形状,设计目的一目了然。1990 年 9 月 22 日发行的"J.172
一九九○·北京第十一届亚洲运动会(第三组)"纪念邮票(图 5-13-2)的设
计是借鉴了图案的表现方式,即对游泳运动员的具体形象进行抽象概括,将
运动员的身体轮廓与水波效果合二为一的表现手法使画面内容更富内涵。
1991 年 9 月 14 日发行的"T.168 赈灾"特种邮票(图 5-13-3)的设计手法是典
型的图形创意,手的具体形象不再具有个性,而是被抽象为"手"的概念,相握
的双手组成"♡"形,表示团结与爱心,起到简洁明了、一语双关的作用。

1. J.139 世界语诞生　　2. J.172 一九九○·北京第十一　　3. T.168 赈灾
一百周年　　　　　届亚洲运动会(第三组)

图 5-13　邮票中的图形设计

七、首轮十二生肖系列邮票的设计获得成功

从 1979 年至 1991 年这 13 年,在时间的跨度上刚好完成了首轮生肖邮
票的设计与发行工作。因此,有必要以整体的视角对首轮生肖邮票设计进行
专题研究,有利于我们更为全面、细致地窥视这一时期的邮票设计艺术。

(一)题材开创不易

十二生肖是中国的传统民俗,也是中国特有的计算年龄的方法,在人们
的日常生活中占有非常重要的地位,它融入了人民群众对美好岁月的祝愿
和情感,深深地扎根于中华民族的精神沃土。然而,将十二生肖的艺术形象
纳入中国的邮票世界也不是一帆风顺的。"文化大革命"期间,生肖被认为

是"四旧"的产物,当然也没有哪个人或部门敢提及发行生肖邮票的想法。"1978 年是中国 12 生肖的戊午(马)年,邮政主管部门计划发行'马'的邮票,但对可否以中国传统的生肖(干支)纪念为主题发行邮票,举棋不定。于是选择了徐悲鸿的《奔马》作邮票图案。"① 可见在"文化大革命"结束后的两年徘徊时期里,邮票管理部门对发行生肖邮票仍有顾虑,最后以打"擦边球"的方式发行了与生肖沾边的一套邮票(图 5-2)。党的十一届三中全会胜利召开后,在"解放思想,实事求是"思想路线的指引下,生肖邮票的设计、发行工作也被提上日程。1979 年 11 月 6 日,邮票发行局宋兴民局长向邮电部领导写的《关于拟发行〈猴年〉特种邮票的请示》报告提出:"春节,是我国人民的传统节日,有悠久的历史。在日本、朝鲜、东南亚各国和海外广大华侨中,有广泛的影响。为满足广大人民群众的希望和出口需要,我们考虑在每年春节前发行一枚'年票',图案是十二生肖,即'猴年'发行一枚以'猴'为主题的邮票,'马年'发行一枚以'马'为主题的邮票……每年一次。明年是庚申年,按照'五行'的说法,庚申年即金猴年,故我们特请中央美术学院著名画家黄永玉同志设计了《猴年》特种邮票一枚,画的就是一只金猴,拟在明年春节前发行。"② 报告很快得到邮电部的批准并于 1980 年 2 月 15 日发行了"T.46 庚申年"特种邮票,中国生肖邮票的序幕从此展开。

(二)装饰风格为主

第一轮生肖邮票的前七套是邮票发行局采用约稿的方式,先后分别约请了黄永玉、张仃、周令钊、韩美林、詹同、姚仲华、张国藩七位著名画家进行图稿创作。从 1987 年开始,后五套因邮票设计体制改革而采用征稿的方式,先后有中央工艺美术学院学报美术编辑李芳芳、中央美术学院学生祖天丽、中央美术学院教师吕胜中、邮票发行局创作室邹建军、武汉印染厂设计室雷汉

---

① 《中国邮票史》第 8 卷,商务印书馆 2003 年版,第 228 页。
② 孙少颖:《山外集——孙少颖邮文选辑》,陕西人民出版社 2006 年版,第 131 页。

林在竞争中中选。

　　从表现方式上来看,有两套邮票的表现手法分别采用写实手法和漫画手法。"T.46 庚申年"猴票的设计者黄永玉先生将设计重点放在猴的客观形象的描绘上,画面中猴的五官及四肢的形象都描绘得比较真实,身上的绒毛也做了较为细致的表现。鼠的形象很难刻画,这主要是因为鼠在人们的心目中地位较低,"鼠目寸光""老鼠过街,人人喊打"等成语充分说明了这一点。"T.90 甲子年"鼠票的设计者詹同是著名的漫画家,他采用自己最为擅长的漫画手法创作出一个外形纤小、灵活,脸上充满稚气的漫画鼠,身上灰白相间,耳部一抹嫣红,造型简洁,形象讨人喜爱。除这两套邮票外,其余十套均采用装饰手法。虽表现手法相同,但每套邮票又各具特色。如"T.58 辛酉年"鸡票和"T.102 乙丑年"牛票采用对比强烈的装饰色彩与独具画家个性的线条笔触描绘出引颈报晓的雄鸡和昂首长啸的雄牛。其余的邮票的设计分别从中国民间艺术当中吸取创作灵感与设计元素。如"T.70 壬戌年"狗票的设计是运用中国瓷砖画的表现手法描绘出一只昂首挺立的陶瓷狗。"T.80 癸亥年"猪票的设计是综合了陕西泥玩具和剪纸的艺术形式,在猪身的醒目位置配上红桃绿叶,创作出一头向前昂首奔跑的小肥猪。"T.112 丁卯年"兔票是采用中国民间剪纸的艺术手法,创造出一只温柔乖顺的小白兔。"T.124 戊辰年"龙票是综合了木版年画、绣像等民间艺术特色,绘制出一条五彩龙。蛇因其外形光滑、圆润而在形象刻画上也颇有难度,"T.133 己巳年"蛇票的设计者受到中国传统吉祥图案的启发,选择富有韵律的盘蛇造型,口衔灵芝,寓意祥瑞幸福,身体绘上象征四季平安的牡丹、荷花、秋菊、蜡梅吉祥图案,设计出一条吉祥蛇。"T.107 丙寅年"虎票与"T.146 庚午年"马票的设计则采用传统装饰画法描绘出一只色彩艳丽的小老虎和披红挂彩的小马驹。"T.159 辛未年"羊票的设计者吸取了民间布艺玩具的艺术特色,创作出一只腹部绘有菊花、荷花、牡丹、梅花四季花吉祥图案的"回头羊",寓意"回眸十二载,完美收官"。

　　从图 5–14 中可以看出,首轮生肖邮票的设计在整体上既统一又有所变化。统一的是绝大多数邮票的设计都是从中国民间艺术汲取灵感,借鉴传统吉祥图案,以装饰性表现方式来实现设计构思,形成富有民族艺术特色的装饰风格。变化的是"T.46庚申年"猴票和"T.90甲子年"鼠票因不同的表现手法而在整体中所起的变化效果以及隔年所用的白底色对整体画面所起到的节奏作用。

1. T.46 庚申年　　2. T.58 辛酉年　　3. T.70 壬戌年　　4. T.80 癸亥年

5. T.90 甲子年　　6. T.102 乙丑年　　7. T.107 丙寅年　　8. T.112 丁卯年

9. T.124 戊辰年　　10. T.133 己巳年　　11. T.146 庚午年　　12. T.159 辛未年

图 5-14　首轮十二生肖特种邮票

(三)以"线"造型、追求平面化

以"线"造型、追求平面化是首轮生肖邮票设计的共同之处。以"线"造型这一手段排斥了一切非本质的光与色的制约,强调"线"的意味去表现物象。十二幅画面中有各种不同意味的"线",有艺术家利用自己最为熟悉的工具画出的"线",如"T.46 庚申年"猴票、"T.90 甲子年"鼠票、"T.58 辛酉年"鸡票、"T.102 乙丑年"牛票,不同笔触质感的线条带有艺术家明显的个人艺术风格特征。有利用制图工具绘制的"线",如"T.70 壬戌年"狗票、"T.80 癸亥年"猪票、"T.133 己巳年"蛇票、"T.159 辛未年"羊票,线条中体现出秩序和理性。有模仿剪刀工具剪出的"线",如"T.112 丁卯年"兔票,线条富有坚硬、顿挫的质感。还有设计者徒手画出的"线",如"T.124 戊辰年"龙票、"T.146 庚午年"马票,线条富有较强的人情味。

平面化是装饰画的一种造型方法。将所要表现的物象进行主观的平面化处理,而不是被动地模仿对象,是设计者充分发挥自己的主观能动性,运用概括、提炼、夸张、变形等装饰艺术语言去创造表现物象特征和美感的典型形象。用这一标准来衡量首轮生肖邮票的设计,应该说每个形象的设计都符合此标准,这也是设计者进行艺术再创造的结果。如"T.159 辛未年"羊票的设计是借鉴了民间布艺玩具的艺术风格,把布艺玩具从三维的立体形象改变为二维的平面形象。从采用写实风格的"T.46 庚申年"猴票中可以看出,设计者并未在体积的塑造上着以笔墨,而是将重点放在五官与四肢的真实表现上,同时弱化身体内部的结构造型,猴的形象给人感觉虽没有立体的感觉,但却很真实。以漫画风格表现的"T.90 甲子年"鼠票,更是用简洁的笔触大胆地提炼、概括出鼠的典型特征,特别是在鼠须的表现上没有遵循透视原理,将两抹鼠须放置于同一个平面中,具有典型的平面化特征,也增加了画面的趣味性。首轮生肖邮票尽管设计风格不尽一致,形成以装饰风格为主,兼有写实风格和漫画风格,但在造型表现上却都相同。十二个生肖形象,十二位不同的设计者,不约而同地采取了以"线"造型、平面化处理的造型手段,反映出第一轮生肖邮票设计中的共性。

中国发行的首轮十二生肖邮票的设计总体上非常成功,主要表现为三点:一是以"线"造型、平面化处理的变化方式贯穿其中,加强了整体性。二是形象生动。申猴祈盼、酉鸡雄健、戌狗忠诚、亥猪奔跑、子鼠乖巧、丑牛雄起、寅虎威武、卯兔温顺、辰龙腾跃、巳蛇吉祥、午马坚韧、未羊回首,通过设计者的再创造,十二个栩栩如生的艺术形象展现在我们面前。三是风格较为统一。以装饰风格为主,有两套分别采用写实风格和漫画风格,虽有不同,但因数量少而并未对整体产生明显影响。

小　结

在改革开放春风的沐浴下,邮票设计在处于相对宽松的政治环境下获得了极大发展,设计思想及观念在摆脱"文化大革命"时期政治思想束缚之后产生了极大的迸发,邮票画面内容丰富、艺术表现形式多样、设计语言成熟,诞生了众多设计精品。一批年富力强、具有较高文化艺术修养的中年邮票设计师及社会知名画家的艺术风格日臻成熟,他们在邮票设计中大胆创新,艺术手段多样,特别是将中国传统绘画技法运用于邮票设计取得极大成功,使中国邮票的民族风格更加鲜明,一时间精品频出,标志着中国邮票设计繁荣时期的到来。

第六章　多元发展期(1992 年 1 月至今)

改革开放初期,中国邮票设计艺术获得了极大成功,特别是将中国传统绘画技法运用于邮票设计取得极大成功,使中国邮票的民族风格更加鲜明。本章以 20 世纪 90 年代至今为限,研究数字化时代背景下中国邮票设计艺术所呈现的新变化、新面貌、新特征,继续阐释第二、三轮十二生肖系列邮票的设计特色,分析邮票设计艺术在这一时期的发展状况。

第一节　历史语境

一、承载与传播

从 20 世纪 90 年代至今短短的 30 多年间,是中国经济快速发展振兴的时期,也是国家转变经济体制推行市场经济模式,商业与社会整体迈入新台阶的时期。随着改革开放政策的不断深入,经济不断繁荣发展,人们生活水平日益提高。在社会主义物质文明与精神文明不断建设提高的同时,中国也步入了数字化新时代。

1981 年 8 月 12 日,美国 IBM 公司推出的世界上第一台个人计算机 IBM 5150 为计算机在各行各业中的普及使用打开了大门并带来了革命性变化。

随着科学技术的不断提高,在计算机极大地增强了人类处理、存储信息能力的同时,互联网的出现又极大地提高和扩展了人类信息交流的能力,到 20 世纪 90 年代相继出现了信息高速公路、知识经济、数字地球三个重要概念。1998 年 6 月 1 日,江泽民主席在接见出席中国科学院第九次院士大会和中国工程院第四次院士大会部分院士与外籍院士时指出:"当今世界,以信息技术为主要标志的科技进步日新月异,高科技成果向现实生产力的转化越来越快,初见端倪的知识经济预示人类的经济社会生活将发生新的巨大变化。世界各国都在抓紧制定面向新世纪的发展战略,争先抢占科技、产业和经济的制高点。面对这个态势,我们必须顺应潮流,乘势而上……前几年提出了'信息高速公路',随后又提出'知识经济',最近美国副总统戈尔又提出了'数字地球'的概念。真是日新月异啊!"[1] 随着科技日新月异的发展和变化,这一时期的中国已不容置疑地步入了"数字化时代"。

"数字化是指信息(计算机)领域的数字技术向人类生活各个领域全面推进的过程,包括通信领域、大众传播领域内的传播技术手段以数字制式全面替代传统模拟制式的转变过程。"[2] 数字化时代是数字信息存储、处理和交流的时代,对人们生活的改变是全方位的,从生活方式到理念传达,从思维方式到设计理念,数字化时代创造出许多全新的艺术形态,也冲击和影响着设计的发展。从 20 世纪 90 年代以后,随着计算机、数码照相机和各种设计应用软件等数字技术在艺术设计中的运用为设计师提供了新的平台,设计师的思维方式、技术手段和设计过程都发生了质的变化,作为艺术设计范畴中的邮票设计也不例外。

---

[1] 《江泽民主席在接见出席中国科学院第九次院士大会和中国工程院第四次院士大会部分院士与外籍院士时的讲话》,《光明日报》1998 年 8 月 10 日。

[2] 闵大洪:《数字传媒概要》,复旦大学出版社 2003 年版,第 1 页。

二、通信网络的全球化

从20世纪90年代至今的30多年间,中国邮票事业在前面的基础上进一步向前发展。

20世纪90年代,国家在经济领域进一步实行改革开放政策,使原来长期处于计划经济保护下的邮政开始受到来自商业市场的竞争压力,面对新的竞争与挑战,中国邮政的改革势在必行。从20世纪90年代初开始,邮政部门开始调整运营机制,加强服务,同时改变观念,接纳新事物。从1992年发行的第一套邮票开始,将以前邮票上使用的"中国人民邮政"铭记字样改为"中国邮政",同时在票面上增加英文"CHINA"字样。在对铭记进行变更的同时对邮票的志号也做了适当的调整。同年,邮电部决定在北京邮票厂印制邮票外,再增加河南省邮电印刷厂和辽宁省沈阳邮电印刷厂印制邮票,打破了长期以来北京邮票厂印制邮票的单一局面。1994年1月,邮电部决定将北京邮票厂划归邮票发行局管理,在北京邮票厂现有的基础上成立邮票印制局,负责邮票的编辑和设计工作。1998年3月,在邮电部和电子工业部的基础上组建信息产业部,下设国家邮政局主管全国邮政企业以及全国邮政行业。1999年4月5日,国家邮政局第一届邮票图稿评议委员会成立。1999年8月23日至9月15日,第22届万国邮联大会在北京举行,这是自万国邮联成立125年以来首次在中国举办大会,体现出中国的国家实力与承办大型国际活动的能力。

进入21世纪后,互联网与电子商务的迅速普及,进一步推动传统邮政向现代邮政过渡,邮政管理体制出现新的变化,邮票印制管理职能有所调整。从2000年开始,邮票设计全部面向社会征稿,邮票设计群体进一步扩大,更多的社会美术工作者、平面设计师参与邮票设计。2009年6月16日,邮票印制局下发《关于〈邮票图稿管理规定〉的通知》,打破了此前所有图稿不退还的做法,更加利于调动邮票设计者的积极性。这一时期的邮票印制技术也不断进步、更新,更多新版式、新材质、新技术的邮票问世。

第二节　技艺场景

一、设计群体多元

改革开放初期为中国的繁荣昌盛奠定了良好的基础,在这一时期,中国社会呈现政治稳定、经济实力日益增强、对外文化交流日益频繁的总体环境。在社会大环境下的邮票设计领域中的设计群体进一步扩大,国外邮票设计师也加入其中,特别是从 2000 年开始,邮票设计全部面向社会征稿,更多的社会美术工作者、平面设计师及儿童小画家的参与,使设计群体呈现多元化局面。虽然这一时期的邮票设计群体呈现多元化局面,但大部分作品出自专业邮票设计师的格局并未改变。

(一)专业邮票设计师

继以孙传哲为代表的中国第一代专业邮票设计师相继退休,中国第二代专业邮票设计师在这一时期逐渐发展并逐步走向成熟,以毕业于中央工艺美术学院的王虎鸣为代表。现为中国邮政集团公司邮票印制局副总设计师的王虎鸣自 1987 年起从事邮票编辑、设计工作至今,先后设计邮票 100 余套,他设计的邮票多次荣获国际、国内奖项。"为表彰其在邮票设计领域自主创新的奋斗精神和为中国设计业的迅速发展做出的贡献,2006 年 1 月 18 日,在'2005 中国设计业十大杰出青年'颁奖典礼上,国家邮政局邮票印制局副总设计师王虎鸣被授予'2005 中国设计业十大杰出青年'称号。"[1] 目前,中国邮政集团公司邮票印制局共有 21 名专业邮票设计师,分别是:王虎鸣、李群、

---

① 宋晓文:《方寸美术六十年》,福建人民出版社 2011 年版,第 252 页。

姜伟杰、呼振源、任国恩、阎炳武、李庆发、李德福、杨文清、郝旭东、夏竞秋、陈景异、方军、郝欧、蒋蔚、尚予、沈嘉宏、董琦、尚盈、史渊、李昕。这一时期大部分邮票设计出自这些专业邮票设计师之手，成为中国邮票设计群体的中流砥柱。

（二）国外邮票设计师

从20世纪90年代开始，随着中国对外开放政策的不断深入，邮政的对外合作也不断加强，出现了邮票设计的国际合作方式，即由两个国家的邮票设计师共同设计邮票，主要表现在中外联合发行的邮票设计中。中国邮政在这一时期先后与美国、泰国、澳大利亚、圣马力诺、新加坡、瑞典、新西兰、德国、法国、瑞士、俄罗斯、朝鲜、哈萨克斯坦、古巴、巴西、比利时、埃及、葡萄牙、马来西亚、斯洛伐克、韩国、伊朗、匈牙利、希腊、罗马尼亚、西班牙、列支敦士登、荷兰、加拿大、波兰、奥地利、印度尼西亚、墨西哥、印度、英国、乌克兰、土耳其，一共37个国家联合发行邮票，其合作国家的数量之多史无前例。在这些中外联合发行的邮票中，我国主要采取一套两枚的形式，两国设计师分别负责其中一枚邮票的设计。邮票设计的国际合作方式使更多的国外设计师加入中国邮票设计的阵营，也使中国邮票设计师的设计作品永久载入合作发行国家的邮票设计史册。

二、印制工艺精湛

这一时期邮票的印制水平继续向前发展，在印制厂家的生产格局、印制工艺以及印制水平方面又呈现出新的变化。

（一）印制厂家多元化

1991年，邮电部决定在位于郑州市的河南省邮电印刷厂和位于沈阳市的辽宁省印刷厂试印部分邮票。1992年，邮电部决定改变长期以来由北京邮票厂独家印制邮票的生产格局,在河南和沈阳两个厂内设立邮票印制车间。同年,两个厂家在国家邮电部的考察批准下正式取得了邮票印制资格,从此我国的邮票印制厂家形成北京、河南、辽宁三家邮票定点印制企业格局。

1994年,经邮电部决定,北京邮票厂划归邮票发行局,并在现有基础上成立邮票印制局,负责邮票的编辑和设计工作。邮票印制局成立后,为进一步提高我国邮票印制水平,对印刷设备进行了多次更新和改造。1997年,印制局从德国格贝尔公司引进了一台自动化控制程度非常高的邮票专用印刷机——五色照相凹版转轮印刷机,并于2009年对该设备进行改造,实现可以印刷六种颜色以及异形打孔和图案镂空工艺。2002年,印制局引进瑞士邮政无偿赠送的一台胶雕版组合邮票印刷机,该设备于2003年9月投入生产,使中国的邮票印制增加了胶雕混合版这一新的工艺品种。为提高胶版印刷质量,印制局多次从国外引进先进设备:2004年,引进一台日本良明四开六色(UV)胶版印刷机;2007年,引进一台海德堡四开六色胶版印刷机;2009年,引进一台海德堡对开五色胶版印刷机;2011年,再次引进一台海德堡四开六色(UV)胶版印刷机。

河南省邮电印刷厂和辽宁邮电印刷厂在1992年成立之初,分别引进了当时最先进的德国海德堡五色、六色胶版印刷机,使中国邮票的胶版印制的数量和质量有了相应的提高。河南、辽宁二厂自建厂以来,各自承印了100多套邮票,为中国邮票的印制事业做出了应有的贡献。

(二)印制工艺成绩斐然

邮票印制工艺在这一时期取得了一系列的创新。一是承印材料取得突破,成功研制出耿绢邮票纸和宣纸邮票纸。2006年9月10日发行的“2006-23T文房四宝”特种邮票是我国首次发行的纯蚕丝绢纸邮票。2010年5月15日发行的“2010-11T中国古代书法——行书”特种邮票是我国首次发行的宣纸邮票。这两种邮票纸的研制成功不仅提升了邮票的技术含量和防伪功能,也增加了邮票设计的民族文化含量,特别是宣纸邮票纸对印制中国书法和水墨画作非常适宜。二是邮票印制工艺的创新。不仅研制出荧光加密防伪油墨、香味油墨和刮显式邮票工艺,增加了邮票鉴赏的情趣;还创新出多种邮票尺孔形式,使异形邮票的设计得以实现。三是对智能邮票的成功印制。在 2009 年 9 月 13 日发行的"2009-20T 唐诗三百首"以及 2012 年 8 月 31 发行的"2012-23T 宋词"特种邮票的印制中采用了"隐形数字水印技术";2010 年 6 月 12 日发行的"2010-14T 昆曲"特种邮票再次将"隐形数字水印技术"与视频技术相结合,印制出全世界第一套多媒体视听邮票;2014 年 6 月 1 日发行的"2014-11T 动画——大闹天宫"特种邮票的印制采用了"增强现实技术"。

(三)印制工艺达到国际先进水平

1992—2015 年,中国邮政共发行 761 套纪特邮票。其中影写版纪特邮票 377 套,占比 49.5%。胶版纪特邮票 301 套,占比 39.6%。雕刻版纪特邮票 83 套,占比 10.9%。胶版纪特邮票上升幅度较前一时期有很大提升,影写版纪特邮票相较有所下降,雕刻版纪特邮票略有下降。数据表明,这一时期我国邮票的胶版印刷能力有大幅度提高,打破了之前以影写版为主的印刷格局。在这一时期历届"政府间邮票印制者大会"的评比结果中,我国印制的邮票屡次获"最佳胶印奖"和"最佳影写奖",说明我国邮票印制技术进一步得到提高并在邮票印制技术的国际先进行列中确立了自己的位置(表 6-1)。在 2012 年葡萄牙里斯本举办的第十四届"政府间邮票印制者大会"上,"经过各国投票(不得投自己的票),中国荣获综合大奖,即最高奖项。这是我国自参加该组织以来第二次获得此项大奖。此次获奖,标志着经过多年来的不懈努力,中国邮票的设计印制水平已经达到国际先进水平"。[①]

---

① 《第十四届政府间邮票印制者大会》,《集邮博览特刊》2014 年。

表 6-1　中国在 1992—2018 年"政府间邮票印制者大会"获奖一览表

届次	时间	地点	获奖类别	邮票名称
4	1992.4	西班牙马德里	最佳胶印奖	《T158 韩熙载夜宴图》
5	1994.5	日本东京	最佳胶印奖	《1992-3 杉树》
9	2002.6	韩国汉城	最佳影写奖	《2001-20 古代金面罩头像》
10	2004.5	波兰克拉科夫	最佳创新奖	《SB-24 梁山伯与祝英台》小本票
11	2006.9	中国北京	最佳胶印奖	《2004-21 鸡血石印》
			最佳影写奖	《2004-24 祖国边陲风光——呼伦贝尔草原》小全张
			综合大奖	各类奖项综合最高分
12	2008.11	阿尔及利亚阿尔及尔	最佳影写奖	《2007-5 京剧生角——高宠》
13	2010.9	巴西里约热内卢	最佳影写奖	《2009-19 国家图书馆——古籍馆》
14	2012.9	葡萄牙里斯本	综合大奖	各类奖项综合最高分
15	2014.10	中国北京	最佳胶印奖	《2013-14 金铜佛造像——明·铜鎏金无量寿佛像》
			最佳影写奖	《2012-25 里耶秦简——乘法九九口诀》
16	2016.9	德国柏林	最佳影写奖	《2014-1 甲午年》
17	2018.6	法国巴黎	最佳凹印邮票奖	《2016-15 中国古典文学名著——〈红楼梦〉(二)》小型张
			最佳混合版邮票奖	《2017-1 丁酉年》
			最佳胶印奖	《2016-18 水果(二)》
			最佳创新奖	《2017-11 中国恐龙》

第三节　设计风貌

一、选题侧重点有所调整

改革开放初期的邮票发行局本着实事求是的原则,认真总结新中国成立三十年来邮票发行和选题的成功经验和教训,按照邮票自身特有的规律重新确定邮票的选题,使邮票选题逐步走向科学和规范的轨道。1992年至2015年的邮票题材基本是建立在前一个时期的基础之上,一共发行邮票765套,其中纪念邮票274套,特种邮票487套,普通邮票4套。从分类统计表中可以看出,这一时期对民族优秀文化遗产的挖掘持续深入并位居首要,宣传祖国风景名胜以及重大节日及纪念日选题有所增加,取消了生产安全质量选题(表6-2)。

表6-2　1992—2015年邮票题材一览表

题材类别	套数	所占比例	题材类别	套数	所占比例
优秀文化遗产	156	20.4%	重要会议	26	3.4%
风景名胜	131	17.1%	生肖	24	3.1%
重大节日及纪念日	113	14.8%	科学技术	15	2%
人物	62	8.1%	集邮	13	1.7%
经济建设	56	7.3%	公益事业	13	1.7%
体育	51	6.7%	社会生活	9	1.2%
对外文化交流	48	6.3%	历史事件	8	1%
动植物	40	5.2%			

　　1994年1月24日,邮电部下发《关于请推荐特种邮票选题和设计图稿的通知》,对部分邮票的选题和图稿征集工作进行改革,由各省、自治区、直辖市邮电管理局推荐3—5个特种邮票选题,邮电部从中选定1个,然后由被选定的各省、自治区、直辖市自行组织邮票设计工作,最后上报邮电部审定并安排印制,仍以邮电部的名义发行。从1995年1月12日发行的中国首套地方选题特种邮票——"1995-2 吉林雾凇"开始,地方选题的特种邮票开始步入国家邮票的发行轨迹。1998年,国家邮政局总结地方选题邮票发行3年来的成功经验和不足,对地方选题的做法和图稿征集工作做出改变,即由各省、自治区、直辖市统一编报选题,由国家邮政局专门机构统一组织,面向全国范围征集设计图稿与专业邮票设计师设计相结合。从此,"地方选题邮票"这个名

称不再提及,但从广义来说,地方选题邮票的发行却并未中断,因为几乎所有的地方选题都选择当地最具代表性的自然风光和历史遗迹。事实上,自中华人民共和国成立以来发行的祖国名山大川、历史文化遗迹、行政区成立纪念以及地方建设成就等邮票,本身就属于地方范畴,也正因如此,民族优秀文化遗产选题在这一时期位居首要。

地方选题邮票的发行,不仅扩展了邮票题材的范围,也大大丰富了邮票画面的内容。邮票作为国家名片,往往一套邮票的发行,对提升地方的知名度和品牌价值以及促进地方经济的发展都具有积极意义,因此,各地对发行地方选题邮票都抱以极大的热情,但发行的难度也极大。如"发行'龙虎山'特种邮票,就是江西省鹰潭市邮政部门每年的重点工作,从 2000 年开始争取,多次邀请国家邮政局相关专家前来考察,终于在 2007 年纳入国家邮政局2008 年的发行规划,后因国家邮政局发行计划有变而暂时搁浅,直至 2013 年7 月 27 日才问世,前后长达 13 年之久"。①

二、铭记、志号再次改变

随着改革开放政策的不断深入,中国与世界各国的经济、文化交流日益扩大,为适应这一形势需要,也为贯彻万国邮联的规定,邮电部决定从 1992年起,将邮票铭记改为"中国邮政",并在票面上增加英文"CHINA"字样(图6-1-2)。其实早在 150 年前,即 1878 年中国第一套邮票"大龙邮票"上便有英文"CHINA"字样(图 6-1-1)。同样的英文字样却蕴含着不同的意义,一个是衰败王朝面对着西方殖民统治的被迫接受,一个却是改革开放后国力日益强盛的新中国主动迈向世界舞台。然而,当时铭记的变更也是经历好事多磨的过程,据提出铭记更改的时任邮电部邮政总局邮票处处长陈文骐回忆:"一些有影响的同志提出意见,不同意邮电部把邮票上的'中国人民邮政'铭记中

---

① 《龙虎山发力冲刺"国家名片"》,《江西日报》2012 年 1 月 10 日。

的'人民'二字去掉。有的同志说,去掉'人民'二字是迎合国际上反社会主义的浪潮(大意)。有的同志说,去掉'人民'二字就是不要社会主义(大意)。有的同志甚至说,去掉'人民'二字改变了我们国家的性质(大意)……与此同时,国家管理语言文字的部门也提出不同意见,认为应该用汉语拼音。该部门还说,用英文标注国名是'丧失国格'……20世纪90年代初,我们国家实行改革开放政策的时间还不长,再加上国际上一系列重大事件的发生,使得人们的思想非常活跃,传统的思想观念还束缚着一部分人的头脑,而新的观念、新的认识又在探索之中,对一件新事物有这样那样的看法毫不奇怪。"[①]

在铭记变更的同时,邮电部对邮票的志号也做了调整,将以前的分类别按编号顺序编排调整为以年号打头按发行时间顺序编排,即纪念邮票与特种邮票统一按年编号,但仍注明"J"和"T"(图6-1-2)。以年号打头按发行时间顺序编排志号,不仅可以通过志号分辨出邮票的类别,也便于人们了解每套邮票的发行顺序和每年的发行总套数,而在以前的邮票志号只能分辨出邮票的类别和发行年份。可以看出,这一调整在不影响原邮票志号美观的前提下,进一步增强了邮票志号的实用性。从此,中国邮票开始进入"编年邮票"时期直至今日。

对邮票铭记的变更和志号的改进增加了编年邮票票面上的信息量,也预示着中国邮票设计艺术即将进入一个新的时期——多元发展期。

1. 大龙邮票的铭记　　　　2. 新的铭记与志号

图6-1　铭记与志号的调整

[①] 陈文骐:《海棠情深——陈文骐散文精选》,中国文联出版社2011年版,第175、178页。

三、票型种类多样

伴随着邮票印制水平的不断提高,这一时期票型种类呈现出多样化面貌,打破了"文革"时期及改革开放初期的邮票票型全部采用长方形票型的单调局面。不仅出现了数量较多的正方形邮票,还出现了圆形、菱形、平行四边形、正五边形、正六边形、三角形、双曲线形异形邮票。在解放区和新中国成立时期曾出现的正方形票型在这一时期不但再次出现,并且数量上明显有所增加。新中国成立时期曾出现过的三角形异形邮票在这一时期也出现一套,虽然2000年11月22日发行的"2000-22J中国'神舟'飞船首飞成功纪念"邮票票型仍是三角形,但在构图形式上出现新的形式,其中的第二枚采用的是倒三角式票型,这种新的倒三角形态和正三角形态又组合成一个平行四边形,而画面依然保持人的正常观看形式(图6-2-1)。

其他几种异形邮票也都是这一时期新的设计产物。从数量上看,异形邮票中菱形票型5套,圆形票型4套,其余各1套,仅占全部的1.9%,但正是因为异形邮票的数量很少,往往给人以眼前一亮、耳目一新的感觉。更为重要的是,这些数量极少的异形邮票,就像万绿丛中一点红,在众多的常规票型的邮票中显得格外醒目,调节了常规邮票票型给人的视觉所带来的单调感,有的更是给人带来富有趣味性的视觉感受。如2002年5月16日发行的"2002-11J 2002年世界杯足球赛"纪念邮票是中国第一套圆形邮票(图6-2-3)。因邮票使用的特殊性,圆形邮票中的圆形只能依附于正方形而存在,圆形具有圆润、优美的视觉感受,方形具有均衡、稳定的视觉感受,一方一圆的对比形式比单纯的圆形或正方形具有更加丰富的视觉感受。同时,因实用性的需要,四条边必须要有便于撕票的尺孔,这不仅起到了圆形与正方形的视觉连接,而且明确了画面的视觉中心——十字交叉点,使观者的视觉中心更为集中,这主要是因圆形尺孔外的四个均匀分布的尺孔所起到的视觉上的强调作用。再如2011年11月27日发行的"2011-27M天津滨海新区"小型张的票型,采用的是双曲线的形式,由于双曲线具有明显的方向性,使画面形成内缩的视觉张力,在本是平面的画面上产生了弧面效果,给观者带来了一种全新的视觉感受,给这枚设计上较为平淡的邮票增添了一丝的视觉趣味性（图 6-2-7）。

1. 2000-22J 中国"神舟"飞船首飞成功纪念

2. 2001-18T(4-1) 麻栗坡兜兰

3. 2002-11J(4-1)新的起点

4. 2012-6J 亚洲—太平洋邮政联盟成立五十周年

5. 2007-32M 第 29 届奥林匹克运动会——竞赛场馆(小型张)

6. 2010-21J 广州 2010 年亚洲残疾人运动会

7. 2011-27M 天津滨海新区(小型张)

图 6-2 异形邮票

四、民族风格依然保持

在改革开放初期的十年间,邮票设计的民族风格取得了令人瞩目的成绩,其间所开发的"古代名画系列""近现代作品系列""帛画系列""壁画系列"邮票在这一时期得以延续。将这些中国绘画史中的精品纳入邮票,方寸之中散发出强烈、鲜明的民族风格。这一时期的邮票设计在继续保持民族风格的基础上又呈现出一些新的变化。

(一)版式设计中的"图文分离"

"图文分离"的版式设计是这一时期的变化之一,主要体现在中国绘画系列邮票的设计中。这里的"图"专指中国绘画系列邮票中被缩印的原画,"文"指邮票的铭记、志号与面值文字。邮票票幅中的铭记、志号与面值文字是邮票设计所不可回避的设计元素,而诗书画印也是中国绘画的重要组成部分,如何协调二者之间的关系是设计者所不可回避的。综观这一时期中国绘画邮票的设计,我们发现,设计者基本上都是采用"图文分离"的处理方式。所谓"图文分离",就是将"图"当作一个单独的板块,将"文"也当作一个单独的板块,"图"与"文"之间严格分开,互不干扰。如 1997 年 3 月 14 日发行的"1997-4T 潘天寿作品选"特种邮票,设计者在"图"的四边用细线勾勒而形成明显的边框区域,将"文"安排在边框区域以外,这样就形成了图与文的严格划分。对于"文"的处理,设计者也进行了精心布置,从整体上将"文"安排在一个集中的区域里,通过字体的大小区分出铭记、志号、面值以及作品名称,这种版式设计既做到了明确的图文关系,也形成了错落有致的整体布局(图6-3-4)。另外这套邮票所选用近似于方形的原画构图在众多的中国绘画系列邮票中显得别具一格,独有新意。"由轮廓线所围成的面容易被看作是图形,而图形外的面则总被看作是底子。"[1]由此观之,说明这一时期的邮票设计者更加注重"图底"关系的处理。邮票画面中的四条细线所围合的面中的"原画"更容易被看作是"图",也更容易成为视觉中心,同时这种设计方式非常明

---

① 丁宁:《美术心理学》,黑龙江美术出版社 1994 年版,第 149 页。

确地将原画中的画家题款与其他文字保持分离状态,可以最大限度地保持
"原画"的精神面貌。

在保持"图底"关系明确的前提下,设计者根据整体需要采用更为灵活的
版式。有的图文在画面中采用左右对称的方式,显得庄重典雅。有的图偏于
画面一侧,借助文字的合理布局保持整体画面在视觉上的平衡状态,画面的
民族风格与现代版式设计有机地结合,可谓是传统与现代的交融,在民族风
格浓郁的邮票画面中平添几分现代气息。

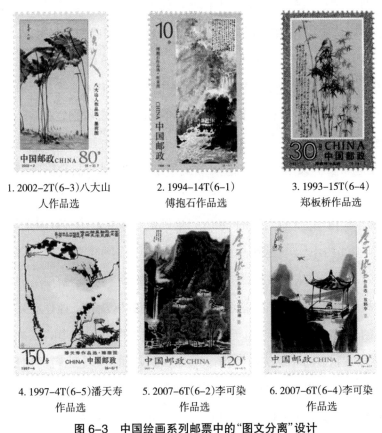

1. 2002–2T(6–3)八大山　　　2. 1994–14T(6–1)　　　3. 1993–15T(6–4)
人作品选　　　　　　　傅抱石作品选　　　　　郑板桥作品选

4. 1997–4T(6–5)潘天寿　　　5. 2007–6T(6–2)李可染　　　6. 2007–6T(6–4)李可染
作品选　　　　　　　作品选　　　　　　　作品选

图 6–3　中国绘画系列邮票中的"图文分离"设计

从这一时期每年的最佳邮票评选结果来看,分别有"1993–15T 郑板桥作
品选""1994–14T 傅抱石作品选""1996–5T 黄宾虹作品选""1997–4T 潘天寿

作品选""1998-15T 何香凝国画作品""2002-2T 八大山人作品选""2002-5M 步辇图（小型张）""2004-26T 清明上河图""2005-25T 洛神赋图""2007-6T 李可染作品选"10 套邮票获奖，说明广大群众对富有浓郁民族风格的中国绘画系列邮票的认可与喜爱。

（二）中国传统艺术形式在邮票设计中进一步扩大

邮票设计中对中国传统艺术形式的运用或借鉴是中国邮票具有鲜明民族风格的主要方式，中国传统绘画中的工笔、写意、木刻以及书法、印章、装裱等艺术形式或手段，使中国邮票的民族艺术风格更加鲜明。另外，邮票设计中对中国剪纸、手工艺品、刺绣、年画等民间艺术形式的吸收、借鉴，为中国邮票的民族艺术风格增添了浓郁的乡土和生活气息。中国传统艺术形式在邮票设计中的运用及借鉴在新中国各个时期都有所体现，特别是在改革开放初期取得了极大成功，这一时期的邮票设计中对中国传统艺术形式的运用、吸收、借鉴进一步扩大，除之前的艺术形式外，还出现了白描、皮影等新的设计形式。

2001 年 12 月 13 日发行的"2001-27J 郑成功收复台湾三百四十周年"纪念邮票是采用中国传统绘画中的白描艺术形式设计的（图 6-4）。白描是中国绘画的一种传统表现技法，采用纯墨线勾描物象，不敷颜色渲染，力求以单纯简洁的线条传神为能事。这套邮票的人物刻画以及场景处理应该说是非常成功的，但将较大的场景缩至方寸之中，致使本来就很密集的线条压缩在一起，主体人物显得不够突出，使画面效果大打折扣。加上白色的铭记、邮票名称和红色的面值文字与不着色彩的白描艺术形式产生冲突，冲淡了画面的艺术氛围。虽效果并不理想，但这也是邮票设计中的一种大胆尝试，也正因如此，在邮票设计中采用白描艺术手法是极为少见的。

1. 2001-27J(3-1)闽海雄风　　　　2. 2001-27J(3-2)箪食壶浆

图6-4　"郑成功收复台湾三百四十周年"纪念邮票

2000年4月30日发行的"2000-6T木兰从军"特种邮票在设计时综合吸收、借鉴了民间艺术形式。花木兰的故事,在中国可以说是家喻户晓,妇孺皆知。在以往的美术作品中对花木兰的形象塑造基本上是采用中国画技法描绘出一个富有古典唯美气质的女子形象(图6-5-1、图6-5-2);而在这套邮票中,设计者采用皮影艺术的造型语言,同时吸收了皮影艺术中的武将大多是豹子眼和虎眉的程式化特征,塑造出一个全新的木兰艺术形象。字体采用中国古代雕版印刷典型的宋体,版式设计上借鉴了中国古代传统线装书籍的

1. 上海人民出版社1984　2. 福建美术出版社2002年出版
年出版的《木兰辞》连环　的《木兰辞》连环画封面插图
画封面插图

3. 2000-6T(4-2)木兰从军　　4. 2000-6T(4-3)木兰征战

图6-5　邮票设计中全新的"木兰"形象

形式,独特新颖的人物造型,版式设计与人物造型语言相辅相成,色彩单纯醒目,邮票设计既体现出民族风格,又焕发出浓郁的乡土气息。这套邮票独特的艺术语言形式在众多的人物邮票中格外醒目、独具艺术魅力,也被广大群众评为 2000 年最佳邮票之一(图 6-5-3、图 6-5-4)。

五、其他风格崭露头角

(一)儿童画风格

在以往各时期所发行的儿童邮票的设计都是出自专业邮票设计师之手,这一时期出现了新的变化,即由儿童设计属于自己节日的邮票。1998 年 6 月,国家邮政局以展望新世纪为主题面向全国征集作品,组织 6—12 岁的儿童进行邮票设计竞赛活动。由国家邮政局主管部门组织儿童设计邮票竞赛活动,并将获奖作品作为主图于 2000 年 6 月 1 日发行"2000-11J 世纪交替,千年更始——21 世纪展望"纪念邮票,这在中国邮票设计史上尚属首次(图 6-6-1、图 6-6-2)。除儿童设计邮票外,还选用儿童画作品作为邮票主图。2008 年

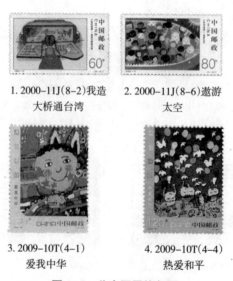

1. 2000-11J(8-2)我造　　　2. 2000-11J(8-6)遨游
大桥通台湾　　　　　　　太空

3. 2009-10T(4-1)　　　　　4. 2009-10T(4-4)
爱我中华　　　　　　　　热爱和平

图 6-6　儿童画风格邮票

10 月 10 日,邮票印制局图稿编辑部在全国开展了"祝福祖国"儿童画征稿活动,从征集的近万幅儿童画中评选出 60 幅入围作品,最终评选出 4 幅江苏睢宁儿童画作品作为邮票主图,于 2009 年 6 月 1 日发行"2009–10T 祝福祖国"特种邮票(图 6-6-3、图 6-6-4)。

儿童画具有儿童自身独特的风格特征,"他们喜欢看到在原来空无所有的地方有某种东西出现,尤其是喜欢它们以强烈的色彩和瞬刻显现的形状来刺激自己的感官……我们可能看到过千千万万个儿童的绘画作品,却没有一幅作品与别人的重复,不管他们画一个人还是画一个动物,都能用几条简单的线条,创造出一个全新和独特的形式"。[①]"一般来说,儿童身上都潜藏着丰富的想象力。当儿童发展到更高级的发育阶段时,这种潜在的能力便逐渐消失了。"[②] 这说明想象力、创造性、高纯度色彩关系、概括的形状是儿童画所特有的风格特征,儿童小画家们分别从儿童自身的思维角度表现了奔向 21 世纪的衣食住行、发明创造、生活乐趣,以及对祖国的美好祝愿,邮票的画面充满着神奇的想象力、艳丽的色彩以及天真烂漫的童趣,画风稚嫩而不拙劣,具有鲜明的儿童特色,使人们对儿童丰富的想象力叹为观止。

(二)招贴风格

招贴作为平面设计主要的形式之一,通过简洁的图形和文字引起人们的注意,从而向观众传达文化、政治、商业或其他的特定信息。招贴设计的目的是将画面所包含的信息在瞬间快速传递给广大观众,并留下深刻印象。因此,要求招贴设计应该具有简洁、醒目、直率的画面特征。招贴设计的特点是画面大,视觉效果强烈,可以远距离观看浏览。从这一特点出发似乎画面尺

---

① ［美］鲁道夫·阿恩海姆:《视觉思维:审美直觉心理学》,滕守尧译,四川人民出版社 1998 年版,第 343、345 页。

② ［美］鲁道夫·阿恩海姆:《视觉思维:审美直觉心理学》,滕守尧译,四川人民出版社 1998 年版,第 343、345 页。

寸较大的招贴与方寸之间的邮票并无关系,然而邮票设计者依然利用邮票传播力度广泛这一特点,采用招贴设计语言进行邮票设计,也是这一时期邮票设计所呈现的新面貌。

在 2003 年 5 月 19 日发行的"2003- 特 4 万众一心抗击'非典'"纪念邮票中,设计者将禁止标志的圆环用一正一反连续交错的"♡"形取代,配以具有明确象征意义的红黑两色,寓意众志成城、万众一心的红色爱心抗击"SARS"的黑色风暴(图 6-7-1)。2003 年 12 月 1 日发行"2003-24J 世界防治艾滋病日"纪念邮票,画面中仅有一个醒目的标志图案——红绸带。红绸带是呼唤全社会关注艾滋病的防治,理解、关爱艾滋病感染者以及艾滋病病人的国际性标志,寓意像一条纽带的红绸带将世界人民紧紧联系在一起,共同抵抗艾滋病。醒目的标志配以"世界防治艾滋病日""12.1"文字,设计表达的意义非常明确(图 6-7-2)。在 2004 年 3 月 10 日发行的"2004-4J 中国红十字会成立一百周年"纪念邮票中,设计者巧妙地利用世界红十字会的国际性标志外形,将这一"十"字形演变成若干"十"字基本形,用这些基本形组合成一个"華"字,使代表中国的"華"字与红十字会的国际性标志产生了形状上的相似,二者之间实现了巧妙的组合(图 6-7-3)。这三套邮票具有一个共同的特点,即广大观众在瞬间便能领悟画面所要传达的信息且印象深刻,其原因便是它们所呈现出的简洁、醒目、直率的画面特征,具有鲜明的招贴风格。

1. 2003- 特 4 万众一心抗击"非典"

2. 2003-24J 世界防治艾滋病日

3. 2004-4J 中国红十字会成立一百周年

图 6-7　招贴风格邮票

（三）矢量插画、动漫风格

除以上风格外,这一时期的邮票设计还体现出矢量插画、动漫风格。虽然套数有限,但依然具有典型特征,也是这一时期邮票设计呈现多元发展态势的侧面写照。

矢量插画是以矢量图形为造型基本元素的一种插画形式。实现矢量图形是由 postscript 代码定义的线条和曲线组成的图像,是数字时代所特有的图像形式之一,在插画领域被广泛地应用。矢量插画最突出的风格特征是色彩以物象的固有色为主,利用计算机软件实现传统手绘难以达到的透明色彩叠加效果来丰富画面的层次,形成矢量插画所特有的风格。2011 年 7 月 2 日,"2011-19T 自行车运动"特种邮票发行,该套邮票便是通过矢量软件在电脑操作平台上绘制的具有矢量插画风格的邮票设计。画面中的所有形象都是由不同形状的矢量图形所组成,通过矢量软件调节每个矢量图形的不透明度,便可轻松实现透明色彩叠加效果,也使画面中你追我赶的自行车运动员从前到后依次呈现出景深效果,几条叠加的横向直线使画面产生运动速度之感(图 6-8-1)。

2015 年 6 月 13 日发行的"2015-12T 感恩父亲"特种邮票的画面中,用两个小圆点代表眼睛,头大嘴小与头小嘴大这一对幽默可爱的父子形象,具有简练概括的动漫风格(图 6-8-2)。通过现实生活中最常看见的情景表现出孩子对父亲的依恋以及父亲对孩子的疼爱,高明度的色彩关系营造出父子间浓浓的亲情氛围,采用动漫风格的设计使画面童趣盎然,散发出浓烈的生活气息。特别是孩子手拉着的"♡"形气球,不仅寓意着父子的爱和感恩之情,还可以刮出"爸爸,我爱您""爸爸,您辛苦了""祝爸爸平安幸福""父爱如山"四条祝福语中的一条,增添了邮票的互动趣味。

"1964 年,上海美术电影制片厂历时四年,根据《西游记》原著前 7 回改编,由万籁鸣导演的我国第一部彩色动画长片《大闹天宫》……以别出心裁

1. 2011-19T(2-2)竞技

2. 2015-12T 感恩父亲

3. 2014-11T(6-1)龙宫夺宝

4. 2014-11T(6-5)恶斗天兵天将

图 6-8　插画、动漫风格邮票

的艺术构思和艺术表现手法,以及高水平的艺术造型与动画技巧,使作品的思想性和艺术性得到了完美结合,在继承传统艺术和民族化道路上达到了高峰,大大提高了中国动画电影在国际上的地位与影响,曾被誉为我国最优秀的一部动画片,标志着我国动画民族风格的成熟,使中国动画进入了新的高度。"① 作为中国动画片的经典之作,《大闹天宫》影响了几代人,为再现中国动画史上的这座丰碑,2014 年 6 月 1 日发行了"2014-11T 动画——大闹天宫"特种邮票(图 6-8-3、图 6-8-4),通过选取《大闹天宫》动画片中的 6 个经典情节集中展现了孙悟空勇猛矫健、神采奕奕的形象和反抗神权的无畏精神。为更真实地还原经典,该邮票采用了增强现实技术(Augmented Reality Technique),简称 AR 技术,即通过摄影机等设备,与电脑产生的虚拟画面实时结合,将在现实世界很难体验到的实体信息模拟仿真后再叠加到现实世界,从而达到增强或超越常规感官体验的效果。在观赏邮票时,观众通过手机、平板电脑等设备终端扫描二维码,下载"大闹天宫邮票"多媒体 App。安装App 后,扫描每一枚邮票的图案便可播放 20 秒的《大闹天宫》动画片段,此外

① 刘小林编著:《动画导论》,湖北美术出版社 2010 年版,第 48 页。

还可以开启 App 中的游戏与孙悟空进行互动,使邮票极具观赏性和趣味性。

六、现代设计手法日益丰富

改革开放初期,将现代主义设计手法运用于邮票设计已初露端倪,这一时期继续向前发展,现代设计手法的运用较前一时期呈现出多元化面貌。

(一)"点""线""面"构成的运用

通过"点""线""面"等基本形的重新组合来创造新的形态是平面构成的设计手段。将这一手段运用于邮票设计中,往往可以创造出具有较强视觉冲击力和富有简洁现代气息的画面效果。2013 年 9 月 27 日,"2013-24T 乒乓球运动"特种邮票发行,该邮票中的人物形象通过"点"的疏密分布来塑造,运动员身体的亮部留白,极其密布的"点"形成暗部,中间的灰面用间隔均匀的"点"来构成,由"点"所组成的邮票面值文字、乒乓球自身形象的"点"与运动员形象中的"点"既有统一的元素又有大小的对比关系,形成协调统一的画面效果(图 6-9-1)。在 2012 年 6 月 16 日发行的"2012-13J 海阳 2012 第三届亚洲沙滩运动会"纪念邮票中,设计者采用"曲线"勾勒出运动员的外形轮廓,同心圆曲线像发射的电波呈现出一种向外扩张的张力,画面富有优美的韵律感(图 6-9-2)。

1. 2013-24T(2-2)正手发球　　2. 2012-13J(3-3)　　3. 2001-24J(2-1)
滑水　　　　　　　入水

图 6-9　邮票设计中的"点""线""面"

在 2001 年 11 月 11 日发行的"2001-24J 中华人民共和国第九届运动会"纪念邮票的设计中,设计者采用"面"的形式描绘出游泳运动员冲入水面的瞬间动作,这里的"面"只是准确地画出人物在运动项目中瞬间动作的外轮廓,省略对内部结构的刻画,以单纯的色彩平涂的方式加以描绘,同时将人物一侧的外轮廓线加以重复,几条形状相同的重复"线"形成有节奏韵律的秩序感,既强调了画面的主体形象,也丰富了画面的层次,可谓是"线面"结合运用得恰到好处。试想如果去掉这几条"线",则画面顷刻间凸显单调,韵律感全无(图 6-9-3)。

(二)图形设计手法的运用

图形设计手法在邮票设计中的运用主要体现在"共生"与"反转"这两个图形表现方式上。共生图形是存在于两个形态的共用部分或轮廓线之中的一个构思巧妙的新生形态。构成共生图形的形态虽来自客观世界,但这种构形手段却要凭借设计师的主观思维创造出两形共存的结构关系。它超越了视觉的常规习惯,在不合理中求合理,于合理中又包含不合理的因素,就像共用一堵墙的两间房子存在一种共存现象,用一方的轮廓线造就了另一方,如果一方形态消失,另一方也将不复存在。这一时期的邮票设计中运用这一手法的有 1995 年 9 月 4 日发行的"1995-18J 联合国第四次世界妇女大会"纪念邮票第三枚,1995 年 5 月 1 日发行的"1995-7J 第 43 届世界乒乓球锦标赛"纪念邮票,2013 年 5 月 3 日发行的"2013-特8 齐心合力,抗震救灾"纪念邮票。第一图中,设计者将女性侧面形象与鸽子形象共用一条轮廓线,巧妙地将二者组合成一个共生图形;同时又将中国传统"祥云"图案与女性形象共生。和平鸽、妇女、祥云依次共存,既创造出构思巧妙的共生图形,又言简意赅地突出设计主题——联合国世界妇女大会(图 6-10-1)。第二图中,右上角的会徽是将乒乓球拍与鸽子形象共生,简洁、醒目的会徽与画面左侧图案形成鲜明对比(图 6-10-2)。第三图中的双手捧起爱心,加上文字标题,主题表达不言而喻。由于共生表现方式是在人们司空见惯的图形上的重新构架,将多个图形依照新的秩序组成言简意赅的图形,具有以少胜多、以一抵十的设计特点,设计出的图形构思巧妙、充满趣味、新颖独特(图6-10-3)。

反转图形具有内在的景深特性,它可以按照其空间方向被模糊地感知。人们在持续观察反转图形时,可能会无意识地反转它的空间方向,如继续观察,可能会出现周期性反转现象。这一属于人类感觉与知觉的心理现象被设计者所利用,并被运用到图形设计领域,在邮票设计中也出现一例。在2006年10月30日发行的"2006-26J中国—东盟建立对话关系15周年"纪念邮票画面中的图形便存在反转现象,中国国旗与东盟旗帜伴随着观者视觉出现周期性的位置互换,两个主要图案忽前忽后,画面富有极强的观赏趣味,产生令人回味的视觉效果。设计者利用"线""面"巧妙地创造出一个"虚""实"相互间隔的封闭纽带,如只有"面"的"实",则反转现象消失,画面效果立刻变得索然无味,仅成为邮票设计主题的载体(图6-10-4)。

1. 1995-18J(4-3)和平

2. 1995-7J(2-2)场馆

3. 2013- 特8(1-1)齐心合力,
抗震救灾

4. 2006-26J(1-1)中国—东盟建立对
话关系15周年

图6-10　邮票设计中的创意图形

七、先抑后扬的第二、三轮十二生肖系列邮票设计

继首轮十二生肖邮票完美设计发行后,这一时期继续进行十二生肖系列邮票的设计发行工作,从时间跨度节点上已经历经两轮,本节将对这两轮生肖系列邮票的设计特色进行探讨。

(一)第二轮生肖邮票的设计有失水准

在第二轮生肖邮票首套邮票发行前,"邮政总局和中国邮票总公司在收集各方意见和建议的基础上,又组织邮电部邮票图稿评议委员会的委员以及其他方面的专家,再次研讨第二轮生肖邮票的设计方案,最终形成了统一意见,确定第二轮生肖邮票每套发行两枚,一枚为生肖图案,一枚为生肖文字;生肖图案以中国民间艺术品为原型进行设计,设计过程中要尽量保持艺术品的'原汁原味';生肖文字要采用中国书法,背衬中国民间艺术图案……第二轮生肖邮票的前三套发行后,社会上议论很多,意见较大。特别是对第一套的猴,骂声不断,甚至有人讽刺这是只'得了艾滋病的猴'……我们不断受到上级领导的批评"。[①]在这种情况下,邮电部邮政司和邮票印制局于1994年再次组织召开研讨会,确定了第二轮生肖邮票"一明一暗""两平两立""三年一换"的总体设计原则。"一明一暗"指一套两枚的邮票中的一枚有底色,另一枚无底色;"两平两立"指对邮票中的生肖形象采用两年平面造型与两年立体造型交替进行;"三年一换"指生肖文字按照真、草、篆、隶的顺序每三年更换一次。

这一总体设计方案可谓构思新颖,可圈可点。第一,一套两枚与首轮的一套一枚的方式区别明显,从设计的角度来讲,两轮之间具有较高的识别度。第二,生肖文化属于中国传统的民俗文化,以中国民间艺术品为原型进行生肖图案设计,既可以充分体现生肖源于民间的民族文化性,也能通过方寸艺

---

① 陈文骐:《海棠情深》,中国文联出版社 2011 年版,第 181、182 页。

术完美再现生肖的民族文化。第三,采用书法艺术表现的生肖文字,以其独特的艺术语言借助邮票这一小小的窗口再现汉字的历史沿革,是传承和发扬中华民族传统文化的一个很好的契机。可以看出,第二轮邮票设计方案的出发点是立足于民族文化基础上的构建,具有深厚的文化内涵,无论是从邮票枚数的确定,还是对造型方式以及表现形式的定位,均较为新颖。

尽管第二轮生肖邮票的总体方案构思较为新颖,但最终的结果却不尽如人意。"两平两立"的生肖图案部分以中国民间艺术品为原型进行设计,形象及色彩均具有浓郁的乡土气息,但大多数图案设计过于简单化,主要体现在"两平两立"中的立体图案部分。这六个立体图案分别来自中国民间工艺品:甲戌年选自河北民间泥玩具狗,乙亥年选自陕西陇县农民艺人陈美娥的枕头猪作品,戊寅年选自山西黎城县民间剪纸艺人高秋英的布老虎作品,乙卯年根据"泥人张"第四代传人——张锠捏制的泥兔设计的,壬午年选自陕西凤翔县泥塑艺人胡深的泥塑马作品,癸未年选自陕西凤翔县民间工艺品——彩绘泥塑花羊。从最终的邮票画面可以看出,六个立体图案宛如六个民间工艺品的展示,将立体状态的物象搬进二维平面中,仅能显示立体物象某一个侧面的形象,难以将原型惟妙惟肖地进行展示。这六个立体图案过于忠实于原型,可以说就是对原型的复制,这种雷同的设计方式一览无余地呈现于画面之上,故六幅画面虽形象不同,却给人以相似感。从立体效果而言,对布老虎的正面形象和彩绘泥塑花羊的正侧面形象这两个角度的选择难以在二维平面中显示立体感,因此也很难说这六幅生肖图案全部是立体的。

平面图案的设计有的选用民间剪纸作品,如癸酉年鸡票图案选自河北献县民间剪纸艺人蔡兰英的剪纸作品,丁丑年牛票图案出自山东高密县民间剪纸艺人齐秀花之手,辛巳年蛇票图案选自陕西延川县民间剪纸艺人白秀娥的剪纸作品。这几幅民间剪纸作品中的生肖形象生动、线条明快,富有浓厚的乡土气息。有的从中国民间传说中找到设计视点,如丙子年鼠票根据民间传说"老鼠嫁女"设计出一个手持灯台、身着彩衣、神态俏皮的新娘鼠,这一拟人

1. 1992–1T(2–1)　猴桃瑞寿　　2. 1993–1T(2–1)　雄鸡报晓　　3. 1994–1T(2–1)　平安家福　　4. 1995–1T(2–1)　肥猪拱门

5. 1996–1T(2–1)　万家灯火　　6. 1997–1T(2–1)　金牛奋蹄　　7. 1998–1T(2–1)　虎虎生威　　8. 1999–1T(2–1)　玉兔为月

9. 2000–1T(2–1)　祥龙腾飞　　10. 2001–2T(2–1)　祥蛇祝福　　11. 2002–1T(2–1)　马到成功　　12. 2003–1T(2–1)　癸未大吉

图6–11　第二轮十二生肖特种邮票生肖图案

化的新娘鼠形神兼备,堪称第二轮生肖邮票中的精品。庚辰年龙票中设计原型取自西安汉城遗址出土的汉代瓦当上刻绘的龙图案。设计者在纹样原型基本造型特色的基础上,增添了一些装饰元素,使画面的装饰效果更为强烈。在六幅中唯有"壬申年"猴票的画面效果平淡,叫人难以辨别。"这套邮票的猴是设计者综合民间艺术品的元素而设计的,它不是我们平时所见的镂空剪

1. 1992–1T(2–2)　　2. 1993–1T(2–2)　　3. 1994–1T(2–2)　　4. 1995–1T(2–2)
喜鹊登梅　　　　四季吉祥　　　　祥瑞兴旺　　　　喜迎新春

5. 1996–1T(2–2)　　6. 1997–1T(2–2)　　7. 1998–1T(2–2)　　8. 1999–1T(2–2)
鼠咬天开　　　　牛耕年丰　　　　气贯长虹　　　　吉祥如意

9. 2000–1T(2–2)　　10. 2001–2T(2–2)　　11. 2002–1T(2–2)　　12. 2003–1T(2–2)
旭日东升　　　　祥运普照　　　　壬午大吉　　　　三阳开泰

图 6-12　第二轮十二生肖特种邮票生肖文字

纸,而是一种彩色剪纸,没有多少空白,形象靠颜色来区分。当时的邮票图稿评议委员会的成员中,有三分之二是美术界的专家,他们普遍认为这件艺术品比较'拙',意思是更有民间味道,更能反映出民间的审美情趣,所以被选中了。但在制作时,问题就来了,它的致命伤是雕刻师无从下刀。这只猴以平面色块为主,而雕刻讲究线条。在最后的成品上,能反映出雕刻的地方并不多,唯有猴的双眼较为明显。"①从整体上来看平面图案要好于立体图案,有五幅设计成功的平面图案,画面效果在全部画面中也非常醒目突出。

按真、草、篆、隶的汉字演变历史设计的生肖文字图案部分整体上比较协调,中国的民间剪纸、传统窗格与花灯、书法等艺术形式均在设计中有所体现,但和生肖图案放在一起时,便产生了主从关系。这是因为文字与图像之间是有差别的,文字具有抽象性,人们对文字符号的接受必须通过理性的思考去体悟文字的审美韵味。图像具有直感性,使人们在视觉感官的刺激中得到满足。当具象的"图"和抽象的"文"并置而列时,图更易成为主体,因此每套生肖邮票的第二枚的生肖文字只能成为从属地位,仿佛是对第一枚生肖图案的进一步说明。

综上所述,尽管第二轮的设计结果不尽如人意,但却为第三轮生肖邮票的成功设计积累了宝贵的经验。

(二)第三轮生肖邮票的设计再次成功

鉴于第二轮生肖邮票的设计从总体上来看比第一轮逊色不少,引起国家邮政局的高度重视。有关部门早在 2000 年就开始策划第三轮生肖邮票的总体设计方案。"2001 年 4 月,由中国邮政报社、国家邮政局邮票印制局、江苏省集邮协会、苏州市邮政局主办,生肖集邮研究会、苏州市集邮协会承办,在苏州召开了中国第三轮生肖邮票设计研讨会。"②国家邮政局在集思广益之后,于 2002 年 5 月确定了第三轮生肖邮票的总体设计思路:每年发行一套一枚生肖邮票,正方形票型;设计语言用现代设计手法表现中国传统艺术精髓。综观第三轮生肖邮票的设计,无论在设计手法还是风格上,都取得了新的突破。

①　陈文骐:《海棠情深》,中国文联出版社 2011 年版,第 181 页。
②　生肖集邮研究会编著:《生肖集邮概说》,陕西人民出版社 2008 年版,第 48 页。

邮票设计中现代设计手法的运用是第三轮生肖邮票的设计特点之一。2004 年 1 月 5 日发行的"甲申年"猴票,是由国内著名平面设计师陈绍华设计。画面中猴的形象以大小不同的各种圆弧概括成形,这种利用现代设计最基本的造型元素设计出的猴生肖形象具有别开生面、新颖独特的设计风格,令人眼前一亮,也为第三轮生肖邮票的设计定下了基调,起到了良好的开端作用。综观第三轮生肖邮票的设计,全部采用的是现代设计手法,只是在对具体生肖形象的塑造时所运用的设计手法有所差异,具体可分为四种:第一种是利用几何形作为造型元素来设计生肖,如"2004-1T 甲申年""2008-1T 戊子年""2009-1T 己丑年""2011-1T 辛卯年""2013-1T 癸巳年"。第二种是在设计中融入现代造型元素,如在"2005-1T 乙酉年"鸡票的设计中,鸡的躯干与双腿采用现代书法艺术的形式表现,同时几笔书法线条又和圆形的旭日构成"酉"字,现代书法中注重的"飞白"笔触效果,标准化的圆形旭日使画面充满现代气息。第三种是利用制图工具所画出的极为标准的"线"描绘出生肖外形,将形象内部的装饰元素概括为不同的单元形加以重复排列,画面富有秩序感。如"2006-1T 丙戌年""2012-1T 壬辰年""2014-1T 甲午年""2015-1T乙未年"。第四种是采用拟人化的动漫手法设计生肖形象,如"2010-1T 庚寅年"便设计出一个双手叉腰、神气十足,身穿华丽优美条纹的卡通虎,既表现出虎的威武神气,又赋予了人的动态特征。可以看出,在第三轮生肖邮票的设计中,尽管所运用的现代设计手法不尽相同,但所设计出的生肖形象都具有简洁化、几何化、秩序化的设计特征。

在第三轮生肖邮票的设计中,造型元素来自神话传说、民间剪纸、传统吉祥图案、书法等中国传统艺术。"甲申年"猴票以民间谚语"猴桃献瑞"为设计主题,"抱桃猴"成为贺寿之神,表示吉祥如意。"丙戌年"邮票塑造了一只看守门户的"五彩犬",画面中的"五彩犬"身穿对襟马甲的民族服饰,鼻子、眉毛和嘴组成一个石榴图案,用寿桃图案装饰卷起的五彩尾巴,两只前爪捧着一个条纹图案的绣球。"辛卯年"中的"玉兔"在中国传统文化中往往是月亮的

1. 2004-1T 甲申年　　2. 2005-1T 乙酉年　　3. 2006-1T 丙戌年　　4. 2007-1T 丁亥年

5. 2008-1T 戊子年　　6. 2009-1T 己丑年　　7. 2010-1T 庚寅年　　8. 2011-1T 辛卯年

9. 2012-1T 壬辰年　　10. 2013-1T 癸巳年　　11. 2014-1T 甲午年　　12. 2015-1T 乙未年

图 6-13　第三轮十二生肖特种邮票

代名词。"玉兔"周身的花卉图案具有典型的民间剪纸特征,造型扑腾欲走、稚拙可爱,在背景中融入圆月造型,蕴含着我国古代月宫玉兔的美丽神话传说。"壬辰年"邮票中龙的原型取自明清时期的团龙造型。明清是中国龙纹图案的全盛时期,其团龙造型遵守一定的程式法则,甚至连龙的盘曲角度、鳞爪造型都有严格的规范。邮票图案设计严格遵守团龙造型的程式,采用现代设计手法使图案呈现出整齐划一的秩序感,设计出既威严庄重,又着色喜庆的团龙正面形象,在表现龙的力量与权威的同时,也体现出民间对避邪和吉祥的期盼。"乙未年"邮票的设计以绵羊为原型,羊角以缠枝花草纹装饰,羊身以牡丹、莲花等中国传统花卉图案,并伴以祥云、海水传统纹样,其中的 3

层牡丹图案以及两侧的12卷毛,寓意我国已发行三轮生肖邮票,每轮12套邮票,通过画面中丰富的中国传统图案寓意圆满、幸福、吉祥、绵长,寄托人们对新年的美好祈盼。在"庚寅年"邮票中,"卡通虎"的身后有一个用行书书写的"虎"字,为画面增添了中国的传统意味。

取自中国传统艺术的造型形式,采用现代设计手法加以表现,使第三轮生肖邮票的设计形式具有表面上很现代,骨子里却很中国的艺术特色,可谓是传统与现代的完美结合。综观十二生肖系列邮票的三轮设计,第一轮的设计画面洋溢着浓郁的民族风格;第二轮的设计整体上虽不尽如人意,但画面依然散发着浓浓的乡土气息;第三轮的设计画面则是中国传统艺术的现代演绎。可以说十二生肖系列邮票设计中的成与败为我国的邮票设计积累了宝贵经验,也是中国邮票设计艺术发展的最佳历史见证。

八、数字设计平台对邮票设计的影响

在政治环境稳定、宽松,经济实力快速增长的近20多年里,中国邮票的设计呈现多元化发展面貌,设计平台的转变、设计群体的扩展成为促进邮票设计多元化发展的主要因素。20世纪90年代以后,随着计算机、数码照相机和各种设计应用软件等数字技术在艺术设计中的运用为设计师提供了新的平台,使得设计师的技术手段和设计过程与传统方式相比都发生了质的变化,这一变化过程对邮票设计也产生重要的影响,其中既有积极的正面影响,也有消极的负面影响。

(一)技术构建

人们通常用"电脑"一词作为对电子计算机的一种较为形象化的称谓,将采用电脑进行艺术设计的方式称为电子计算机辅助设计。利用电脑设计邮票包括两种方式:第一种是设计师在电脑上运用设计软件直接设计邮票图稿。如1994年6月23日发行的"1994-7J国际奥林匹克委员会成立一百周年"邮票便是中国第一套在电脑平台上设计完成的邮票(图 6-14-1)。第二种是邮票图稿的前期创作通过国画、油画、雕塑、摄影、书法、民间美术等艺术方式手工绘制,再通过数码相机、扫描仪等各种设备,把不同特质的各种艺术形态的艺术图像输入、存储到电脑中,设计师在电脑上对这些图像进行处理,完成最终的设计图稿。"1995 年,电脑设计邮票开始步入鼎盛年份⋯⋯进入 21 世纪以后,电脑在邮票设计中扮演了越来越重要的角色,在我国每年发行的 20 多套邮票中,电脑设计或部分采用电脑设计的邮票占据了 70% 的份额。"[1] 这说明利用电脑平台设计邮票成为这一时期的主流方式,因此新的设计平台下的邮票设计也必然呈现出一种新的技术建构。

首先,设计师利用电脑和各种设计软件进行设计,是将所设计的形象、色彩、文字等各种图像信息通过光电转换方式,转换为数字信息模式贮存于电脑,由于存储的信息是位图或矢量图格式的数字模式,这就使设计师能够利用各种设计软件对所设计的图像进行任意位移、切割、翻转、变化、放大、缩小或重新调整色彩等,对显示器上的各种图像进行处理加工,创作出新的视觉图像。同时,"电子计算机为我们提供了充分的修改余地,只需将现有的图像贮存到磁盘中取出原有的设计,同样,可以再作尝试。这一改变便可大胆地在屏幕上修改,万一失败仍可重新从磁盘中取出原有的设计重新尝试,这对于设计家来说是极其重要的"。[2]

其次,邮票自身是综合艺术的载体,可以说中西方的艺术形式都或多或少地运用于邮票设计中,因此在以电脑为主流设计工具的邮票设计中仍有许多邮票的图稿设计采用手工绘制的方式。手工绘制的图稿往往具有绘制者鲜明的艺术个性,以电脑为主的数字平台可以将各种艺术形式绘制的手工图稿通过数字设备输入电脑,从而最大限度地保留手工图稿的原汁原味。同时,对输入电脑中的这些不同形态和特质的艺术图像,设计师可以根据设计

---

① 《邮票设计:"电脑"与"人脑"之争》,《北京日报》2009 年 9 月 25 日。
② 王雪青:《电脑对设计艺术的影响与贡献》,《装饰》1991 年第 3 期。

需要进行加工处理,既可以保持原作的风采,也可以重新组合,创造出一个面目全新的图像。邮票印制局在这一时期"引进了相当数量的Mac计算机、PC计算机、PC服务器及相关图文处理软件,极大地加强了印前的图文处理能力……全面实现了印前数字化工作流程"。[①]所以数字化平台的技术构建既是中国邮票设计由传统向现代转换的象征,也是传统与现代相互结合的手段。

最后,建立在数字平台上的数字技术和信息技术使邮票设计在继承传统艺术形式的同时又不断注入新的内容。美国麻省理工学院教授尼古拉·葛洛庞蒂(Nicholas Negroponte)曾说:"我们已经进入了一个艺术表现方式得以更生动和更具参与性的新时代,我们将有机会以截然不同的方式,来传播和体验丰富的感官信号。这种新方式不同于读一页书,也比到卢浮宫(Louvre)实地游览更容易做到。互联网络将成为全世界艺术家展示作品的全球最大的美术馆,同时也是直接把艺术作品传播给人们的最佳工具……数字化使我们得以传达艺术形成的过程,而不只是展现最后的成品。这一过程可能是单一心灵的迷狂幻想、许多的集体想象或是革命团体的共同梦想。"[②]在数字技术平台的推动下,邮票设计也开始超越了其原先的范畴,如2010年6月12日发行的"2010-14T昆曲"特种邮票将"隐形数字水印技术"与视频技术相结合,设计出全世界第一套多媒体视听邮票(图6-14-2);2012年8月31日发行的"2012-23T宋词"特种邮票的设计再次采用了"隐形数字水印技术",观众通过读取设备可以点读邮票上的诗句(图6-14-3);2014年6月1日发行的"2014-11T动画——大闹天宫"特种邮票的设计采用了"增强现实技术"(图6-8-3、图6-8-4)。将"隐形数字水印技术""增强现实技术"等数字技术应用于邮票设计中,突破了传统邮票的方寸局限,实现了邮票信息的扩展,小小的一枚邮票

---

① 中华人民共和国邮票印制史编委会:《中华人民共和国邮票印制史》,文化发展出版社2014年版,第118页。

② [美]尼古拉·葛洛庞蒂:《数字化生存》,胡泳等译,海南出版社1996年版,第262页。

不仅"可视",还"可听、可闻、可触";呈献给观众的不仅是邮票原有的平面化、单一化、静态化形式,更是互动化、动态化、综合化的欣赏过程。

1. 1994–7J 国际奥林匹克委员   2. 2010–14T(3–1)   3. 2012–23T(6–1)
会成立一百周年   浣纱记   晏殊《浣溪沙》

图 6–14　利用数字平台设计的邮票

数字技术灵活、便捷的方式极大地提高了邮票设计的工作效率,电脑产生了手工所无法达到的绚丽色彩及平滑过渡的层次渐变。同时,数字化平台也丰富了邮票的设计方法,而传统的手工绘制方式依然与电脑绘制方式并存或相互结合,所以数字化设计平台下的邮票设计必然呈现出多元化的艺术表现形式。

(二)局限性

随着数字平台的出现以及硬件性能的不断提高,邮票设计摆脱了很多传统技术手段的限制。数字平台的技术建构为邮票设计提供了技术上的保障,使邮票画面的色彩更加绚丽,层次间的过渡更加平滑,便捷、快速的设计软件使邮票设计在平面和空间的表现更为容易且效果更为逼真,但同时也容易造成邮票设计简单化、拼凑化的弊端。

这一时期邮票设计的简单化并不同于"文化大革命"时期。这一时期的简单化是因数字化设计平台的便利性造成的,属于技术层面。电脑的方便、准确以及容易修改的特点的确是邮票设计师的好帮手,但要使邮票设计具有生命力,仅仅依靠电脑是达不到的,邮票中绚丽的画面色彩和平滑的层次过渡却无法掩盖设计上的空洞和平淡。以 1998 年 9 月 23 日发行的"1998–21T 贺兰山岩画"特种邮票(图 6-15-1、图 6-15-2)和 2000 年 5 月 5 日发行的"2000–9T 塔尔寺"特种邮票(图 6-15-3、图 6-15-4)为例,从邮票画面上可以明显看出这两套邮票将照片作为主图,仅仅通过设计软件的调色功能对图像进行调节或变换色调,然后在画面中加上铭记、志号和面值,便完成了设计的全部。从邮票的画面可以看出,画面中所显现的次要因素太多,这些次要因素分散了观者的注意力,画面并未形成一个集中、统一的视觉中心,造成画面主次及虚实关系过于平均,缺少艺术韵味。

造成这种画面效果的主要原因是设计师在设计时仅利用电脑做简单化处理而缺少设计中最为重要的创意环节,因此这样设计出来的邮票更像是对照片的简单处理,缺少艺术特色。从另一个角度来看,这种设计方式表面上看来可能最忠实于事物的本来面貌,然而忠实于事物本来面貌的艺术形式并非仅此一种形式,如中外各种绘画艺术形式也依然可以达到这一目的,显然这种简单化的设计方式从严格意义上讲还不能称之为设计。在数字技术并未应用于邮票设计前,照片仅是邮票设计者的一个参考手段,最终的设计目的只能通过设计者手中的画笔对照片进行取舍、提炼,即便是以照片为主要图案的邮票,依然要进行照片修版这一过程,其目的就是对照片进行艺术上的再加工,删除多余的图像信息,明确画面的虚实关系,使主体更为突出。如今只需数码相机快门一按,然后输入电脑中利用图像软件进行各种处理,可见数字化的设计平台使这一设计过程变得非常便利,这就像一把双刃剑,在给邮票设计手段带来便利的同时也容易造成邮票设计的简单化。

所谓邮票设计的拼凑化是指利用数字技术的便利将设计素材组合在一起,画面缺少设计的内涵。如 2011 年 7 月 10 日发行的"2011–20T 海外中华情"特种邮票(图 6-16-1、2、3、4),四幅画面分别描绘了"传统佳节""华人会馆""唐人街"以及"华文学校",全套邮票的设计仅仅是将各种素材通过图像

1. 1998-21T(3-2)射猎   2. 1998-21T(3-3)公牛

3. 2000-9T(4-2)大金瓦殿   4. 2000-9T(4-3)大经堂

图6-15　邮票设计的简单化处理方式

处理软件组合在一起,这种拼凑化的结果往往是具有花哨的画面效果,且主次不分,难以形成明确的视觉焦点,观众很难理解画面所要表达的设计意图。再如2014年10月7日发行的"2014-24J新疆生产建设兵团成立六十周年"纪念邮票(图6-16-5、6、7),第一枚"艰苦创业"的画面将三张照片素材并置,以"军垦第一犁"雕塑为主体,背景是兵团人开荒劳动的场面以及现在所取得的绿色收获;第二枚"维稳戍边"的画面内容复杂,32号界碑、两个战士守卫祖国的疆土、各民族兵团人亲密友好相处的场景,给人以眼花缭乱的感觉,特别是在面积很小的画面左下角的群雕和右方的人物,使人根本无法分辨出他们的动作、神情以及要做什么,只能根据票题去猜想;第三枚"再创辉煌"则是用两张并置照片表现出农田、飞播以及新疆石河子市貌的建设成果。全套邮票利用各种素材拼凑在一起,表面看似花哨,实际上缺少设计的内涵,加之所选用的图片素材也较为常见,如果没有设计说明,很难明白设计意图。

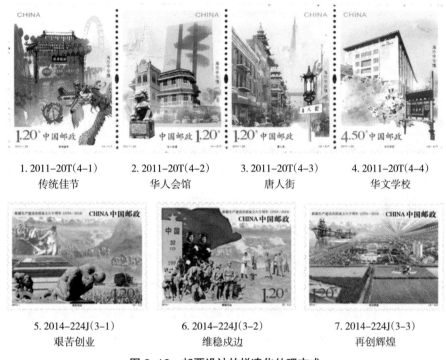

1. 2011-20T(4-1)　　2. 2011-20T(4-2)　　3. 2011-20T(4-3)　　4. 2011-20T(4-4)
　　传统佳节　　　　　华人会馆　　　　　　唐人街　　　　　　华文学校

5. 2014-224J(3-1)　　　6. 2014-224J(3-2)　　　7. 2014-224J(3-3)
　　艰苦创业　　　　　　　维稳戍边　　　　　　　再创辉煌

图 6-16　邮票设计的拼凑化处理方式

"真正优秀的设计,其素材的选择应该体现出独特性,避免雷同。"[①] 在以手工绘制邮票图稿的时代,设计者深入实地考察,用手中的画笔记录素材收集过程中的所思、所感、所想,画面无不流露出设计者的艺术个性。在数字时代,设计者手中的画笔往往被各种数字设备所取代,数码相机成为记录的主要工具,加之数字技术的日新月异,设计者可以任意选择已有的图形、图像资源,设计素材的来源被极大地"丰富"了。然而,素材的极大丰富可能造成设计者对设计素材的依赖性,在设计过程中并不深入挖掘内涵,而是将两个或更多的图片东拼西凑地结合在一起便完成了设计,画面缺乏真正的创意思想,甚至没有。

----

① 陈绘:《数字时代视觉传达设计研究》,东南大学出版社 2013 年版,第 165 页。

小　　结

从 20 世纪 90 年代以来,随着数字化时代的到来,中国邮票设计艺术朝着多元化方向发展。设计群体继续扩展,不仅有专业邮票设计师、社会美术工作者,更有平面设计师、儿童以及国外邮票设计师的参与。设计手法与表现形式更加多样化,特别是计算机设计平台逐步成为设计的主流工具,打破了之前一直以传统绘画工具为主要手段的设计方式,邮票设计不仅有传统的绘画方式,也有利用计算机进行设计的方式,表现形式不仅有中西方各种传统绘画形式,更有现代设计手法乃至高科技因素的加入,但也产生了因过分依赖数字设计平台而造成的设计简单化、拼凑化倾向。

在人类设计的发展进程中,新生事物永远是在发展与质疑中不断地向前推进,辩证地说便是有其利必有其弊。18 世纪西方工业化的生产方式对手工业带来了极大的冲击,其标准化的产品不仅是机械化大生产的产物,同时也是设计的产物,标准化的出现深刻地改变了设计的面貌,使工业产品走进了千家万户,但也带来了缺少人情味、产品千篇一律的弊端。数字时代下的数字技术同样如此,为邮票设计带来众多益处的同时也会带来创意的贫乏,尽管目前在邮票设计领域的简单化、拼凑化的现象尚属个别,但应引起广大设计人员的警惕和重视。

结　语

　　不同时代具有不同的时代精神,每个时代的邮票必定是每个时代的精神写照,同时邮票又是一门综合艺术,每个时代的邮票又是每个时代中多种艺术形式的综合载体,因此某一特定的艺术风格、设计手法、表现方式等难以贯穿中国邮票设计发展脉络之始终,所以我们只能考察中国邮票在不同时代里大多数邮票图像所具有的共性。

　　从中国邮票所历经的历史时期来看,先后经历了晚清、民国、中华人民共和国成立初期、"文化大革命"、改革开放初期、改革开放继续深入与全面建设时期。从每个历史时期下的邮票设计所呈现的主要艺术风格来看,中国邮票设计艺术先后经历了移植期、借鉴期、探索期、曲折期、繁荣期、多元发展期。移植期的邮票以"大清邮政局""大清国邮政局""大清国邮政"为铭记,设计直接挪用西方邮票中的"九宫图式"或在"九宫图式"的基础上进行变化,图像内容以中国传统图案、吉祥纹样为主,具有繁复的装饰风格。借鉴期国民党统治区的邮票以"中华邮政"为铭记,设计以美国雕刻师海趣、格兰为主,重点反映当时的历史人物、风景、交通工具,图案中所经常采用的"柱式布局""拱券结构""镜中显影"三种固定图式具有典型的美国邮票模式,邮票画面具有庄重、典雅的古典风格。解放区因战时客观条件所限,各解放区分区为政,所以铭记种类繁多。邮票设计是在条件极为艰苦的环境下,以革命领袖和广大劳动人民为主要图像内容,本着因地制宜、删繁就简的设计原则,在借鉴的基础上创造出"四位一体""柱式布局"的固定图式,图案设计简洁、生动,邮票画面呈现出强烈的木刻版画风格。探索期首创邮票志号,除纪1、纪2、纪3三套纪念邮票使用"中华人民邮政"作为铭记,其余则以"中国人民邮政"作为铭记。邮票设计在继承自立期的基础上,图像内容进一步扩大,以人物、动植物、建筑、风景、文物为主要表现对象,着重对中国邮票的民族风格进行努力探索并取得了一定的成绩,使民族风格在中国邮票中开始彰显。曲折期的邮票事业遭到严重破坏,志号历经了从取消到恢复的混乱局面,邮票以"中国人民邮政"为铭记,重点表现领袖、工农兵形象及样板戏,画面多以当时社会广为流传的摄影作品、宣传画为主,呈现出强烈的"文革"美术风格,即使是在"文化大革命"结束后的两年徘徊时期里,依然有所体现。繁荣期的邮票以"中国人民邮政"作为铭记,邮票设计获得了极大发展,邮票画面内容丰富、艺术表现形式多样、设计语言成熟,设计精品众多,特别是对邮票中的民族风格的表现取得了极大成功。多元发展期的邮票以"中国邮政"为铭记,画面内容与艺术表现形式更加丰富,形成民族风格、现代设计风格、动漫风格、儿童画风格等多元并举的设计格局。

从中国邮票设计的人员组成结构来看,移植期邮票的设计人员目前学术界确认的仅有海关造册处职员、德国人费拉尔一人。借鉴期国民党统治区的邮票设计人员有所扩展,不仅有美国雕刻师海趣、格兰,还有专职绘图员以及社会人员。解放区没有固定的邮票设计人员,多是从事宣传或与邮政相关的具有一定美术基础的同志。探索期建立了专业邮票设计师队伍,并特邀社会知名美术家参与邮票设计。曲折期的专业邮票设计人员减少,有的邮票甚至由工人负责设计。繁荣期的专业邮票设计师重回岗位并有所扩大,一部分邮票仍特邀社会知名美术家设计,还有一些社会美术工作者也加入设计阵营。多元发展期的设计群体继续扩展,不仅有专业邮票设计师、社会美术工作者,还有平面设计师、儿童以及国外邮票设计师的参与。中国邮票设计经历了从个人到群体、从外国设计师到中国设计师、从设计力量单薄到设计力量雄厚的发展渐变过程。这一曲折的发展过程使中国邮票的设计面貌与设计风格呈现出从单一至丰富,再到单一直至丰富的波浪状曲线轨迹。在这一发展过程中也有遗憾,这就是在邮票设计竞争机制的作用下,曾特邀社会知名美术家设计邮票的方式从 20 世纪 90 年代开始隐退。这种方式曾对中国邮票设计水平的提高有着重要的影响,特别是一些知名国画家们气韵生动的作品是中国邮票呈现浓郁民族风格的重要组成部分。知名美术家有着深厚的艺术功底和艺术修养,艺术风格已经得到了社会的检验和认可,采取特邀方式,让知名美术家的艺术作品呈现于方寸之中,更增加了邮票设计艺术的分量。

从中国邮票印制工艺的发展来看,移植期的印刷工艺以凸版、石版为主;借鉴期国民党统治区的邮票印刷以雕刻版为主。解放区的邮票印刷工艺因地制宜,以石版、木刻版、誊写版为主;探索期的邮票印刷工艺以雕刻版为主,胶版、影写版为辅;曲折期的邮票印刷工艺以影写版为主,雕刻版为辅;繁荣期的邮票印刷工艺以影写版为主,雕刻版、胶版为辅;多元发展期的邮票印刷工艺以影写版、胶版为主,雕刻版为辅。中国邮票的印制工艺在发展脉络上一直呈现不断进步的趋势,使中国邮票从较为粗糙到日益精美,画面色彩从较为单一到丰富多彩,印制水平从向国外学习到具备国际先进水平。印制水平的高低不仅决定邮票的精美程度,有时某种印制工艺或材料所呈现的艺术特色也决定着某一时期邮票的设计风格,如自立期的邮票便体现出强烈的木刻版画风格。在中国邮票印制工艺的不断发展中,曾经在借鉴期和探索期占据主流、具有独特艺术魅力的雕刻版邮票从曲折期便开始逐渐减少,其主要原因是人员和工艺的断档。"在 2010 年,邮票印制局精通手工雕刻工艺的人只有 2—3 人,其中只有 1 人年龄在 40 岁以下,其他人员都是 50 岁以上人员,精通手工过版的人员只有 1 人,年龄也在 50 岁以上。所以,手工雕刻和手工过版的技艺面临后继乏人的局面。"① 鉴于长期以来没有改观,2011年4月18日,邮票印制局与丹麦邮政共同举行了邮票雕刻师培训班,聘请丹麦著名邮票雕刻师马丁·莫克及多位国外雕刻师为印制局挑选的9名学员进行了为期一年的雕刻培训。从近5年发行的雕刻版邮票套数来看,2011年1套、2012年2套、2013年5套、2014年7套、2015年6套,数据表明邮票雕刻师培训班的举办取得了一定的效果,使每年发行的邮票版别的分布有所改观。相信随着新一代雕刻师的不断成长,今后邮票版别的分布会更为合理,形成影写版、胶版、雕刻版三足鼎立的局面。

回顾、总结中国邮票设计艺术的发展不是要回到过去,而是力求在重新审视中国邮票设计艺术曾经走过的风雨历程中,经历了怎样的发展脉络,又画出了怎样的流变轨迹,以便对当下和未来中国邮票设计起到有效借鉴和良性发展之效。

照搬、模仿西方邮票图式的清代邮票,在"学西"观念和"中体西用"思想的相互作用下,体现出清代特有的艺术特色,具有典型的移植特征。民国时期的邮票设计形成国民党统治区与解放区并行发展的局面。国民党统治区借鉴美国模式,设计构图庄重、典雅,加之印制较为精良,邮票图像显现出强烈的古典气息;解放区邮票是在极端艰难困苦的条件下诞生的,尽管印制水平有限,印制工艺也比较简单,但设计紧跟时代,构图形式在借鉴的基础上有所创新,粗犷有力、简洁生动的邮票图像焕发出鲜活的生命力。中华人民共和国成立初期中国社会的形态与性质都发生了质的变化,为巩固新生的共和国政权,邮票设计紧密围绕国际国内发生的政治事件,巩固社会主义阵营,发展社会主义经济、文化建设等主题,在设计观念、表现方式、印制水平方面都取得了较大发展,特别是对民族风格的探索取得了可喜的成绩,开始呈现出中国邮票设计的独特面貌,但随着新中国成立初期社会主义建设的发展,邮

---

① 蒋宁:《胶雕联合印刷机技改项目介绍》,《集邮博览特刊》2014年。

票设计也受到"左"倾思想的影响而出现转折。"文化大革命"期间,带有"左"倾色彩的邮票设计题材始终或多或少地贯穿这一时期,尽管个别邮票设计注重艺术性,但邮票设计总体上呈现出模式化、简单化倾向,邮票图像成为政权政治的宣传画本,即便是在"文化大革命"结束后的两年,邮票设计仍未完全摆脱"左"的束缚,处于徘徊中前进的局面。在改革开放春风的沐浴下,邮票设计在处于相对宽松的政治环境下繁荣发展,设计思想及观念在摆脱"文革"时期政治思想束缚之后产生了极大的迸发,一批年富力强、具有较高文化艺术修养的中年邮票设计师及社会知名画家的艺术风格日臻成熟,他们在邮票设计中大胆创新,艺术手段多样,特别是将中国传统绘画技法运用于邮票设计取得极大成功,使中国邮票的民族风格更加鲜明,一时间精品频出,标志着中国邮票设计繁荣时期的到来。从 20 世纪 90 年代以来,随着数字化时代的到来,中国邮票设计艺术朝着多元化方向发展,设计风格及表现方式更加多元,邮票印制工艺更加精湛,但也产生了因过分依赖数字设计平台而造成的设计简单化、拼凑化倾向。从中国邮票设计艺术的历史演进可以看出,政治、经济、文化的变迁触发了中国邮票设计艺术的生成、发展与嬗变;反之,中国邮票设计艺术的发展历程也清晰地反映出中国社会各个时期的政治、经济、文化环境状况。时代发展到 21 世纪的今天,在世界成为一个地球村、各国之间文化交流日益频繁,中国邮票设计呈现多元化发展面貌的大背景下,民族风格对中国邮票设计艺术显得愈加重要。

邮票对中国来说乃西方舶来之物,从一开始便打上了强烈的西方印记,如清代邮票的英国模式、国民党统治区邮票的美国模式。在中华人民共和国成立后,对邮票设计民族风格的探索成为邮票设计师的主要追求目标,即便是"文化大革命"期间,依然有个别邮票的设计洋溢着浓郁的民族风格。改革开放初期,在邮票设计领域所取得的最大成就便是对邮票设计中民族风格的表现获得了极大成功。本研究表明,中国第一代邮票设计师们在邮票发展的各个时期始终坚定不移地立足于中华民族优秀传统文化之中,在邮票设计语言与表现上合理利用、吸收中国绘画的艺术思想和造型理念,大胆吸收、借鉴中国民间艺术的表现手法,在视觉传达上高度体现了中华民族的艺术情结。然而,在历经20多年的多元发展时期中,虽然邮票设计的民族风格依然保持,但似乎并没有探索期和繁荣期这两个时期显得那样突出,其主要原因是在中西方文化交流日益频繁的多元化时代背景下的邮票设计也必然呈现多元化发展的趋势,中国真正意义上的现代设计便是在这一时期受到西方现代设计的影响和渗透并得到了迅猛发展。作为设计领域中的邮票设计,其设计手法与表现形式更加多样化,特别是计算机设计平台逐步成为设计的主流工具,打破了之前一直以传统绘画工具为主要手段的设计方式,邮票设计不仅有传统的绘画方式,也有利用计算机进行设计的方式,表现形式不仅有中西方各种传统绘画表现,更有现代设计手法乃至高科技因素的加入。因此,尽管邮票设计的民族风格在多元发展时期里依然保持,但因更多表现形式的邮票不断出现,使得民族风格在整体中的占比有所下降,也在整体中显得没有以前那样突出。

　　西方现代设计的影响和渗透在深层次上是一种文化渗透,面对这来势迅猛却又润物无声的文化渗透,中国的设计经历了由最初的盲从、浮躁,到冷静的思考与研究,再到寻求积极的举措和科学发展的渐进过程。其实,各种文化的交融与互补,应该说这种渗透是一种进步。从全球的宏观角度出发,21世纪全球将更加趋于经济一体化,但民族化和多元化恰恰是文化所需,世界文化的多元化是以世界各国个性化发展为前提的,正是因为有世界各民族各具特色的民族风格,才共同构成世界文化的多元化格局。"民族化的本质是一个民族的文化特征,也就是指一个国家或民族所具有的独特思想、文化或习俗等,这种民族文化是在历史长期的发展过程中形成的,是深层次的、原生态的,从根本上是难以改变的,不仅是一个国家或民族的文化遗产,更是全人类的共同财富。"[①]从邮票设计中对中国传统图案纹样的运用、敦煌壁画"飞

---

① 温巍山:《线描的造型与表现》,东南大学出版社2012年版,第104页。

天"形象的现代诠释、"花木兰"形象的皮影表现方式等,都使我们清醒地认识到:邮票设计的民族风格并不是对传统文化一成不变的继承,更为重要的是发展与创新,在与外来文化相互交流及相互对抗的矛盾冲突中不断地完善和发展富有本民族自我生命力的肌体系统,使其在推陈出新中不断地自我完善,这样才能在世界文化多元化的格局中保持自己鲜明的民族本色,具有独特的设计身份。从设计艺术上讲,邮票是国家的名片,是最具文化宣传和影响力的一门艺术,主要图像的塑造是其灵魂,造型的语言和表现方式是手段,这手段既是一个造型艺术问题,也是一个民族文化的问题。如何创造具有鲜明民族风格的邮票设计语言,我们应回归和重新审视中国传统艺术中的造型语言,不论是传统的中国画、民间剪纸,还是木版年画、皮影、雕刻等都具有中华民族独特的艺术语言,但如何把这些丰富的民族文化遗产加以综合提炼,仍是一个需要长期实践和探索的过程。这里既有艺术上的提炼与创新,也有需要符合邮票设计特点的运用与磨合。中国邮票设计中民族风格的发展过程是一个长期的探索过程,我们既要保持独特的设计身份,也不应拒绝邮票设计的多元发展趋势,重要的是如何将中国传统艺术的造型语言与现代设计语言进行相互融合,使邮票在散发出浓郁民族风格的同时又具有强烈的现代气息。令人欣慰的是,中国邮票设计在多元化发展的趋势下并未迷失自己的设计身份,但我们依然要保持冷静头脑清楚地认识到,邮票设计目前所面临的不是外来文化的冲击,而是我们应该对中国传统文化与邮票设计的关系进行更深层次的思考和探索,对本土民族艺术如何与邮票设计更好地结合进行系统的挖掘与研究,对邮票设计中如何体现浓郁的民族风格进行更多的实践与应用。"没有鲜明的民族特色的东西,在世界上是站不住脚的。"[①]"愈是民族的东西,它愈是国际的。愈有民族风格的、特点的,便愈加在国际上有地

---

① 艾思奇:《旧形式运用基本法则》,《中国新文学大系》第 2 集,上海文艺出版社 1990 年版,第125 页。

位。"① 时代在不断发展,科技在不断进步,但民族风格始终是中国邮票艺术的设计身份。中国的邮票设计只要立足于优秀的民族传统文化之上,就不会迷失方向,也一定能不断涌现出既传统又现代,既民族又世界的优秀之作。

当代中国政治环境良好有序,经济快速稳健发展,人民生活水平日益提高,人们追求的不仅仅是"生存需要",而更多的是"生活品质",即人们对精神的消费逐渐大于对物质的消费。同时改革开放的步伐进一步加大,国际间的交流合作日益频繁,高科技发展日新月异,中国社会与"全球化"零距离接触,已经迈入了信息化时代或数字化时代,随着人们的生活方式不断朝着多样化、个性化等方向发展,人们的审美观念、视觉接受方式也开始变得多样化。这就要求广大的邮票设计者们加强创新意识,挖掘深层次的设计创意,创作出多样化、多元化、艺术化的艺术图像,满足人们的审美需求。在向多元化方向发展的同时,应正确认识数字时代给邮票设计所带来的利弊关系,继续保持并发扬中国邮票设计艺术中那独具魅力的民族风格,并不断从民族传统文化中汲取养分,以富有浓郁民族风格的形式与内容诉求观众的视觉,努力做到现代与传统的完美结合,促进中国邮票设计艺术向更高层次发展。

---

① 潇三:《论诗歌的民族形式》,《中国新文学大系》第2集,上海文艺出版社1990年版,第135页。

附　　录

一、中国邮票设计艺术发展脉络一览表

设计发展分期	移植期（1878.7—1911.12）	借鉴期（1912.1—1949.9）		探索期（1949.10—1966.4）	曲折期（1966.5—1978.12）	繁荣期（1979.1—1991.12）	多元发展期（1992.1至今）
历史时期	晚清时期	民国时期		中华人民共和国成立初期	"文化大革命"及两年徘徊时期	改革开放初期	改革开放继续深入及全面建设时期
政权	大清帝国	中华民国	解放区	中华人民共和国	中华人民共和国	中华人民共和国	中华人民共和国
铭记	大清邮政局、大清国邮政局、大清国邮政	中华邮政	赤色邮政、苏维埃邮政、中华邮政、临时邮政、战时邮政等	中华人民邮政、中国人民邮政	中国人民邮政	中国人民邮政	中国邮政

设计发展分期	移植期 (1878.7—1911.12)	借鉴期 (1912.1—1949.9)		探索期 (1949.10—1966.4)	曲折期 (1966.5—1978.12)	繁荣期 (1979.1—1991.12)	多元发展期 (1992.1至今)
志号	无	无	无	纪、特邮票	"文"字邮票,编号邮票,J、T邮票	J、T邮票	编年邮票
固定图式	九宫图式	柱式布局、拱券结构、镜中显影	四位一体、柱式布局	无	无	无	无
主要图像内容	中国传统图案、纹样	重要历史人物、风景、交通工具	革命领袖、劳动人民	人物、动植物、建筑、风景、文物	领袖像、工农兵、样板戏	人物、动植物、文学艺术、绘画作品、风光名胜	风光名胜、文学艺术、绘画作品、人物、动植物
设计方式	手绘	手绘	木刻	手绘	手绘	手绘	手绘、电脑
艺术表现形式	传统图案	摄影、油画	木刻、宣传画	中国画、水粉、图案	摄影、宣传画	摄影、宣传画、中国画、油画、水粉、钢笔淡彩、素描、民间艺术	摄影、宣传画、中国画、油画、水粉、钢笔淡彩、素描、民间艺术、平面设计、招贴、图形、动漫、儿童画
主要艺术风格	以繁复的装饰风格为主	以左右对称、典雅庄重的古典风格为主	以因地制宜、因陋就简的木刻版画风格为主	民族风格开始彰显	票面"红光亮"、人物"高大全"、设计"公式化""简单化",体现出强烈的"文革"美术风格	民族风格更加鲜明,尤为突出	民族风格、现代设计风格、儿童画风格等多元并存

设计发展分期	移植期（1878.7—1911.12）	借鉴期（1912.1—1949.9）		探索期（1949.10—1966.4）	曲折期（1966.5—1978.12）	繁荣期（1979.1—1991.12）	多元发展期（1992.1至今）
设计群体	费拉尔	前期以美国雕刻师海趣、格兰为主,后期招聘专职绘图员、社会人员	从事宣传或与邮政相关的同志	邮票发行局设计人员、知名美术家	邮票发行局设计人员、工人	专业邮票设计师、知名美术家、社会美术工作者	专业邮票设计师、国外邮票设计师、社会美术工作者、平面设计师、儿童
印刷工艺	凸版、石版	雕刻版	石版、木刻版、誊写版	雕刻版为主,胶版、影写版为辅	影写版为主,雕刻版为辅	影写版为主,雕刻版、胶版为辅	影写版、胶版为主,雕刻版为辅

二、中国邮票主要设计人员一览表

姓名	简介	代表作品
费拉尔	(1860—1904)德国籍。擅长绘画。1885年来到上海,在法租界杂货店打工。1889年进入英领事馆威金生公司任职员。1891年进入上海工部局,1892年进入海关造册处任绘图员。	《万寿邮票》《蟠龙邮票》
罗兰素·海趣	(1856—1914)美国雕刻师。1874年至1887年在美国华盛顿特区的雕刻与印制局工作。1888年至1889年担任美国芝加哥的西部纸币公司雕刻师。1889年至1908年任职于纽约国际纸币公司。1908年至1914受聘于财政部印刷局担任高级雕刻师。	《中华民国光复纪念邮票》(与威廉·格兰合作)《中华民国共和纪念邮票》(与威廉·格兰合作)
威廉·格兰	(1886—1954)生于纽约。少年时期曾在铜业工会创办的补习学校学习艺术,毕业后拜访名师专攻雕版技艺,曾任美国钞票公司钢版部主任,1908年至1928年受聘于北平财政部印刷局并担任雕刻师。	《帆船邮票》《宪法纪念邮票》《北京一版航空邮票》
黄亚光	(1901—1992)福建长汀人。1926年毕业于台湾高等农林学校。1927年加入中国共产党,曾设计过苏维埃钞票、邮票和税票,为建立和巩固苏区经济和边区财政、金融事业做出重要贡献。	《苏维埃邮政邮票》
张庭竹	(1904—1931)龙岩龙门人。1927年毕业于上海新华艺术学校,曾任闽西苏维埃政府机关报《红报》美术编辑。1931年1月因"肃社党"事件被错杀。	《赣西南赤色邮政邮票(1930)》
臧本忠	(1909—1943)河北唐县人。毕业于天津北洋大学化工系,1937年任唐县民主政府军用代办所科员,负责通讯工作。	《唐县临时邮政邮票(1938)》
孙传哲	(1915—1995)浙江宁波人。专业邮票设计师。1930年考入上海美术专科学校西洋画系。1932年入南京中央大学艺术系深造,师从徐悲鸿、潘玉良等。1947年考入南京交通部邮政总局驻沪邮政供应处任专职邮票绘图员。1949年中华人民共和国成立后转入邮电部,从事专业邮票设计工作。曾设计和参与设计150余套邮票,是目前中国邮票设计作品最多的专业邮票设计师。	《(纪4)中华人民共和国开国纪念》《(纪94)梅兰芳舞台艺术》《(特38)金鱼》《(特57)黄山风景》《(T.56)苏州园林——留园》《(特59)熊猫》《(T.68)紫貂》《(纪92)中国古代科学家(第二组)》《(纪50)关汉卿戏剧创作七百年》

姓名	简介	代表作品
华君武	(1915—2010)江苏无锡人。擅长漫画。1930年开始自学漫画。1938年到延安鲁迅艺术文学院从事美术研究工作。1945年在东北从事漫画创作,解放后历任《人民日报》美术组组长、《人民文学》美术顾问。	《"五一"国际劳动节纪念邮票(1947.5.1)》
孙鸿年	(1916—2006)江苏吴县人。专业邮票雕刻师、设计师。1933年进入财政部印刷局学习雕刻制版。1958年调入邮电部邮票发行局从事专业邮票雕刻工作。	《(44)王进喜——中国工人阶级的先锋战士》《(特63)殷代铜器(8-1、8-3)》《(T.67)庐山风景(7-2、7-3、7-5)》
李少言	(1918—2002)山东临沂人。擅长版画。1938年到陕甘宁边区陕北公学学习木刻并开始木刻创作。	《晋绥边区第一版毛泽东像邮票(1947)》
吕林	(1920—1994)山西吉县人。擅长版画、中国画。1940年进入延安鲁迅艺术学院美术系学习,毕业后在部队剧团和艺术学校任教。中华人民共和国成立后曾负责组建西安艺术学校(现西安美术学院)和西南人民艺术学院美术系(现四川美术学院)。	《农耕图邮票(1948)》
钟灵	(1921—2007)山东济南人。擅长装饰画、漫画。1939年毕业于延安鲁迅艺术学院美术系并分配至八路军驻西安办事处工作。1940年回延安,在陕甘宁边区政府工作,中华人民共和国成立后在中国美协工作。	《宝塔山图邮票》《(纪78)庆祝匈牙利解放十五周年》
张绥芝	(1927—2005)女,辽宁人。擅长摄影艺术。1947年毕业于北京国立艺专。1953年到邮电部邮票发行局从事与邮票设计相关的专业摄影工作。	《(欠2)欠资邮票(第二组)》
李为	(1929—)女,河南虞城人。专业邮票设计师。1959年毕业于中央美术学院油画系;同年分配至邮电部邮票发行局设计室工作。1961年开始先后任教于吉林省艺术学院美术系、长春师范学院、东北师范大学美术系。1980年调回邮电部邮票发行局设计室工作。	《(J.114)徐悲鸿诞生九十年》《(T.87)京剧旦角》《(纪79)庆祝捷克斯洛伐克解放十五周年》《(纪85)巴黎公社九十周年》
邵柏林	(1930—2023)天津市人。专业邮票设计师。1949年考入中央美术学院,师从张光宇、张汀等,毕业后分配到邮电部邮票发行局从事邮票设计工作。	《(特63)殷代铜器》《(T.48)植树造林,绿化祖国》《(T.44)齐白石作品选》《天安门放光芒》(未发行)
韩象琦	(1930—1960)天津人。专业邮票设计师。1955年中央美术学院绘画系研究生毕业,师从李可染,同年进入邮电部邮票发行局从事邮票设计工作。	《(纪63)世界和平运动》《(特18)儿童》

续表

姓名	简介	代表作品
刘硕仁	(1930—2021)北京人。专业邮票设计师。1953年毕业于中央美术学院,同年分配至邮电部邮票发行局从事邮票设计工作。	《(特56)蝴蝶》《(T.45)京剧脸谱》《(T.57)白鱀豚》《(T.108)航天》
董纯琦	(1931—)浙江鄞县人。专业邮票设计师。1954年毕业于中央美术学院绘画系,同年分配到邮电部邮政总局邮票处从事邮票设计工作。1956年赴捷克斯洛伐克邮电部邮票印刷厂学习,回国后参加北京邮票厂的筹建工作。1985年任邮票发行局设计室主任。	《(纪31)中国红十字会成立五十周年纪念》《(特13)努力完成第一个五年建设计划(合作)》
万维生	(1932—2015)福建泉州人。专业邮票设计师。1955年毕业于东北美术专科学校绘画系,同年分配到邮电部邮票发行局从事邮票设计工作。	《(特54)儿童》《(普20)北京风景图案普通邮票》《(T.83)天鹅》《(T.38)万里长城》《(T.51)童话——咕咚》
程传理	(1932—1994)河南长垣县人。专业邮票设计师。1949年参加人民解放军,从事部队美术宣传工作。1957年考入中央工艺美术学院陶瓷系,后师从田世光专攻中国画。1970年调邮电部从事邮票设计工作。	《(T.14)新中国儿童》《(T.34)水乡新貌》《(T.53)桂林山水》《(T.103)梅花》
卢天骄	(1934—2021)女,广东中山人。擅长邮票设计、装饰绘画。中国第一位女邮票设计家。1954年毕业于中央美术学院。历任邮电部邮票发行局设计室副主任,国家邮政局邮票印制局高级工艺美术师。	《中国人民伟大的无产阶级革命家、杰出的共产主义战士周恩来逝世一周年》《(T.98)吴昌硕作品选》《1992-20中华人民共和国宪法(J)》《1993-15郑板桥作品选(T)》《1995-2吉林雾凇(T)》
邓锡清	(1935—)广东东莞人。专业邮票设计师。1967年毕业于中央美术学院油画系。1973年开始从事专职邮票设计工作。	《(J.35)纪念"五一"国际劳动节九十周年》《(T.29)工艺美术》《(J.58)中国古代科学家(第三组)》
吴建坤	(1935—)陕西大荔县人。专业邮票设计师。1955年毕业于西北艺术学院,同年分配到邮电部邮票发行局从事邮票设计工作。	《(纪55)全国工业交通展览会》《(纪72)第一届全国运动会》《(纪87)詹天佑诞生一百周年》
李印清	(1936—)河北唐山市人。专业邮票设计师。1965年毕业于中央美术学院油画系,师从罗工柳等著名画家。大学毕业后被分配到西南铁路建设工地指挥部从事美术创作。1971年被调入邮票设计室开始从事专职邮票设计工作。	《(J.36)纪念爱因斯坦诞辰一百周年》《(T.94)朱鹮》《(J.112)中国人民之友》

姓名	简介	代表作品
张克让	(1937—)辽宁沈阳人。专业邮票设计师。1964年毕业于鲁迅美术学院版画系,同年分配至邮电部邮票设计室从事专职邮票设计工作。	《(8-11)纪念巴黎公社一百周年》《(J.67)鲁迅诞辰一百周年》《(T.52)梅花鹿》
孙明春	(1937—)辽宁新民县人。擅长中国画。1961年考入中央美术学院国画系,毕业后分配至邮电部从事邮票设计。1969年调入辽宁省画院从事专业绘画创作。	《(文10)毛主席最新指示》
杨白子	(1939—)女,广西桂林人。专业邮票设计师。1965年毕业于广州美术学院工艺系装潢专业。1965年至1976年在北京邮电部邮票发行局从事专职邮票设计工作。	《(特75)服务行业中的妇女》《(49-52)红旗渠》《(29-32)轮船》
潘可明	(1940—2008)女,广东顺德人。专业邮票设计师。1965年毕业于湖北美术学院工艺美术系,同年分配至邮电部邮票发行局从事邮票设计工作。	《(T.59)寓言——刻舟求剑》《(T.66)食用菌》《(J.34)中日和平友好条约签订》
李大玮	(1941—2009)天津人。专业邮票设计师。1965年毕业于中央美术学院中国画系,师从叶浅予、蒋兆和、刘凌沧、李斛等,同年分配至邮电部邮票发行局从事邮票设计工作。	《(T.43)中国古典小说——西游记》《(J.113)郑和下西洋五八〇周年》《(J.102)中国红十字会成立八十周年》
黄里	(1941—)浙江余姚人。专业邮票设计师。1960年毕业于中央美术学院附中。1965年毕业于中央美术学院油画系,同年分配到邮电部邮票发行局从事邮票设计工作。	《(T.55)西双版纳风光》《(T.63)畜牧业——牛》《(J.106)陈嘉庚诞生一百一十周年》
陈晓聪	(1942—)女,贵州遵义人。专业邮票设计师。1964年毕业于中央美术学院附中,同年分配到邮电部邮票发行局从事邮票设计工作。	《(J.92)儿童》《(J.75)人民音乐家聂耳诞生七十周年》《(J.111)冼星海诞生八十周年》
邹建军	(1943—)女,湖南长沙人。专业邮票设计师。1956年考入中央美术学院附中。1967年毕业于中央美术学院版画系,同年分配至邮电部邮票发行局从事邮票设计工作。	《(T.60)宫灯》《(T.41)从小爱科学》《(T.1)体操运动》《1996-6山水盆景(T)》(用"朱江"笔名)
叶武林	(1944—)河北吴桥人。擅长油画、壁画。1967年毕业于中央美术学院油画系,曾任邮电部邮票设计师、北京电影学院副教授。	《(J.1)万国邮政联盟成立一百周年(3-2)》《(J.12)纪念刘胡兰烈士英勇就义三十周年》《(T.17)在广阔天地里》

续表

姓名	简介	代表作品
许彦博	(1944—)河北晋县人。专业邮票设计师。1964年毕业于中央美术学院附中。1980年毕业于中央美术学院研究生班,曾任邮电部邮票印制局主任设计师。	《(J.25)全国科学大会》《(T.100)峨眉风光》《(T.132)麋鹿》《(T.153)雪豹》《1994-12武陵源(T)》《2001-13黄果树瀑布群(T)》
任宇	(1945—)江苏南京人。专业邮票设计师。1967年毕业于中央美术学院版画系。1973年开始从事专职邮票设计工作。	《(T.37)云南山茶花》《(T.85)扬子鳄》《(J.91)世界通信年》
任国恩	(1945—)山东人。擅长摄影、平面设计。1978年进邮票发行局从事摄影、邮票设计工作,曾任邮票印制局设计室艺术总监。	《1993-13龙门石窟(T)》《1997-20澳门古迹(T)》《2007-3石湾陶瓷(T)》
姜伟杰	(1950—)生于北京。专业邮票设计师、雕刻师。1971年调入邮票发行局邮票设计室从事邮票设计、雕刻工作。	《2009-16拉卜楞寺(T)》《2013-27习仲勋同志诞生一百周年(J)》《(T.46)庚申年(雕刻)》
杨文清	(1951—)北京人。专业邮票设计师。1978年毕业于中央美术学院油画系,同年分配到中国集邮总公司从事宣传工作,曾任中国邮政集团公司邮票印制局高级工艺美术师。	《(T.140)华山》《2006-7青城山(T)》《2009-9凤凰古城(T)》
李德福	(1952—)生于北京。专业邮票设计师。1978年毕业于中央美术学院。1986年调入邮票印制局从事邮票设计。	《1997-3中国旅游年(J)》《2004-7楠溪江(T)》《2006-4漓江(T)》
阎炳武	(1954—)北京人。专业邮票设计、雕刻师。1973年高中毕业后到农村插队。1975年进入邮电部邮票发行局。1984年至1986年在鲁迅美术学院版画系学习,曾任中国邮政集团公司邮票印制局邮票图稿编辑部主任。	《2003-13崆峒山(T)》《2006-28孙中山诞生一百四十周年(J)》《2009-11杭州湾跨海大桥(T)》
李庆发	(1954—)河北大城县人。专业邮票设计师、雕刻师。1971年调入邮票发行局邮票设计室从事邮票设计、雕刻工作。	《(J.123)董必武同志诞生一百周年》《2007-23腾冲地热火山(T)》《2006-21中华全国归国华侨联合会成立五十周年(J)》
呼振源	(1954—)山东蓬莱人。专业邮票设计师。1975年到国家邮政局邮票印制局从事邮票设计、雕刻工作。	《(J.134)朱德同志诞生一百周年》《1997-1丁丑年(T)(2-2)》

姓名	简介	代表作品
马丁·莫克	(1955—)挪威裔。丹麦邮政首席邮票雕刻师。出生于艺术世家,17岁考入艺术院校系统学习雕刻艺术,自1977年成为邮票雕刻师以来,已为17个国家雕刻了近700幅邮票作品,成为目前世界上作品最多的邮票雕刻师。2011年曾任中国邮政集团公司邮票印制局雕刻师培训班教师。	《2011-30 古代天文仪(T)》《2013-17 猫(T)》
李群	(1956—)出生于北京。中国邮政集团公司邮票印制局专业设计师,毕业于北京电影学院摄影专业,1978年进入邮票印制局邮票设计室从事摄影、邮票设计工作。	《2009-19 国家图书馆》《2011-12 云锦》《2012-2 中国银行》《2012-3 中华书局》《2012-16 国家博物馆》《2012-19 丝绸之路》《2013-22 南华寺》《2014-12 纪念黄埔军校建校九十周年》
郝旭东	(1959—)出生于北京。专业邮票设计师。1986年毕业于中央工艺美术学院,同年就职于中国服装研究设计中心工作。1999年出任龙世杰广告公司平面设计师。2002年任国家邮政局邮票印制局邮票图稿编辑部艺术总监。2005年起担任中国邮政集团公司邮票印制局邮票设计室艺术总监。	《2000-2 春节(T)》《2004-24 祖国边陲风光(T)》《2006-17 防震减灾(T)》
王虎鸣	(1962—)内蒙古包头市人。专业邮票设计师。1987年毕业于中央工艺美术学院装潢系,2001年至2002年在清华大学美术学院研修班学习,现为中国邮政集团公司邮票印制局副总设计师。	《(T.158)韩熙载夜宴图》《2002-5M 步辇图(小型张)(T)》《2004-21 鸡血石印(T)》《2008-28 改革开放三十周年(J)》《2006-23 文房四宝(T)》
郭承辉	(1964—)广东省梅州市人。擅长油画、平面设计。1988年毕业于广州美术学院油画系,毕业后曾从事美术教学及美术编辑出版工作,1993年创办广东天一文化有限公司并担任首席设计师,致力于邮票、邮品、钱币、彩票的设计,现任广东天一文化有限公司董事长兼设计总监。	《(贺1)年年有余和贺新喜贺年专用邮票》《(贺2)喜临门贺年专用邮票》《(贺3)花开富贵贺年专用邮票》《2004-8 丹霞山(T)》《2010-16 珠江风韵·广州(T)》
史渊	(1966—)生于江苏溧阳。专业邮票设计师。1988年毕业于南京师范大学美术学院。曾在燕山石化公司宣传部从事美工设计,现为中国邮政集团公司邮票印制局图稿编辑部高级主管。	《2008-23 中国科学技术大学建校五十周年(J)》《2010-29 中国高速铁路(T)》《2013-12 中国古镇(一)(T)》《2015-7 瘦西湖(T)》

姓名	简介	代表作品
马立航	(1968—)出生于北京。2003 年至今在中国邮政集团公司邮票印制局邮票设计室从事平面设计工作。	《2017-26 中国共产党第十九次全国代表大会(J)》《2020-23 第七次全国人口普查(J)》
方军	(1970—)专业邮票设计师。毕业于天津美术学院装潢设计系,现为中国邮政集团公司邮票印制局高级工艺美术师。	《2006-15 青藏铁路通车纪念(J)》《2009-13 第 16 届亚洲运动会(J)》《2013- 特 8 齐心合力 抗震救灾(J)》
沈嘉宏	(1971—)四川眉山人。专业邮票设计师。1990 年毕业于四川美术学院附中。1995 年毕业于北京服装学院设计艺术系。2003 年进入邮票印制局设计室从事邮票设计工作。	《2010-10 中国 2010 年上海世博会开幕纪念(J)》《2010-21 广州 2010 年亚洲残疾人运动会(J)》《2013-2 海洋石油(T)》
李昕	(1971—)女,生于北京。专业邮票设计师。1996 年毕业于中央美术学院油画系,同年进入邮票印制局设计室从事邮票设计工作。	《2004-20 人民代表大会成立五十周年(J)》《2010-18 中国航海日(J)》《2010-20 民间传说——牛郎织女(T)》
陈景异	(1973—)女,1991 年至 1995 年就读于中央美术学院油画系二画室。1995 年至 2005 年就职于中国集邮总公司。2005 年至今就职于中国邮政集团有限公司邮票印制局设计室。	《2011-14 现代科学家(五)(J)》《2012-25 里耶秦简(T)》《2018-11 丝绸之路文物(一)(T)》
郝欧	(1973—)女,生于北京。专业邮票雕刻师、邮票设计师。1992 年毕业于中央美术学院附中。1995 年进入邮票印制局设计室从事邮票的雕刻、设计工作。	《2001-19 芜湖长江大桥(T)》《2008-5 中华人民共和国第十一届全国人民代表大会(J)》《2011-7 世界读书日(J)》
尚予	(1975—)女,湖北武汉人。专业邮票设计师。1997 年毕业于中央工艺美术学院装饰艺术系。2004 年硕士毕业于英国伯明翰艺术设计学院视觉传达系。1997 年 8 月至今在中国邮政集团公司邮票印制局编辑设计部工作。	《2006-3 民间彩灯(T)》《2006-6 犬(T)》《2009-4 第 24 届世界大学生冬季运动会(J)》
夏竞秋	(1977—)辽宁沈阳人。擅长艺术设计。2001 年毕业于沈阳大学师范学院美术系。2003 年进入中国邮政集团公司邮票印制局图稿编辑部,现任该部艺术总监。	《2006-31 乌兰夫同志诞生一百周年(J)》《2011-4 良渚玉器(T)》《2013-9 景泰蓝(T)》《2013-14 金铜佛造像(T)》

姓名	简介	代表作品
董琪	(1977—)女,出生于新疆。专业邮票设计师、雕刻师。硕士研究生毕业于中国艺术研究院设计艺术专业,现为中国邮政集团公司邮票印制局邮票雕刻师、设计师。	《2011–21 中国远洋运输(T)》《2013–5 中共中央党校建校八十周年(J)》《2014–8 中国人民对外友好协会成立六十周年(J)》
原艺珊	(1979—)女,山东淄博人。擅长壁画。2002 年毕业于清华大学美术学院装饰艺术系。2005 年毕业于清华大学美术学院绘画系壁画专业,毕业后入职中国集邮总公司。2011 年至今,任职中国邮政集团有限公司邮票印制局编辑设计部,从事邮票编辑、设计及雕刻工作。	《2005–12 安徒生童话(T)》《2008–3 京剧净角(T)》《2019–23 中华人民共和国成立七十周年(J)》
宋鉴	(1980—)出生于上海。1999 年毕业于上海华山美术学校。2003 年毕业于清华大学美术学院装潢艺术设计系,长期从事邮票、纪念币以及相关礼品包装设计。	《2008–13 曹冲称象(T)》《2013–13 小蝌蚪找妈妈(T)》
尚盈	(1980—)女,生于北京。专业邮票设计师。2003 年在北京市邮票公司从事设计工作。2008 年进入中国邮政集团公司印制局从事设计工作。	《2009–21 兰州大学建校一百周年(J)》《2010–27 第 16 届亚洲运动会开幕纪念(J)》
于雪	(1984—)女,专业邮票设计师。2009 年至 2011 年任中国集邮总公司设计师。2011 年至今在中国邮政集团公司邮票印制局从事邮票设计、雕刻工作。	《2013–24 乒乓球运动(T)》《2015–22 人工全合成结晶牛胰岛素五十周年(J)》

三、1979—2021 年最佳邮票评选结果一览表

时间	志号	名称	原作者	设计者	雕刻者
1979	纪 71	中华人民共和国成立十周年（第五组）	董希文		唐霖坤
	纪 94	梅兰芳舞台艺术（及小型张）	——	孙传哲 吴建坤 （小型张）	——
	纪 50	关汉卿戏剧创作七百年（及小全张）	李斛	孙传哲	李曼曾 唐霖坤 高振宇
	J.13	中国人民伟大的无产阶级革命家杰出的共产主义战士周恩来逝世一周年	——	卢天骄	——
	纪 33	中国古代科学家（第一组）（及小型张）	蒋兆和	孙传哲	唐霖坤 周永麟
	纪 116	中华人民共和国第二届运动会		孙传哲	
	J.21	伟大的领袖和导师毛泽东主席逝世一周年	——	刘硕仁	——
	纪 4	中华人民共和国开国纪念	张仃 钟灵	孙传哲	
	纪 86	第26届世界乒乓球锦标赛（及小全张）		吴建坤 卢天骄 （小全张）	
	纪 92	中国古代科学家（第二组）	——	孙传哲	——
	J.38	国际儿童年	——	邹建军	——
	J.25	全国科学大会（及小全张）	——	许彦博	——
	J.42	中华人民共和国邮票展览 香港（小型张）	——	任宇	——
	J.47	中华人民共和国成立三十周年（第四组）	——	卢天骄	——
	T.28	奔马（及小型张）	徐悲鸿	刘硕仁	——

续表

时间	志号	名称	原作者	设计者	雕刻者
1979	特44	菊花	洪怡、屈贞、刘硕仁、胡絜青、汪慎生、徐聪佑	刘硕仁	——
	特38	金鱼	——	孙传哲 刘硕仁	——
	特57	黄山风景	——	孙传哲	孔绍惠 唐霖坤 高品璋 孙鸿年
	特61	牡丹(及小型张)	田世光	刘硕仁 卢天骄 (小型张)	——
	特56	蝴蝶	——	刘硕仁	——
	T.37	云南山茶花(小型张)	——	任宇	——
	特48	丹顶鹤	陈之佛	刘硕仁	——
	T.42	台湾风光	——	孙传哲	——
	T.43	中国古典小说——西游记	——	李大玮	——
	T.29	工艺美术(及小型张)	——	邓锡清	——
	特60	金丝猴	刘继卣	孙传哲	——
	特46	唐三彩	——	卢天骄	——
	T.40	东北虎	刘继卣	刘硕仁	——
	普20	北京风景	——	万维生	高品璋 李庆发 姜伟杰
	普10	花卉	——	孙传哲	——
	荣誉奖 纪70	中华人民共和国成立十周年(第四组)"欢庆"	——	周令钊	——
	荣誉奖 特59	熊猫	吴作人	孙传哲	——
	荣誉奖 特57—62	熊猫	吴作人	许彦博	——

时间	志号	名称	原作者	设计者	雕刻者
1979	荣誉奖 特 27	林业建设	黄永玉	刘硕仁	唐霖坤 孔绍惠 高品璋 孙鸿年
1980	J.58	中国古代科学家(第三组)	范增	邓锡清	高品璋 李庆发 孙鸿年 阎炳武
	T.44	齐白石作品选	齐白石	邵柏林	——
1981	J.76	中国女排获第三次世界杯冠军	——	李印清	——
	T.69	红楼梦——金陵十二钗	刘旦宅	潘可明	
	普 22	祖国风光	——	陈晓聪 姜伟杰	
	荣誉奖 T.58	辛丑年	张仃	程传理	孙鸿年
1982	最佳选题 J.86	中国共产党第十二次代表大会		——	
	最佳选题 T.78	九星汇聚		——	
	最佳设计 J.82	中华人民共和国名誉主席宋庆龄同志逝世一周年	——	卢天骄	
	最佳设计 T.79	益鸟	田世光	李印清	——
	最佳雕刻版 T.75-5	西周青铜器:折觥	——	——	阎炳武
	最佳印刷 T.77-3	明清扇面画:竹雀图		北京邮票厂	
	最佳印刷 T.79-5	益鸟:斑啄木鸟		北京邮票厂	
	最佳印刷 T.79M	益鸟(小型张)		北京邮票厂	
1983	最佳选题 J.96	刘少奇同志诞辰八十五周年		——	
	最佳选题 T.91	计划生育		——	
	最佳设计 J.99	中华全国集邮展览 1983·北京	——	黄里	——
	最佳设计 T.82	西厢记	王叔晖	刘硕仁	
	最佳雕刻版 J.90-1	马克思逝世一百周年:马克思像			高品璋

时间	志号	名称	原作者	设计者	雕刻者
1983	最佳印刷 T.82	西厢记	北京邮票厂		
1984	T.89	中国绘画 唐 簪花仕女图	(唐)周昉	邵柏林	——
	T.100	峨眉风光		许彦博	——
	T.98	吴昌硕作品选	吴昌硕	卢天骄	——
	最佳雕刻版 J.100	任弼时同志诞生八十周年(第一组)	——	——	李庆发
	最佳印刷 J.104	中日青年友好联欢·1984	北京邮票厂		
1985	T.103	梅花	——	程传理	——
	J.112	中国人民之友	——	李印清	
	J.120	故宫博物院建院六十周年		邵柏林	
	最佳印刷 J.120	故宫博物院建院六十周年	北京邮票厂		
	最佳印刷 T.102	乙丑年	北京邮票厂		
1986	J.133M	孙中山诞生一百二十周年(小型张)	靳尚谊	——	
	T.111	珍稀濒危木兰科植物	——	刘秀焕	
	T.108	航天	——	刘硕仁	
	J.134	朱德同志诞辰一百周年		胡振源	
	最佳雕刻 J.134-1	朱德同志诞辰一百周年:朱德元帅像	——	——	高品璋
	最佳印刷 J.133M	孙中山诞辰一百二十周年(小型张)	北京邮票厂		
1987	金奖 T.123	中国古典文学名著——《水浒传》(第一组)	——	周峰	——
	银奖 T.114	猛禽	——	万一 程传理	——
	铜奖 J.136	明代地理学家旅行家徐霞客诞辰四百周年	——	高云	——
	铜奖 T.122M	曾侯乙编钟(小型张)		邵柏林	——
	最佳印刷 T.114-2	猛禽:虎头海雕	北京邮票厂		
	最佳印刷 T.122M	曾侯乙编钟(小型张)	中国人民银行印刷技术研究所		
1988	T.131	中国古典文学名著——《三国演义》(第一组)	——	陈全胜	——

续表

时间	志号	名称	原作者	设计者	雕刻者
1988	T.129	中国兰花	——	龚文桢	——
	T.130	泰山	——	张济平	——
	最佳印刷 T.131	中国古典文学名著——《三国演义》(第一组)	北京邮票厂		
1989	T.140	华山	——	杨文清	——
	T.144	杭州西湖	——	刘向平	——
	J.162	孔子诞生两千五百四十周年	——	陈全胜 孙爱国	——
	最佳印刷 J.162	孔子诞生两千五百四十周年(邮票)	北京邮票厂		
1990	最佳邮票 T.158	韩熙载夜宴图	(南唐)顾闳中	王虎鸣	——
	优秀邮票 T.155	衡山		李德福 杨文清	
	优秀邮票 J.166	诺尔曼·白求恩诞生一百周年(中国和加拿大联合发行)	——	刘向平 (中国) 让·莫兰 旺达·莱维卡 (加拿大)	
	最佳印刷 T.158	韩熙载夜宴图	北京邮票厂		
1991	最佳邮票 T.162	杜鹃花	——	曾孝濂	——
	优秀纪念邮票 J.181	陈毅同志诞生九十周年	——	李印清	——
	优秀特种邮票 T.166	景德镇瓷器	——	陈荣明 张磊	——
	最佳普通邮票 普21	祖国风光(雕刻版)	——	陈晓聪 姜伟杰	——
	最佳印刷 T.163	恒山	北京邮票厂		
1992	最佳邮票 1992-3T	杉树	——	曾孝濂	——
	优秀纪念邮票 1992-20J	中华人民共和国宪法(1982—1992)	——	卢天骄 潘可明	——

时间	志号	名称	原作者	设计者	雕刻者
1992	优秀特种邮票1992-16T	青田石雕	——	任国恩	——
	最佳印刷1992-16T	青田石雕	河北省邮电印刷厂		
1993	最佳邮票1993-17J	毛泽东同志诞辰一百周年	——	魏楚予 彭彬（小型张）	——
	优秀邮票1993-15T	郑板桥作品选	——	潘可明 卢天骄	
	优秀邮票1993-6J	第一届东亚运动会	——	李玮 李斌	
	专家奖1993-3T	野骆驼	——	殷会利	
1994	最佳邮票1994-18T(＋专家奖)	长江三峡(及小型张)	——	杨文清 李德福	
	优秀邮票1994-14T	傅抱石作品选	傅抱石	王虎鸣	
	优秀邮票1994-15T	鹤(中国和美国联合发行)	——	詹庚西（中国）克兰斯·李（美国）	
	最佳印刷1994-5T	宜兴紫砂陶	辽宁省沈阳邮电印刷厂		
1995	最佳邮票1995-20T	九华盛境	——	朱曙征	——
	优秀邮票1995-17J	抗日战争及世界反法西斯战争胜利50周年	——	何洁 陈楠 冯小红	
	优秀邮票1995-2T	吉林雾凇	——	卢天骄	
	专家奖1995-26T	孙子兵法	——	陈全胜	——
1996	最佳邮票1996-26T	上海浦东	——	李斌 杨顺泰 张安朴	——
	优秀邮票1996-29J(＋专家奖)	中国工农红军长征胜利六十周年		阎炳武 陈晓聪	

续表

时间	志号	名称	原作者	设计者	雕刻者
1996	优秀邮票 1996-5T	黄宾虹作品选	黄宾虹	王虎鸣 阎炳武	——
	最佳印刷 1996-20M	敦煌壁画(第六组)(小型张)	北京邮票厂		
1997	最佳邮票 1997-16T	黄山	——	师松龄	——
	优秀邮票 1997-10J	香港回归祖国	——	王虎鸣 任宇	——
	优秀邮票 1997-11T	五台古刹	——	阎炳武 杨文清	——
	专家奖 1997-4T	潘天寿作品选	潘天寿	潘公凯 励国仪	——
	最佳印刷 1997-13T	寿山石雕	河南省邮电印刷厂		
1998	最佳邮票 1998-15T(+专家奖)	何香凝国画作品	何香凝	王虎鸣 阎炳武	——
	优秀邮票 1998-30J	中国共产党十一届三中全会二十周年	——	苏海一	——
	优秀邮票 1998-17T	镜泊湖	——	林彦	——
	最佳印刷 1998-15T	何香凝国画作品	北京邮票厂		
	特别奖 1998-31T	抗洪赈灾(附捐邮票)	——	邮票印刷局图稿创作部集体创作	——
1999	最佳邮票 1999-11T(+专家奖)	中华人民共和国成立五十周年——民族大团结	——	周秀青 金向	——
	优秀邮票 1999-18J	澳门回归祖国	——	杨文清 张桂林	——
	优秀邮票 1999-14T	庐山和金刚山(中国和朝鲜联合发行)	——	李德福 (中国) 安哲 (朝鲜)	——

时间	志号	名称	原作者	设计者	雕刻者
1999	最佳印刷 1999-3T	中国陶瓷——钧窑瓷器	北京邮票厂		
2000	最佳邮票 2000-24T	君子兰	——	曾孝濂	——
	优秀邮票 2000-22J	中国"神州"飞船首飞成功纪念	——	王虎鸣 任国恩	——
	优秀邮票 2000-15T	小鲤鱼跳龙门	——	宫林 栾伟莉	——
	专家奖 2000-6T	木兰从军	——	郭承辉 黄里	——
	最佳印刷 2000-24M	君子兰(小全张)	北京邮票厂		
2001	最佳邮票 2001-7T	中国古典文学名著——《聊斋志异》(第一组)	——	陈全胜	——
	优秀邮票 特 2-2001	北京申办 2008 年奥运会成功纪念	——	王虎鸣	——
	优秀邮票 2001-28M	青藏铁路开工纪念(小型张)	——	阎炳武 杨文清	——
	最佳印刷 2001-20T	古代金面罩头像	北京邮票厂		
2002	最佳邮票 2002-21T	黄河壶口瀑布	——	阎炳武 刘弘	——
	优秀邮票 2002-2T	八大山人作品选	(清)八大山人	王虎鸣	——
	优秀邮票 2002-23T	民间传说——董永与七仙女	——	俞宏理	——
	专家奖 2002-5M	步辇图(小型张)	(唐)阎立本	王虎鸣	——
	最佳印刷 2002-5M	步辇图(小型张)	北京邮票厂		
2003	最佳邮票 2003-25J	毛泽东同志诞辰一百一十周年	——	马刚	——
	优秀邮票 2003-4T	百合花	——	曾孝濂 杨建坤 王虎鸣 (小型张)	——

时间	志号	名称	原作者	设计者	雕刻者
2003	优秀邮票 2003-11T	苏州园林——网师园	——	劳思	——
	最佳印刷 2003-19T	图书艺术	北京邮票厂		
	第二轮生肖邮票 奖 2000-1T	庚辰年	——	黄里 郭承辉	——
	特别奖 特 4-2003	万众一心 抗击"非典"	——	何洁 冯小红	——
	特别奖 特 5-2003	中国首次载人航天飞行成功	——	王虎鸣 刘向平	——
2004	最佳邮票 2004-17J	邓小平同志诞辰一百周年	——	胡振源	——
	优秀邮票 2004-21T	鸡血石印	——	王虎鸣	——
	优秀邮票 2004-26T	清明上河图	(宋)张择端	王虎鸣	——
	专家奖 2004-1T	甲申年	——	陈绍华	——
	最佳印刷 2004-21T	鸡血石印	北京邮票厂		
2005	最佳印刷 2005-28T	第 29 届奥林匹克运动会—— 会徽吉祥物	——	王虎鸣	——
	优秀邮票 2005-25T	洛神赋图	(东晋) 顾恺之	王虎鸣	——
	优秀邮票 2005-20J	中国人民解放军大将	——	马刚	——
	专家奖 2005-1T	乙丑年	——	吕胜中	——
	最佳印刷 2005-25T	洛神赋图	河南省邮电印刷厂		
2006	最佳邮票 2006-25J	中国工农红军长征胜利七十 周年	——	郝旭东	——
	优秀邮票 2006-19J	第 29 届奥林匹克运动会—— 运动项目(一)	——	王敏 辛静	——
	优秀邮票 2006- 23T(+最佳设计)	文房四宝	——	王虎鸣	——

时间	志号	名称	原作者	设计者	雕刻者
2006	最佳印刷 2006-11J	中国现代科学家（四）		河南省邮电印刷厂	
2007	最佳邮票 2007-29J	中国共产党第十七次全国代表大会	——	陈幼林 王戈 毛英智	——
	优秀邮票 2007-32J（+最佳设计）	第29届奥林匹克运动会——竞赛场馆	——	王虎鸣	——
	优秀邮票 2007-6T	李可染作品选	李可染	王虎鸣	——
	最佳印刷 2007-4T	绵竹木版年画		河南省邮电印刷厂	
2008	最佳邮票 2008-28J	改革开放三十周年	——	王虎鸣	——
	优秀邮票 2008-10T	颐和园	——	萧玉田	——
	优秀邮票 2008-18J	第29届奥林匹克运动会开幕纪念	——	张艺谋 陈名杰	——
	最佳设计 2008-28MJ	改革开放三十周年（小型张）	——	王虎鸣	——
	最佳印刷 2008-4T	中国鸟		北京邮票厂	
2009	最佳邮票 2009-19 T	国家图书馆	——	李群	——
	优秀邮票 2009-25 J	中华人民共和国成立60周年	——	张艺谋 陈名杰	——
	优秀邮票 2009-20 T	唐诗三百首	——	王虎鸣	——
	最佳设计 2009-23T	京杭大运河	——	阎炳武 李庆发	——
	最佳印刷 2009-20T	唐诗三百首		河南省邮电印刷厂	
2010	最佳邮票 2010-26T	朱熹诞生八百八十周年	——	范增	——
	优秀邮票 2010-5T	中国芭蕾——红色娘子军	——	赵静	——
	优秀邮票 2010-3T	上海世博园	——	李志宏	——
	最佳设计 2010-9T	成语故事（二）	——	徐乐乐	——

中国邮票设计艺术发展研究

续表

时间	志号	名称	原作者	设计者	雕刻者
2010	最佳印刷 2010-19J	外国音乐家		北京邮票厂	
2011	最佳邮票 2011-16J	中国共产党成立90周年	——	郝旭东	——
	优秀邮票 2011-26T	美好新家园	——	史渊	——
	优秀邮票 2011-14J	现代科学家(五)	——	陈景异	——
	最佳设计 2011-12T	云锦	——	李群	——
	最佳印刷 2011-23T	关公	——	晁谷	——
2012	最佳邮票 2012-26J	中国共产党第十八次全国代表大会	——	许开强 饶鉴	——
	最佳邮票 2012-26M	中国共产党第十八次全国代表大会(小型张)	——	郝旭东	——
	优秀邮票 2012-23T	宋词	——	高云	——
	优秀邮票 2012-7T	福禄寿喜	——	王虎鸣	——
	最佳设计 2012-5T	太平鸟与和平鸽	——	陈绍华	——
	最佳印刷 2012-7T	福禄寿喜		河南省邮电印刷厂	
2013	最佳邮票 2013-25T	中国梦——国家富强	——	何洁 周岳	——
	优秀邮票 2013-30J	毛泽东同志诞辰一百二十周年	陈衍宁 靳尚谊 高泉	马刚	
	优秀邮票 2013-15T	琴棋书画	——	范增	
	最佳设计 2013-27J	习仲勋同志诞生一百周年		姜伟杰	
	最佳印刷 2013-9T	景泰蓝		辽宁省沈阳邮电印刷厂	
2014	最佳邮票 2014-20T	长江	——	袁运甫 袁加	——

256

时间	志号	名称	原作者	设计者	雕刻者
2014	优秀邮票 2014-22T	中国梦——民族振兴	——	何洁 周岳 陈楠	
	优秀邮票 2014-29T	元曲	——	肖玉田	——
	最佳设计 2014-25J	中国现代科学家(六)	——	毕建勋	
	最佳印刷 2014-11T	动画——《大闹天宫》	北京邮票厂		
2015	最佳邮票 2015-20J	中国人民抗日战争暨世界反法西斯战争胜利七十周年	——	李晨 于雪	
	优秀邮票 2015-19T	黄河	——	袁加	——
	优秀邮票 2015-4T	二十四节气	——	刘金贵 王虎鸣	——
	最佳设计 2015-27T	诗词歌赋	——	冯远	
	最佳印刷 2015-13T	钱塘江大潮	河南省邮电印刷厂		
2016	最佳邮票 2016-1T	丙申年	——	黄永玉	——
	优秀邮票 2016-31J	中国工农红军长征胜利八十周年	——	沈尧伊	——
	优秀邮票 2016-22T	长城	——	许仁龙 张济平	郝欧
	最佳设计 2016-8T	全民阅读	——	宋鉴	——
	最佳印刷 2016-14T	上海迪士尼	北京邮票厂		
2017	最佳邮票 2017-26J	中国共产党第十九次全国代表大会	——	马立航	——
	优秀邮票 2017-3T	千里江山图	(宋)王希孟	王虎鸣	——
	优秀邮票 2017-6T	春夏秋冬	冯远	夏竞秋	——
	最佳设计 2017-1T	丁酉年	——	韩美林	——

续表

时间	志号	名称	原作者	设计者	雕刻者
2017	最佳印刷 2017–17T	凤(文物)	河南省邮电印刷厂		
2018	最佳邮票 2018–20J	四景山水图	(宋)刘松年	王虎鸣	孔维云 彭巍栋 马荣 林华毅
	优秀邮票 2018–21T	二十四节气(三)	——	刘金贵 王虎鸣	殷延国
	优秀邮票 2018–34J	改革开放四十周年	——	李志宏	——
	最佳设计 2018–6T	海棠花	——	龚文桢	马荣 尹海蓉
	最佳印刷 2018–16J	上海合作组织青岛峰会	北京邮票厂		
2019	最佳邮票 2019–23J	中华人民共和国成立七十周年	——	原艺珊	——
	优秀邮票 2019–16T	五岳图	(明)宋旭	王虎鸣	尹海蓉 赵川 牛凯 刘益民 白金
	优秀邮票 2019–31T	二十四节气(四)	——	刘金贵 王虎鸣	——
	最佳设计 2019–12J	中国 2019 世界集邮展览	(明)仇英	王虎鸣	白金
	最佳印刷 2019–28J	科技创新(二)	河南省邮电印刷厂		
2020	最佳邮票 T11–2020	众志成城 抗击疫情	——	刘向平 王虎鸣	
	优秀邮票 2020–17T	新时代的浦东	——	韩秉华	
	优秀邮票 2020–24J	中国人民志愿军抗美援朝出国作战 70 周年	——	于雪	
	最佳设计 2020–1T	庚子年	——	韩美林	

时间	志号	名称	原作者	设计者	雕刻者
2020	最佳印刷 2020-14T	莫高窟	北京邮票厂		
2021	最佳邮票 2021-16J	中国共产党成立 100 周年	——	郝军	——
	优秀邮票 2021-20T	江山如此多娇	傅抱石	王虎鸣	——
	优秀邮票 2021-4T	五牛图	(唐)韩滉	王虎鸣	——
	最佳设计 2021-23J	《生物多样性公约》第十五次缔约方大会	——	夏竞秋	——
	最佳印刷 2021-28T	国家重点保护野生动物(1 级)(三)	北京邮票厂		

参考文献

一、史料、著作

中华全国集邮联合会编:《中国解放区邮票史》西北卷,安徽教育出版社1994年版。

中华全国集邮联合会编:《中国解放区邮票史》苏区卷、东北卷、华东卷、中南卷、西南卷,安徽教育出版社1995年版。

中华人民共和国信息产业部、《中国邮票史》编审委员会编:《中国邮票史》第1卷、第5卷,商务印书馆1999年版。

中华人民共和国信息产业部、《中国邮票史》编审委员会编:《中国邮票史》第6卷,商务印书馆2000年版。

中华人民共和国信息产业部、《中国邮票史》编审委员会编:《中国邮票史》第7卷,商务印书馆2002年版。

中华人民共和国信息产业部、《中国邮票史》编审委员会编:《中国邮票史》第8卷,商务印书馆2003年版。

中华人民共和国信息产业部、《中国邮票史》编审委员会编:《中国邮票史》第2卷、第3卷、第4卷、第9卷,商务印书馆2004年版。

上海人民出版社编辑:《四个第一》,上海人民出版社1965年版。

邮电史编辑室:《中国近代邮电史》,人民邮电出版社1984年版。

江西省邮电管理局邮电史编辑室:《苏区邮电史料汇编》下册,人民邮电出版社 1988 年版。

中共广东省组织部、中共广东省委党史研究室、广东省档案馆:《中国共产党广东省组织史资料》上册,中共党史出版社 1994 年版。

中国第二历史档案馆、中国社会科学院近代史研究所:《中国海关密档——赫德、金登干函电汇编》第 6 册,中华书局 1995 年版。

中共中央文献研究室:《周恩来传》下册,中央文献出版社 1998 年版。

中国革命博物馆编:《近代中国报道(1839—1919)插图本》,首都师范大学出版社 2000 年版。

北京工业志编委会:《北京工业志·印刷志》,中国科学技术出版社 2001 年版。

中共中央党史研究室:《中国共产党的七十年》,中共党史出版社 2005 年版。

中国摄影家协会理论研究部:《中国摄影开拓与发展论坛文选》,中国摄影出版社 2007 年版。

《书法》编辑部:《流光溢彩》,上海书画出版社 2008 年版。

《当代中国美术》编辑委员会:《当代中国美术》,当代中国出版社、香港祖国出版社 2009 年版。

中共中央文献研究室:《三中全会以来重要文献选编》下册,中央文献出版社 2011 年版。

中共中央文献研究室:《毛泽东思想形式与发展大事记》,中央文献出版社 2011 年版。

《读书》编辑部:《“读书”文化艺术评论精粹》,生活·读书·新知三联书店 2012 年版。

《人民日报社论全集》编写组:《人民日报社论全集——“文化大革命”时期》,人民日报出版社 2013 年版。

《马克思恩格斯选集》,人民出版社 1995 年版。

《马克思恩格斯论文学与艺术》,人民文学出版社 1983 年版。

毛泽东:《论联合政府》,人民出版社 1960 年版。

(清)周寿昌:《思益堂日札十卷》卷 9,清光绪十四年刻本。

(清)郑观应:《盛世危言》,中州古籍出版社 1998 年版。

《鲁迅全集》第 6 卷,人民文学出版社 2014 年版。

鲁迅:《汉文学史纲要》,人民文学出版社 1958 年版。

傅抱石:《基本图案学》,商务印书馆 1936 年版。

刘锦藻:《清朝叙文献通考》卷 377,商务印书馆 1947 年版。

叶恭绰:《太平天国官书十种》,华文书局 1969 年版。

李圭:《环游地球新录》,湖南人民出版社 1980 年版。

汤志钧:《康有为政论集》上册,中华书局 1981 年版。

宗白华:《美学散步》,上海人民出版社 1981 年版。

夏东元:《郑观应集》上册,上海人民出版社 1982 年版。

林霏开:《集邮与欣赏》,江苏人民出版社 1983 年版。

李泽厚等:《中国美学史》,中国社会科学出版社 1984 年版。

刘广生主编:《中国古代邮驿史》,人民邮电出版社 1986 年版。

郭廷以编著:《近代中国史事日志》下册,中华书局 1987 年版。

徐复观:《中国艺术精神》,春风文艺出版社 1987 年版。

丁凤麟等:《薛福成选集》,上海人民出版社 1987 年版。

王桧林:《中国现代史》下册,高等教育出版社 1989 年版。

何理主编:《中华人民共和国史》,档案出版社 1989 年版。

敏泽:《中国美学思想史》,齐鲁书社 1989 年版。

赵国华:《生殖崇拜文化论》,中国社会科学出版社 1990 年版。

宋晓文:《新中国画家与邮票》,福建美术出版社 1990 年版。

张乃仁等著译:《外国服装艺术史》,人民美术出版社 1992 年版。

李砚祖:《装饰之道》,中国人民大学出版社 1993 年版。

白寿彝:《中国交通史》,商务印书馆 1993 年版。

王大平等:《中国邮票设计家图稿精选》,中国社会科学出版社 1993 年版。

成安玉:《华北解放区交通邮政史料汇编》冀鲁豫区卷,人民邮电出版社 1994 年版。

宋晓文:《中国邮票鉴赏》,福建美术出版社 1994 年版。

晏星:《中华邮政发展史》,台湾商务印书馆 1994 年版。

孙传哲:《情系方寸——我的邮票设计道路》,人民邮电出版社 1994 年版。

许纪霖等主编:《中国现代化史》第 1 卷,上海三联书店 1995 年版。

温福林:《集邮美学》,长春出版社 1995 年版。

黄祥辉等:《新中国邮票鉴赏》,人民邮电出版社 1995 年版。

朱良志:《中国艺术的生命精神》,安徽教育出版社 1995 年版。

陈昌谦主编:《当代中国摄影艺术史》,中国摄影出版社 1996 年版。

项立刚等:《邮票艺术欣赏》,山西教育出版社 1997 年版。

李希明:《山东清河区战邮史话》,石油工业出版社 1998 年版。

辛华泉:《形态构成学》,中国美术学院出版社 1999 年版。

萧默:《中国建筑艺术史》上册,文物出版社 1999 年版。

修晓波:《邮政史话》,社会科学文献出版社 2000 年版。

刘秀生主编:《中国经济现代化发展史》,中国商业出版社 2000 年版。

靳尚谊:《我的油画之路——靳尚谊回忆录》,吉林美术出版社 2000 年版。

李砚祖:《造物之美:产品设计的艺术与文化》,中国人民大学出版社 2000 年版。

苏连第等:《中国邮票之美》,人民美术出版社 2001 年版。

吕维邦:《邮票赏评》,黄山书社 2001 年版。

邹华:《流变之美:美学理论的探索与重构》,中国社会科学院出版社 2001 年版。

陈望衡:《20世纪中国美学本体论问题》,湖南教育出版社2001年版。

邹跃进:《新中国美术史》,湖南美术出版社2002年版。

克东:《方寸探美》,花山文艺出版社2002年版。

章利国:《设计艺术美学》,山东教育出版社2002年版。

陈瑞林:《中国现代艺术设计史》,湖南科学技术出版社2002年版。

冯桂芬:《校邠庐抗议》,上海书店出版社2002年版。

张夫也:《外国工艺美术史》,山东教育出版社2002年版。

杨思慜:《红日照耀中国:中国共产党辉煌历程纪实》第1卷,人民日报出版社2003年版。

张岱年等:《中国文化概论》,北京师范大学出版社2004年版。

李立新:《中国设计艺术史论》,天津人民出版社2004年版。

张一民:《论中国的新型工业化与城市化》,东北财经大学出版社2004年版。

陈龙海:《中国线性艺术》,华中师范大学出版社2005年版。

王璜生等主编:《毛泽东时代美术》,湖南美术出版社2005年版。

张衍霞:《山东抗日根据地的战时邮政》,中共党史出版社2005年版。

凌继尧:《艺术设计十五讲》,北京大学出版社2006年版。

唐家路:《民间艺术的文化生态论》,清华大学出版社2006年版。

王祥云:《中西方传统文化比较》,河南人民出版社2006年版。

唐明星:《装饰文化论纲》,重庆大学出版社2006年版。

张法:《中国美学史》,四川人民出版社2006年版。

王振复:《中国美学范畴史》,山西教育出版社2006年版。

孙少颖:《山外集——孙少颖邮文选辑》,陕西人民出版社2006年版。

游宝富编著:《古田会议人物志》,解放军出版社2006年版。

陈孔立:《台湾历史纲要》,九州出版社2006年版。

陈炎:《中国审美文化史》,山东画报出版社2007年版。

回顾:《中国图案史》,人民美术出版社 2007 年版。

宋生贵:《传承与超越:当代民族艺术之路》,人民出版社 2007 年版。

张健波:《艺术图像学》,新疆大学出版社 2007 年版。

郑立君:《场景与图像——20 世纪的中国招贴艺术》,重庆大学出版社 2007 年版。

倪建林:《中西设计艺术比较》,重庆大学出版社 2007 年版。

赵林:《西方文化概论》,高等教育出版社 2008 年版。

李泽厚:《美的历程》,天津社会科学院出版社 2008 年版。

《宗白华全集》,安徽教育出版社 2008 年版。

张道一:《张道一论民艺》,山东美术出版社 2008 年版。

姜澄清:《中国色彩论》,甘肃人民美术出版社 2008 年版。

甘险峰编著:《中国新闻摄影史》,中国摄影出版社 2008 年版。

徐续:《岭南古今录》,广东人民出版社 2008 年版。

薛娟:《中国近现代设计艺术史论》,中国水利水电出版社 2009 年版。

冯友兰:《中国哲学简史》,生活·读书·新知三联书店 2009 年版。

曹晖:《视觉形式的美学研究》,人民出版社 2009 年版。

葛兆光:《中国思想史》,复旦大学出版社 2009 年版。

鲁虹:《新中国美术 60 年》上册,河北美术出版社 2009 年版。

叶春辉等:《中国现当代美术创作方法论研究》,广东高等教育出版社 2009 年版。

刘中刚:《军旗史话》,解放军出版社 2009 年版。

平措:《"格萨尔"的宗教文化研究》,西藏人民出版社 2009 年版。

殷伟等编著:《中国鱼文化》,文物出版社 2009 年版。

张笑恒:《神秘的龙文化》上册,西苑出版社 2009 年版。

刘原等:《中国西藏邮政邮票史》,西藏人民出版社 2009 年版。

叶朗:《中国美学史大纲》,上海人民出版社 2010 年版。

李立新:《设计艺术学研究方法》,江苏美术出版社 2010 年版。

梁漱溟:《东西文化及其哲学》,商务印书馆 2010 年版。

徐复观:《中国艺术精神》,商务印书馆 2010 年版。

肖伟胜:《视觉文化与图像意识研究》,北京大学出版社 2010 年版。

吴秋林:《图像文化人类学》,民族出版社 2010 年版。

陈怀恩:《图像学》,河北美术出版社 2011 年版。

程裕祯:《中国文化要略》,外语教学与研究出版社 2011 年版。

庞进:《龙之魅——中华龙文化 50 讲》,百花文艺出版社 2012 年版。

宋晓文:《方寸美术六十年》,福建人民出版社 2011 年版。

柯小卫:《当代北京邮政史话》,当代中国出版社 2012 年版。

钱穆:《中西文化精神》,九州出版社 2012 年版。

吴震世:《生肖文化》,华东大学出版社 2012 年版。

陈绘:《数字时代视觉传达设计研究》,东南大学出版社 2013 年版。

吴翔:《设计形态学》,重庆大学出版社 2013 年版。

周敬青:《解读林彪》,上海人民出版社 2013 年版。

金丹元:《新中国电影美学史》,生活·读书·新知三联书店 2013 年版。

冯长松编著:《中国人民解放军管理史》,国防大学出版社 2013 年版。

陈履生:《红旗飘飘——20 世纪主题绘画创作研究》,人民美术出版社 2013 年版。

李江:《中国财税史》,西南财经大学出版社 2013 年版。

龚书铎:《中国通史》卷 11·上,上海人民出版社 2013 年版。

张秀枫主编:《历史深处的悲凉》,二十一世纪出版社 2013 年版。

王林生:《图像与观者——论约翰·伯格的艺术理论及意义》,中国文联出版社 2015 年版。

[德]沃林格:《抽象与移情》,王才勇译,辽宁人民出版社 1987 年版。

[日]牧口常三郎:《价值哲学》,马俊峰等译,中国人民大学出版社 1989

年版。

[美]鲁道夫·阿恩海姆:《艺术与视知觉》,滕守尧等译,四川人民出版社1998年版。

[美]鲁道夫·阿恩海姆:《视觉思维:审美直觉心理学》,滕守尧译,四川人民出版社1998年版。

[美]欧文·潘诺夫斯基:《图像学研究》,戚印平等译,上海三联书店2001年版。

[美]苏珊·朗格:《艺术问题》,滕守尧译,南京出版社2006年版。

[英]阿奇博尔德·H.克里斯蒂:《图案设计:形式装饰研究导论》,毕斐等译,湖南科学技术出版社2006年版。

[俄]卡冈:《艺术形态学》,滕守尧等译,学林出版社2008年版。

[英]莱顿:《艺术人类学》,靳大成译,广西师范大学出版社2009年版。

[美]安·达勒瓦:《艺术史方法与理论》,李震译,江苏美术出版社2009年版。

[英]哈登:《艺术的进化》,阿嘎佐诗译,广西师范大学出版社2010年版。

[英]柯律格:《明代的图像与视觉性》,黄晓鹃译,北京大学出版社2011年版。

[日]柳宗悦:《民艺论》,孙建君译,江西美术出版社2002年版。

[日]柳宗悦:《工艺文化》,徐艺乙译,广西师范大学出版社2011年版。

二、报纸、期刊

《南都近事》,《申报》1912年2月13日。

《邮政总局征求邮票图案》,《邮话》1943年3月1日。

黄可:《建国以来的邮票艺术》,《集邮》1959年第2期。

孙传哲:《热望美术家参加邮票设计》,《美术》1959年第3期。

邮票发行局邮票设计室:《谈人民公社邮票设计》,《集邮》1959年第8期。

陈之佛:《谈"丹顶鹤"邮票的设计》,《集邮》1962 年第 4 期。

刘硕仁:《蝴蝶邮票是怎样设计的》,《集邮》1963 年第 5 期。

《"战无不胜的毛泽东思想万岁"纪念邮票今天起发行》,《北京日报》1967 年 4 月 20 日。

邓连普:《新中国志号产生的前前后后》,《集邮研究》1985 年第 3 期。

邵柏林:《邮票的艺术》,《美术》1986 年第 1 期。

晏平:《包豪斯理论与我国的邮票设计》,《集邮》1987 年第 11 期。

成志伟:《新中国邮票史上的京剧艺术》,《中国京剧》1992 年第 4 期。

任宇:《方寸中历展中华民族茶文化——"茶"邮票设计随笔》,《中国邮政》1997 年第 4 期。

扈无骋:《邮票设计中的地方色彩》,《经济研究》2000 年第 5 期。

苏德友:《新中国邮票中的书法》,《宁夏社会科学》2001 年第 2 期。

郑军:《生肖文化与图腾崇拜》,《装饰》2002 年第 10 期。

郭友敏:《中国生肖邮票的艺术魅力》,《人民教育》2003 年第 9 期。

王莉:《中国民间艺术的审美文化意蕴》,《装饰》2003 年第 9 期。

屈梅:《融合本土文化意蕴的中国现代平面设计探寻》,《美术》2003 年第 10 期。

张耀华:《中国第一套大龙邮票设计始末》,《档案与史学》2004 年第 6 期。

陈沫吾:《话说肖形印与十二生肖》,《文史杂志》2004 年第 1 期。

张耀华:《大龙邮票设计者初探》,《集邮博览》2004 年第 9 期。

周峰:《画出典型形象的神韵——"水浒"邮票创作的艺术思考》,《中华文化论坛》2004 年第 1 期。

孙长初:《商周青铜器凤纹图像研究》,《山东工艺美术学院学报》2005 年第 4 期。

丁蕾:《中国生肖邮票设计研究》,《艺术百家》2006 年第 2 期。

王宗炎:《邮票上的工艺美术》,《上海工艺美术》2007 年第 1 期。

刘继洪:《略评王虎鸣邮票设计艺术》,《装饰》2007 年第 2 期。

王莹等:《生肖造型艺术的民俗特征》,《重庆科技学院学报(社会科学版)》2007 年第 2 期。

杨晓金:《从现代"图形创意"析中国传统吉祥图案》,《包装工程》2007 年第 6 期。

吴继金:《"文革"时期的毛泽东邮票》,《钟山风雨》2008 年第 2 期。

潘道忠:《从近代高校标志图式的演进管窥中国现代标志设计的发展历程》,《内蒙古大学艺术学院学报》2009 年第 2 期。

王景文:《山东战邮一版毛泽东像邮票之研究》,《集邮博览》2009 年第 8 期。

贾敏等:《国庆邮票的艺术风格》,《中国博物馆》2010 年第 1 期。

丁蕾:《新媒介:电子邮票的艺术》,《文艺争鸣》2010 年第 16 期。

张咏:《隔海遥望六十载——记"富春山居图"特种邮票》,《文艺争鸣》2011 年第 12 期。

赵宝云:《长征邮票蕴涵的长征文化》,《毛泽东思想研究》2012 年第 5 期。

苏晓娟:《我国十二生肖邮票设计浅析》,《黄河之声》2012 年第 7 期。

黄金霞:《现代奥运会邮票设计风格流变》,《体育文化导刊》2012 年第 12 期。

吴迪:《中国当代邮票设计的禅定与创新》,《美与时代》2013 年第 2 期。

《试谈新中国孙中山题材邮票的设计特点和建议》,《中国集邮报》2014 年 6 月 20 日。

陈灵燕:《论我国邮票在包装设计上的发展变化》,《中国包装工业》2015 年第 13 期。

杨瑞婷:《数字媒体背景下的邮票文化展示设计研究》,《设计》2018 年第 7 期。

周韧:《国家名片与文化传播:中国邮票文化蕴涵的艺术表达》,《云南社会科学》2020 年第 3 期。

　　周韧:《新中国早期邮票图像景观的"宣传画"审美风格》,《中国政法大学学报》2021 年第 6 期。

三、学位论文

　　黄金霞:《现代奥运会邮票设计研究》,2005 年硕士学位论文,苏州大学。

　　王红梅:《论中国生肖邮票设计中的民俗性》,2006 年硕士学位论文,苏州大学。

　　张珊珊:《生肖文化的起源与发展过程》,2007 年硕士学位论文,北京语言大学。

　　杨莹:《集邮品设计的文化性表现研究》,2007 年硕士学位论文,清华大学。

　　刘丹龙:《十二生肖的文化特征与设计研究》,2008 年硕士学位论文,西安理工大学。

　　胡术:《方寸间的艺术——生肖邮票设计研究》,2009 年硕士学位论文,重庆大学。

　　王皓:《邮票设计的视觉传达研究》,2010 年硕士学位论文,吉林大学。

　　仉圣:《中国邮票中的装饰语言》,2011 年硕士学位论文,哈尔滨师范大学。

　　刘海州:《论中国生肖邮票的设计》,2011 年硕士学位论文,南京艺术学院。

　　吕婷婷:《新中国戏曲邮票研究》,2012 年硕士学位论文,山西师范大学。

　　陈茜:《世界博览会邮票设计探究》,2012 年硕士学位论文,南京艺术学院。

　　董文慧:《新中国儿童选题邮票设计研究》,2013 年硕士学位论文,河北科技大学。

　　何琳:《方寸之中的文化——中国生肖邮票的文化属性与设计应用研究》,2014 年硕士学位论文,首都师范大学。

　　杨帆:《方寸视觉设计艺术发展——从邮票视觉设计到移动 App 界面设

计》,2016 年硕士学位论文,湖南师范大学。

丁心岸:《生肖邮票设计研究》,2017 年硕士学位论文,福建师范大学。

徐龙:《邮票中的连环画艺术》,2019 年硕士学位论文,云南艺术学院。

于越:《中国近代邮票设计研究》,2021 年硕士学位论文,江南大学。

吴静峤:《中国生肖系列邮票设计中的价值研究》,2022 年硕士学位论文,吉林艺术学院。

后　记

这本书是在我的博士论文基础上修订而成的。从当年的选题到今天的即将出版已近十年。回首这段既坎坷艰辛又不乏诗情画意的岁月,感慨良多。这些年来,有过寒窗苦读的坚持,有过失意失败的沮丧,也有过无数个辗转反侧、夜不能寐的煎熬,其中有太多的人和事值得去追忆、思考。

首先,衷心感谢我的恩师胡玉康先生。写作虽说要调动多年的知识积累,但本人过去20余年的从艺历程中,实践的积累多于理论。故而导师胡玉康先生在指导写作的过程中就付出了更多的心血。导师为人正直,勤勉务实,学识渊博,治学严谨,使我在治学和做人两方面都受益匪浅。从选题到写作,无不是在老师悉心指导下完成的。文稿初成时,导师在肯定的基础上又对内容仔细思索、慎重推敲、严格把关,并给予了许多指导性意见,使我在一度的困惑和迷茫中能够继续坚持。导师的鼓励、教诲和帮助,我将永远铭记在心。在此,向恩师胡玉康先生表达我由衷的敬意和感谢! 遇到恩师,幸甚至哉!

在撰写过程中,我累受众师长教诲,收获颇丰。感谢韦宾教授对选题的支持与肯定! 感谢曹桂生教授、陈刚教授、高明教授的诸多建议,于我启发尤重! 感谢沙武田教授、周晓薇教授的把关! 几位先生指点迷津、拨云见日,"感谢"二字岂能代表我的受教之情。唯愿诸位先生安康、幸福!

　　回望写作路上，知遇学友。云南师范大学何颖博士、陕西学前师范学院申大伟博士与我一同求学问道并最终成为课题组主要成员，在课题的立项及研究工作中做出了重要贡献。感谢兰州城市学院外国语学院李晓梅院长、艺术设计学院姚屹东院长对本课题的大力支持。感谢诸君的帮助与陪伴！

　　本书最初与人民出版社结缘，离不开人民出版社编审侯俊智先生的热情肯定和大力支持。侯编审集邮四十余年，深谙其道，为本书的出版付出了大量辛劳与智慧。在出版过程中侯编审多次与我沟通并提供许多专业知识和中肯建议，特别是在修改中遇到棘手问题时，侯编审指点迷津，使问题迎刃而解，使本书的内容结构大为改观与完善。我谨向侯俊智先生致以诚挚谢意！

　　十载寒暑，千日艰辛，胜利指日可待，在稍释重负之余，更平添几多感慨：学海精深博大，虽仅是岸边初涉，然其中甘苦，亦体会颇多。昼无为、夜难寐，唯有不断进取、毫不懈怠，方能更进一步！

　　再次向一切给予我帮助的人们表示感谢！

齐洪洲

2024 年 5 月于兰州